Griechisch kochen

»Siehst du einen Menschen allein essen,
ohne Gesellschaft, so mußt du annehmen,
daß er die Hälfte seines Lebens verlor
und im Grund kläglich lebt.«
(Athenaios, »Deipnosophistai«,
2, 28, 3. Jh. n. Chr.)

Elliniki kousína

Griechisch kochen

200 köstliche Spezialitäten aus Griechenland, gesammelt von Elisabeth Döpp. Mit einer Einführung in die Grundlagen und den Geist der griechischen Küche von Doris Frohne-Christidis.

GU

Gräfe und Unzer

Inhalt

Inhalt

Fischgerichte 72

Gerichte vom Lamm, Kalb und Schwein 78

Wild- und Geflügelgerichte 94

Die Rezepte sind, wenn nicht anders angegeben, für 4 Personen berechnet.

Ein Wort zuvor

Griechenland gehört zu den beliebtesten Reiseländern - bietet es doch mit seinen einzigartigen Kulturdenkmälern, seiner unvergleichlich schönen Landschaft, den malerischen Inseln und dem allgegenwärtigen Meer die besten Voraussetzungen für eine erlebnisreiche Urlaubszeit. Der Besucher ist fasziniert von der leichteren Lebensart, und er folgt gerne der Aufforderung des Wirtes, die angebotenen Gerichte in der Küche in Augenschein zu nehmen und direkt auszuwählen, was ihm gefällt, statt sich mühsam durch eine fremde Speisekarte hindurchzuarbeiten. Später denkt er wohl zurück an eine Taverne am Meer, wo er im Anblick von Strand und Wellen einen erfrischenden griechischen Bauernsalat und einen herrlich nach Oregano duftenden gegrillten Fisch mit Zitronen-Öl-Sauce genossen hat. Und doch kann man in den griechischen Restaurants nur einen kleinen Ausschnitt dessen kennenlernen, was griechische Lebensart und griechische Küche eigentlich ausmacht. Der sprichwörtlichen Gastfreundschaft der Griechen und einer beeindruckenden Vielfalt an Kulinarischem - angefangen von schönen schlichten Gerichten bis hin zu köstlichen Spezialitäten - begegnet man erst, wenn man Zugang zu griechischen Familien findet und in ihr Leben einbezogen wird. Zu einer Reise in die Küche dieses, dem Fremden oft verborgen bleibende Griechenland will dieses Kochbuch Sie einladen.
Der Überblick über die Grundlagen und den Geist der griechischen Kochkultur - geschrieben von Doris Frohne-Christidis - führt durch die regionalen Küchen Griechenlands, durch die Provinzen des Festlandes, wo insbesondere in Thrazien und Mazedonien die Kochkunst von den aus Kleinasien stammenden griechischen Umsiedlern Impulse empfing. Dieser Überblick zeigt Kreta, das wegen seiner Größe und seiner Lage zwischen Europa, Asien und Afrika einen eigenen Bereich bildet, und breitet den ganzen Reichtum der schillernden Inselwelt aus mit seinen nach Osten blickenden Ägäischen Inseln, den Kykladen, dem Dodekanes und den Ost-Ägäischen Inseln wie Chios, Samos oder Lesbos sowie den nach Westen gelagerten Inseln wie Korfu. Der detaillierte Bericht macht deutlich, wie die griechische Küche trotz jahrhundertelanger Fremdherrschaft, trotz türkischer und italienischer Einflüsse in diesem mediterranen Raum ihre spezifische Eigenständigkeit bewahrt hat. Es gelang dies den Frauen und den Familien durch den Rückgriff auf die Früchte und die Produkte des Landes und durch die Weitergabe des Küchenwissens von Generation zu Generation. Das Ergebnis ist eine staunenswerte Fülle an reizvollen Gerichten. Eine große Vielfalt an immer neuen Variationen breitet sich vor dem für die griechische Küche Begeisterten aus.
Die Rezeptauswahl dieses Buches, bei deren Zusammenstellung sich Elisabeth Döpp im Hinblick auf die griechische Authentizität von Konstantina Kotta beraten ließ, enthält berühmte Spezialitäten und viele im ganzen Land beliebte Gerichte.
Beim Ausprobieren der Rezepte lernt man die griechische Art zu kochen schätzen, den einfachen und unverfälschten Umgang mit den Ingredienzien, die Vorliebe für marktfrische Produkte und die ländliche Tradition. Vielen dieser Spezialitäten sprechen die Feinschmecker überall in der Welt gerne zu: Man denke nur an gefüllte Weinblätter (Dolmadákia), Gurken mit Joghurt (Tzatzíki) und Fischrogensalat (Taramosaláta), an Zitronensuppe (Kotósupa awgolémono), Spinat-Pitta (Spanakópitta) und Auberginen-Musaka, an Nudelauflauf Pastítsio, Kalbfleischstifado, gefüllte Auberginen »Kleine Schuhe« (Melitsánes papoutsákia) sowie Lammspießchen (Suvlákia arniú) und nicht zuletzt an all die herrlichen Nachspeisen-Gebäckstücke wie Milch-Torte (Galaktoboúriko), Nußschnitten (Baklavás) oder Nußkuchen (Karidópitta).
Die Zutaten für die meisten Rezepte, das werden Sie mit freudiger Überraschung feststellen, sind leicht zu beschaffen; sie sind Ihnen aus dem täglichen Gebrauch vertraut. Doch wird in der griechischen Küche anders mit ihnen umgegangen, die Produkte werden anders kombiniert und die Gewürze anders eingesetzt als hierzulande. Für den Hobbykoch und die Hobbyköchin gibt es da viele reizvolle Entdeckungen zu machen. Weniger gebräuchliche Zutaten, die für bestimmte Gerichte benötigt werden, können Sie ohne Schwierigkeit in griechischen Spezialgeschäften, Naturkostläden oder größeren Kaufhäusern erwerben. Mehr darüber finden Sie im Kapitel »Besonderheiten der griechischen Küche«.
Die Rezepte dieses Buches sind so abgefaßt, daß auch der Ungeübte sie leicht nachkochen kann. Die Arbeitsgänge werden Schritt für Schritt beschrieben, und die Begegnung mit vielen Geheimnissen und Tricks aus der griechischen Küche macht das Kochen zum Vergnügen.
Die prachtvollen Farbfotos geben Ihnen eine Vorstellung davon, wie die fertigen Gerichte aussehen. So wird es Ihnen Spaß machen, für Ihre Familie, Ihre Freunde oder auch für Ihre Gäste bei einer offiziellen Einladung nach diesem Buch zu kochen. Anregungen für die Auswahl der Speisen bietet Ihnen das Kapitel »Menüzusammenstellungen«. Eines großen Erfolges können Sie sicher sein, wenn Sie den Vorspeisen besondere Aufmerksamkeit widmen. Die kleinen appetitanregenden Gerichte werden in Griechenland mit einem Glas Oúso, dem nach Anis schmeckenden Aperitif, serviert. Meist reicht man gleich mehrere dieser Gaumenfreuden, was ohne weiteres zu bewerkstelligen ist, da beispielsweise die kalten Vorspeisengerichte schon am Vortag einer Einladung zubereitet werden können.
Es ist an dieser Stelle nicht möglich, all die vielen kulinarischen Feinheiten vorzuführen, welche die griechische Küche zu bieten hat. Die einzelnen Kapitel dieses Buches geben darüber detaillierte Auskunft. Ein Überblick über griechischen Käse, Wein und Kaffee befindet sich im Kapitel »Besonderheiten der griechischen Küche«. Hervorgehoben seien hier noch einige Schätze, die es zu entdecken gilt. Dazu gehören zweifelsohne die herrlichen Pilaws, die duftenden Aufläufe und die feinen pastetenähnlichen Pittes, die alle von den griechischen Hausfrauen mit großer Liebe und Sorgfalt zubereitet werden. Ihre Kunstfertigkeit stellen sie aber auch bei der Herstellung von Schmortöpfen unter Beweis, in denen gut durchgebratenes zartes Fleisch mit leicht gegartem Gemüse eine geschmacklich hervorragende Verbindung eingeht. Probieren Sie all diese Köstlichkeiten aus und lassen Sie die Mahlzeit ausklingen mit einem jener griechischen Gebäckstücke, die mehr einer Nachspeise ähneln als einem Nachmittagskuchen. Mit diesem Buch wird es Ihnen Freude machen, zu kochen und zu essen wie unter griechischer Sonne.

Essen und Trinken in Griechenland

Was heißt eigentlich »griechisch«?

»Griechisch« kochen besagt mehr als eine Lokalisierung von Kochtraditionen auf der Landkarte. Bei den griechischen Stämmen, die vor etwa dreitausend Jahren in den Mittelmeerraum von Norden kommend einwanderten, hatte der Herd als die Stelle des Hauses, wo die Familie sich versammelte, um den Hunger zu vertreiben, nach Meinung von Forschern schon eine zentrale religiöse Bedeutung, ehe sie im Raum des heutigen Griechenland seßhaft wurden. Sie unterschieden sich darin von den Minoern, auf die sie vor allem in Kreta trafen. Von deren dort seit langem entwickelten hohen Kultur wurden sie in der Folge stark beeinflußt, ohne jedoch ihren Glauben an die Heiligkeit des Herdes aufzugeben. Ein Kochbuch, das nur geschmäcklerisch dem Gaumenkitzel dienen wollte und nicht auch an die Ernährung der Menschen dächte, wäre also kein »griechisches« Kochbuch, was immer auch darin stünde. Um griechisch zu sein, muß es sich des Hungertraumas, dieser Seelenverletzung der Urahnen durch das Erlebnis lebensbedrohenden Hungers, bewußt sein.
Der Wohlgeschmack der Speisen war aber schon den alten Griechen keineswegs gleichgültig. Die psychosomatische Bedeutung schmackhaften Essens gerade bei oft knappen und einfachen Grundstoffen, die heute jede Diätköchin kennt, hatten auch sie offenbar intuitiv erfaßt. Das Bemühen um Wohlgeschmack bringt allerdings immer die Gefahr des Abgleitens in überfütternde, spielerische Raffinessen mit sich. Auch die alten Griechen sind ihr oft erlegen und haben dagegen angekämpft. Schon im dritten Jahrhundert vor Christus war der Koch eine wichtige Figur in der griechischen Komödie. Spottend verlangte man von ihm wissenschaftliche Qualitäten, die es ihm ermöglichten, den Speisezettel der Jahreszeit zum Beispiel auch durch Auswahl der geeigneten Fische anzupassen und die Speisen nach den astronomischen Bewegungen im Weltall zu würzen. Um die 600 Jahre später hatte sich im damals griechischen Sizilien die »Freßpoesie« als ein besonderer Zweig der Poetik entwickelt. Vor allem das hat wohl den damaligen Schriftsteller Athenäus veranlaßt, die Äußerungen der antiken Dichter und Denker seit mindestens Homer zu Ist und Soll griechischen Essens zusammenzutragen.
Die Begegnung der griechischen Religion und Kultur mit den Kulturen anderer Völker, die sich im südlichen Klima entwickelt hatten, blieb natürlich auf die griechische Küche nicht ohne Einfluß. Die Bekanntschaft mit neuen Pflanzen und ihrem Anbau verbreiterte die Ernährungsgrundlage, das Mittelmeerklima ließ das Leben leichter erscheinen. Alte Urängste verloren an Bedeutung. In den heranwachsenden, besser organisierten Staatsgebilden ließ das Gefühl ständigen Bedrohtseins nach. Kunst, Wissenschaft, Recht und Verwaltungskunst konnten sich entwickeln und zugleich auch Gesellschaftsschichten, die auf eine verfeinerte Eßkultur Wert legten. Auch die Ausweitung des Gesichtskreises durch Gründung von Kolonien und durch Handelsbeziehungen mit fremden Völkern spielte eine erhebliche Rolle.
Mit dem Altertum endete eine lange Zeit römischer Herrschaft über das heutige Griechenland. Die Griechen schufen das Byzantinische Kaiserreich. Von ihm war das heutige Griechenland ein gewiß noch wichtiger, aber eher am Rande gelegener Teil. Sein Kern war das riesige Dreieck Korfu – Kaukasus – Kairo mit der Hauptstadt Konstantinopel. In dem Vielvölkerstaat war Griechisch die Staatssprache, und es bestanden alle Voraussetzungen für eine weitere kulturelle Verfeinerung und damit für bewußteres Wahrnehmen der Sinneseindrücke. Parallel zur aufsteigenden Entwicklung auf verschiedensten anderen Kulturgebieten verfeinerte sich auch die Eßkultur.
Verglichen mit der Kultur von Byzanz lebten die Zentraleuropäer trotz einzelner beachtlicher Leistungen in tiefstem Barbarentum, Adel und Klerus nicht ausgenommen. Sie waren sich dessen auch bewußt. Als sie 1202 zum vierten Kreuzzug, zur Eroberung des Heiligen Landes, Palästinas also, aufgebrochen waren und an Konstantinopel vorbeischifften, übermannte die europäischen Streiter für die Sache des Christentums der Neid. Im Jahre 1204 plünderten sie Konstantinopel so gründlich, daß sich der byzantinische Staat, dieses alte Bollwerk des christlichen Europa gegen Asien, nie mehr völlig davon erholte. Das griechische Byzanz geriet gegenüber seinen Feinden mehr und mehr in die Defensive. 1453 wurde schließlich auch Konstantinopel von den Türken besetzt, die sich bis dahin schon den größten Teil des alten griechischen Sprach- und Kulturraums im östlichen Mittelmeer unterworfen hatten. Schon vor ihnen hatten aber andere Staaten, nicht zuletzt Venedig, ein Kind von Byzanz, Stücke aus dem verlockenden Kuchen dieses hochentwickelten Staates herausgeschnitten. In diesen Jahrhunderten des Verfalls und des Verlustes nicht nur der äußeren nationalen Freiheit, sondern auch jeglicher staatlichen Eigenständigkeit nach innen hin blieb bei den Griechen der Wille zu kulturellem Eigenleben erhalten. Man wollte überleben, mußte also auch weiter kochen und das konnte nur so sein, wie die Töchter es von den Müttern gelernt hatten. Auf dem Lande, in den stadtfernen Gebieten, war die Verfeinerung des Essens sicherlich nicht so weit fortgeschritten, wie in den Großstädten. Das kam den griechischen Familien jetzt zustatten, die oft genug das fruchtbare ebenere Land den Türken überlassen und sich in die unwegsameren Bergregionen zurückziehen mußten, um überleben zu können. Uraltes Wissen mußte hier wieder aufleben, wenn die Familie in den kargen Höhen nicht verhungern sollte.
Um die Kontinuität der dreitausendjährigen griechischen Kochkunst widerspiegeln zu können, muß ein griechisches Kochbuch also sowohl Rezepte für teurere Feinschmeckergerichte mitteilen, wie sie schon im Altertum und vermehrt in byzantinischer Zeit ausgetüftelt worden waren, als auch für Speisen mit bescheidenen Ingredienzien, die ebenso sehr den Hunger stillen wie zu einem lustvollen Essen anregen wollen. – Griechische Rezepte sollten nicht als quasi religiöse Dogmen einer Feinschmeckersekte betrachtet werden, denen man bis ins letzte Detail folgen muß. Wichtig ist für den Erfolg beim »griechisch Kochen« nämlich auch, daß das Produkt der Kochkunst »griechisch« gegessen wird, und das heißt, in anregender, angenehmer Gesellschaft und in gelöster Stimmung. Der Speisende muß bereit sein, sich der heiteren Stimmung zu überlassen, in die die Speisen ihn versetzen, wenn sie über seine Zunge strei-

cheln, und er muß in lockerem Gedankenspiel zur Unterhaltung mit den Tischgenossen beitragen.
Berücksichtigen Sie darum möglichst die ausgesprochenen Vorlieben und Abneigungen Ihrer Gäste gegenüber Menschen und Speisen und nötigenfalls auch eine geringe Belastbarkeit ihrer Mägen mit bestimmten Substanzen. Variieren Sie Rezepte mit leichter Hand, wenn ihr spezifisch griechischer Charakter dabei erhalten bleibt. Das müssen auch griechische Hausfrauen gelegentlich tun. Die zulässigen Grenzen können nicht verordnet, sie müssen erfühlt werden.
Übertreiben Sie auch nicht den Ehrgeiz, ganz genau den gleichen Geschmack zu erzielen, wie ihn eine bestimmte Speise damals in der kleinen Taverne unterhalb der Akropolis oder beim Pedro am Hafen hatte. Das schaffen Sie sowieso fast nie. Ihre Stimmung damals, die Luft an jenem Ort und Abend – alles das beeinflußt Ihre Erinnerung und ist unwiederbringlich. Seien Sie mit gesundem Selbstbewußtsein da Ihren Kritikern gegenüber kritisch, selbst wenn es Griechen sein sollten. Deren Frau wird Ihnen bestätigen, daß ohnehin nur ihre Schwiegermutter richtig kochen kann.
Bedenken Sie bei der Planung Ihres griechischen Abends auch, daß das Gros der Griechen meistens bescheiden lebt. Viele griechische Gerichte sind für sie allein wegen des Preises der Zutaten schon immer ausgesprochene Festtagsgerichte gewesen. Das mindert keineswegs die Beliebtheit der Alltagsgerichte und noch weniger ihren nostalgischen Wert. Es muß also nicht immer ein Lamm geschlachtet werden, wenn's griechisch sein soll. Selbstgesammelte Wildgemüse zum Beispiel können einem Essen eine griechische Note geben.
Bei allem Zuspruch, den man dem geben kann, der sich an griechischen Rezepten versucht – zwei Säulen griechischen Essens dürfen nicht brüchig sein. Die eine ist die Bereitschaft zum Fleiß, der bei vielen lockenden Speisen nötig ist. Gute Küchengeräte und -maschinen können diese Last erleichtern, aber nicht immer ganz aufheben. Die griechische Frau war seit Jahrhunderten, wenn nicht seit Jahrtausenden ins Haus verbannt, regierte dort aber auch und konnte dort ihre oft beträchtliche Aktivität verströmen. Wundervolle Handarbeiten, die man in oft ganz schlichten Häusern findet und eben auch die Tradition, Kochkunstwerke hervorzubringen, die bisweilen stundenlange Aufmerksamkeit und Arbeit erfordern, legen davon Zeugnis ab. Die andere Säule des spezifisch griechischen Genusses beim Essen sind Größe und Reifezustand der für ein Gericht zu verwendenden Gemüse und noch mehr die Auswahl der Kräuter und Gewürze sowie die Art des Würzens und der Zubereitung. Mögen die Mengen variabel sein, unverzichtbar ist die Beachtung gewisser Regeln und Mindest-Geschmacksanteile, wenn's noch griechisch sein soll.
»Griechisch kochen«, das sagt sich so leicht hin mit der Landkarte des heutigen Griechenland vor Augen. Näher zusehend stellen wir aber mit Verwirrung oder sogar Empörung fest, daß da doch wohl eine ganze Menge aus fremden Kochtöpfen abgeguckt sein muß, denn Ähnliches ist uns schon anderwärts im Mittelmeerraum begegnet und hat vielleicht sogar einen nicht griechisch klingenden Namen. Da müssen wir uns zunächst vor Augen halten, wie groß einerseits der griechische Kultur- und Sprachraum einstens war, und wie klein andererseits das heutige Griechenland vor rund 160 Jahren als selbständiger Staat angefangen hat. Viele der heute lebenden Griechen haben noch miterlebt, wie Kreta, Saloniki, Rhodos völkerrechtlich griechisch wurden, obgleich dort seit Jahrtausenden durchgehend immer Griechen gewohnt haben und sie dort schon weit vor Christi Geburt eine hohe Kochkunst und Eßkultur entwickelt hatten. Es gab viele Jahrhunderte, in denen zwischen Gibraltar und dem Kaukasus Griechisch gesprochen wurde. Viele in diesem Riesengebiet außerhalb des heutigen Griechenlands zu findende Ortsnamen und Sprachinseln erinnern daran. Natürlich hatten die Griechen in diesen weiten Gebieten nicht nur von ihnen selbst, sondern auch von den umwohnenden Nationalitäten als typisch griechisch empfundene Speisen.
Auch in denjenigen Zeiten ihrer Geschichte, in denen die Griechen national unfrei und nicht Staatsvolk waren, stand bei den sie beherrschenden Völkern ihr hohes kulturelles Niveau außer Zweifel, beginnend schon mit den Zeiten römischer Herrschaft. Sie haben trotz ihrer Auslieferung an fremde Willkür immer tiefe Spuren auch in der Kultur ihrer Herrenvölker hinterlassen. Natürlich war davon ihre in seltener Kontinuität entwickelte differenzierte Kochkunst nicht ausgenommen. Sie erlangten, wenn auch mit minderen Rechten als

Auch auf dem Dorf ist das Kafenion ein Miniparlament, in dem beim Glase Oúso oder beim Kaffee alles, was auf der Welt geschieht, beraten und kritisiert wird.

das Staatsvolk ausgestattet, in der Wirtschaft und sogar in Teilen des Staatsdienstes, selbst im türkischen, osmanischen Reich nicht selten bedeutende Stellungen, ohne dafür ihr Griechentum mit seiner Eß- und Kochkultur ablegen zu müssen. In großer Zahl flohen sie auch in den europäischen Westen und beeinflußten ihn mit ihren Kenntnissen. Man kann nach alledem davon ausgehen, daß das kulinarische Griechentum in die anderen Mittelmeervölker tief hineingewirkt hat, wie gut oder schlecht sich auch griechische Bezeichnungen der Speisen und ihrer Ingredienzien erhalten haben mögen.
Andererseits wäre es töricht, leugnen zu wollen, daß ein so neugieriges Volk wie das der Griechen auch die Küchen seiner nicht griechischen, also »barbarischen« (mehr besagte das Wort ursprünglich nicht!) Nachbarn mit Gewißheit probiert hat. Das war auch im Zu-

Die alte Keramikkunst lebt fort und dient wie einst nicht nur der Zierde, sondern auch dem praktischen Leben.

sammenleben mit den verschiedenen Besetzern so. In friedlichen Zeiten, die es immer wieder gab, fraternisierten »an der Basis« die fremden und die griechischen Hausfrauen miteinander und schauten sich gegenseitig in die Kochtöpfe. Wer will da im Einzelfall immer nachweisen, wer was erfunden und wer was wie variiert hat? Und wer will behaupten, ein italienischer, türkischer oder griechischer Name sei Garantie für die Herkunft?
Es geht bei solchem Streit oft um kulturgeschichtlich sehr interessante Fragen, die eine nähere Betrachtung sehr lohnen. Ein Kochbuch kann dazu nur anregen. Für unsere Rezeptauswahl kommt es darauf an, was heute in Griechenland gekocht und wie es gegessen wird. Wir müssen uns aber auch darüber klar sein, daß auch die griechische Küche durch die sozialen Wandlungen in einer technisierten Welt bedroht ist. Manches wird in jungen modernen Haushalten schon nicht mehr gern gekocht, obgleich es voller Nostalgie noch sehr gern gegessen wird. Jede Kochkunst hat bestimmte soziologische Grundlagen, die in unserem Falle wohl zur Zeit dem stärksten Wandel ihrer dreitausendjährigen Geschichte unterliegen. Den Wohlgeschmack der traditionellen Küche, die wir hier vorstellen, berührt das aber nicht.
Ein wichtiges Spezifikum des Griechentums, das zur Bewahrung seiner Traditionen und damit zumindest indirekt auch seiner Kochkunst beigetragen hat, ist seit der Gründung Konstantinopels die griechisch-orthodoxe Kirche. Schon vor ihrer Trennung von der römisch-katholischen Kirche inspirierte sie eine von der des Westens deutlich unterscheidbare Kirchenkunst und Mentalität ihrer Priesterschaft und Mönche. Durch alle Jahrhunderte der Fremdherrschaften war sie ein gegen die Umwelt abgrenzender Träger des Griechentums.
Die Orthodoxie ist gewiß sehr konservativ in ihren Lehren und Riten; sie ist aber, nicht zuletzt durch ihren seit altersher verheirateten niederen Klerus, doch immer auch sehr volksnahe gewesen.
Die orthodoxe Priesterschaft hatte auch nie das distanzierende Bildungsmonopol der westlichen Amtsbrüder. Es gab zumindest in den Städten immer ein sehr gebildetes griechisches Bürgertum. Vielleicht geht es auch deswegen in der orthodoxen Kirche familiärer zu. Das beginnt schon mit der Taufe, wenn der Priester den Ärmel seines Gewands hochstreift und das Wasser im Taufbekken umrührt, um die Temperatur zu prüfen, bevor er den nackten Täufling ganz hineintaucht. Es gibt viele kirchliche Feiertage, zu denen auch die Namensfeste der Heiligen der zahllosen Kirchen und oft ganz kleinen Kapellen gehören, die meist aus privaten Mitteln errichtet sind. Es wird gern gefeiert, wohl auch deswegen, weil damit für viele in kärglicher Abgeschiedenheit lebende Menschen die Gelegenheit zu menschlichem Kontakt und opulenterem Essen geboten wird.

Die Volksnähe würdevoller Prozessionen und Liturgien an kirchlichen Feiertagen zeigt sich auch darin, daß sie Anlaß für die Gestaltung bestimmter traditioneller Speisen sind.

Das Fasten vor hohen Feiertagen wird durch spezifische, erlaubte Speisen so erträglich wie möglich gemacht. Ihre gute und bis an die Grenzen religiöser Legalität wohlschmeckende Zubereitung ist für die griechische Hausfrau Ehrensache.
Dem am Griechentum und seinem Weg durch die Jahrtausende Interessierten klingen beim Genuß griechischen Essens also viele geschichtliche Reminiszenzen und Betrachtungen im Ohr. Sie steigern wie eine dezente Hintergrundmusik die Wahrnehmungsfähigkeit für die zunächst ja rein sinnlichen Eindrücke, die die Speise erregt. Diese genießend sollten wir uns somit der so tief im Griechischen verankerten Verehrungswürdigkeit des Herdes bewußt bleiben, auch wenn er in unserer rationalisierten Welt meist keine Flamme mehr zeigt, die sinnfällig daran erinnert, daß das Menschsein, mit allen Steigerungen des Erlebens und allen Gefährdungen, mit der Beherrschung des Feuers begann. Und der verdanken wir alle Kochkunst.

Die kulinarischen Regionen

Die griechische Küche hat in ihrer langen Geschichte natürlich Wandlungen durchgemacht, aber keinen Bruch aufzuweisen. Sie hat ganz überwiegend mit den Ingredienzien gearbeitet, die das umgebende Meer und die kultivierte und die unkultiviert gebliebene Flora oder Fauna des Landes hergaben. Importe dienten der quantitativen Ergänzung des Vorhandenen, ausgenommen wohl die Einfuhr bestimmter fremder Gewürze, die schon sehr früh verbreitet Verwendung gefunden haben dürften.
Alle kulinarischen Regionen Griechenlands profitieren von der südlichen Lage des Landes. Folgendes wird meist zu wenig realisiert.:
Auf etwa gleichem Breitengrad liegen Saloniki in Nordgriechenland und Neapel; ferner Athen und die Südspitze des italienischen Festlands; Kreta liegt auf voller Länge südlicher als die Nordküste Afrikas in Tunesien. Trotz der unbestreitbaren Unterschiede des Klimas in den einzelnen Landesteilen, die sich wohl vor allem aus der Wirkung befeuchtender atlantischer Einflüsse im Westen und trocken-kontinentaler im Osten ergeben, haben wir dennoch ein relativ einheitliches südliches Klima vor uns, was auch die Verschiedenartigkeit in den Eßbedürfnissen verringert. Daß es regionale Unterschiede überhaupt gibt, verwundert nicht, wenn man bedenkt, daß die rund 10 Millionen Griechen auf immerhin rund 132 000 qkm Fläche leben (rund 75 Personen je 1 qkm; BR Deutschland rund 250 je 1 qkm), diese Fläche überwiegend aus Ödland besteht und sehr zerrissen ist; man denke allein an die etwa 200 bewohnten Inseln. Das alles behindert auch bei einem zu Kontakten und räumlichen Veränderungen neigenden Volk mit einem zentralistischen Staatsapparat die Ausbildung von Einheitlichkeit. Viele Gerichte der Regionalküche kann man nur in griechischen Familien kennenlernen, in Tavernen und Restaurants werden sie selten angeboten. Im Rezeptteil dieses Buches erscheinen diese Spezialrezepte zumeist nicht. Um aber einen authentischen Eindruck von der Originalität dieser Gerichte zu vermitteln, sind sie hier mit ihren Hauptzutaten genannt; dies hat den Sinn, dem hellasoffenen, mutigen Hobbykoch die Chance zu Neuschöpfungen zu geben, die, aus eigener Fantasie geboren, griechischen Geist atmen. Das ist nämlich der beste Weg, die Stimmung am Herd des Volkes sinnlich greifbar zu machen.

Kreta

Man sagt, daß Kreta nicht einfach eine Insel sei, sondern wegen seiner Größe und seiner Lage zwischen Europa und Afrika als ein besonderer Erdteil betrachtet werden müsse. In der Tat hat es eine außerordentliche Eigenständigkeit. Aber es ist letztlich doch ureuropäisch. Hier ist nämlich der Sage nach Europa, die verführerische Königstochter, von Zeus, der sie übers Meer entführt hatte, an Land gesetzt worden, wo sie ihm schöne Kinder gebar. Hier entstand die erste, offenbar friedliche, Hochkultur auf europäischem Boden vor rund 4000 Jahren. Es scheint, daß manche noch heute lebendigen Kochgewohnheiten bis in jene Zeit zurückreichen. Deswegen werden wir in Kreta die kulinarische Wanderung durch Griechenland beginnen. – Kreta verkörpert in besonderem Maße die Pracht der griechischen Landschaft. Der höchste Berg, Ída (2456 m), der in der Mitte der Insel liegt, und zwei andere, nur wenig niedrigere, durchziehen mit ihren Kalkstein-Gebirgsstöcken die Insel von Ost nach West. Die Gebirgszüge fallen nach Süden abrupt ins Lybische Meer ab und senken sich nach Norden terrassenförmig zur Ägäis hinunter. Sie sind von zahllosen Höhlen, etwa 3000 sollen es sein, durchzogen. Diese sammeln an ihren Stalaktiten das Wasser und lassen es in die Berge rinnen. Die längste Schlucht Europas, Samariá, schneidet sich im Westen südnördlich in die Insel.
Kreta hat trotz der Wolkenbarrieren seiner Berge große Bewässerungsprobleme, weil die Regenfälle gering sind. Es ist dennoch einer der fruchtbarsten Teile Griechenlands, und das bereits seit der Zeit der Minoer, die der Insel schon vor 4000 Jahren zu ihrem ersten großen Ruhm verhalfen, und das nicht allein in den Augen heutiger Historiker. Es gab und gibt Getreide; Olivenhaine (bis auf 600 m Höhe); Weinberge (bis auf 900 m), deren Weinexport seit der minoischen Zeit berühmt ist; Gemüse; Eßkastanien; Wacholder; Obstbäume (insbesondere Orangen); Arznei-, Farb- und Duftpflanzen; Mandelbäume und Johannisbrotbäume; vieles von alledem kann mehrfach im Jahr geerntet werden und bringt Spitzenerträge.
Den größten Teil der Nahrung der Kreter bildeten durch die Jahrtausende bis heute die verschiedenen Getreidearten, die Hülsenfrüchte und die gesammelten

Wer die Fischerboote von Iraklion auf Kreta mit ihren Netzen sieht, denkt an Abenteuer und Geheimnis des Meeres. Eine Fischmahlzeit schmeckt in dieser Atmosphäre besonders würzig.

wildwachsenden Beeren, Stengel und Wurzeln. Aus der Erfahrung heraus entdeckte man dort den gesundheitlichen Wert der Olivenölverwendung. – Schafe, Ziegen – bei den vielen Bergweiden fast selbstverständlich – sind seit Urzeiten in reicher Zahl vorhanden, daneben gibt es Kühe, Schweine und was sonst zur Landwirtschaft gehört. Das gute Bergfutter der Herden ermöglicht die Herstellung von Sahne (»Afrógala«), Joghurt und Käse. Besonderer Beliebtheit erfreuen sich über Kreta hinaus der »Myzithra« (ungesalzen und gesalzen) und der ungesalzene Käse »Athótiros«. Fleisch allerdings ist wie Fisch eigentlich noch Festtagsnahrung.

Alte Hausbacköfen verleihen mit dem Duft von Holzfeuer und Spezereien altvertrautem Gebäck jeweils neuen Gaumenreiz.

Die kretischen Tischtrauben sind sehr begehrt. Sie werden in »Krewatines« angebaut. Das sind pergolaartige Gerüste von Manneshöhe, die Blättertunnel bilden. Man geht hinein und erntet von unten die hereinhängenden, oft riesigen Trauben. – Gleich begehrt sind die frühen Melonen, die Orangen, neuerdings auch die Avocados und alle Arten von Gemüse.

Die Bedeutung der noch heute verwendeten verschiedenen Kräuter, Duftkräuter und anderen Gewächse für die verschiedensten Gerichte kannten die Minoer schon sehr gut. Zum Teil dienten und dienen die in der Küche verwendeten Pflanzen in anderer Aufbereitung als Heilkräuter. Schon bei den Ägyptern waren die kretischen Abführbohnen sehr gefragt, ebenso der »Díktamos« (Origanum dictamus, auch »Érotas« genannt), der im ganzen Altertum die Niederkunft und die Regel der Frauen erleichtern half, und er tut dies auch heute noch.

Eine große Spezialität von Kreta sind die Schnecken. Bei den letzten Regenfällen im Frühling und bei den ersten im Herbst werden sie von den kretischen Bauern gesammelt. Sie können bis zu einem Jahr lebend in einem luftigen Korb aufbewahrt werden, nachdem man sie mit Mehl gefüttert hat, bis sie sich in ihr Haus zurückziehen und es mit einer harten Schicht verschließen. Die Kreter exportieren Schnecken seit des König Minos' Zeiten. Es gibt heute 45 verschiedene Rezepte auf Kreta für ihre Zubereitung, von den gegrillten mit Öl-Zitronen-Oregano-Sauce bis zu den raffiniertesten Zubereitungsmethoden.

»Pittes« (in Teig gehüllte, verschiedenste Füllungen); »Xerotígana« (gebratene Pfannkuchen aus Mehl, Petersilie, Dill, frischen Zwiebeln, Myzithra-Käse und Eiern); »Schnecken-« oder »Psaró-Pittes« (mit Schnecken oder mit sehr feinen Forellen gefüllte Pfannkuchen) sind hervorragend als »Mezédes« (Vorspeise) für die berühmte kretische »Tsikoudiá«, einen Tresterschnaps, geeignet.

Die Weine von Kreta, zum Beispiel der herbe rote Knossos oder auch die leichteren trockeneren Weißweine und Rosés mit Harz (»retsiniert«) und ohne sind würdige Begleiter für kretische Gerichte. Allerdings mischen die Kreter, die seit jeher eine Sonderstellung unter den Griechen einnehmen, nie ihren Wein mit Wasser. Sie trinken auch verhältnismäßig wenig und tun dies nur zu festlichen Anlässen aus sehr kleinen Gefäßen.

Die Inselwelt oder die Schönen in Weiß-Blau

Die Inselwelt Griechenlands? Man meint, 2000 Inseln gezählt zu haben. Den Statistiken nach sind 150 bis 200 davon bewohnt. Gewiß, auch Kreta ist rein geographisch betrachtet eine Insel und ganz Griechenland ist eine Inselwelt, aber die »eigentlichen« Inseln sind doch nur die vielen, die auf die Seidenfäden ihrer Schiffs- und Flugverbindungen gereiht am Körper des Festlandes hängen wie Perlen, deren Glanz und Leben erlischt, wenn der Körper sie nicht wärmt. Und andererseits wäre Griechenland ohne den Perlenschmuck seiner Inselwelt nicht Griechenland. Diese wechselseitige Animation von Inseln und Festland ist schon uralt.

Bei der Fülle der Inseln werden wir diese Welt, grob zusammenfassend, in zwei Gruppen unterteilen müssen, nämlich die Ägäischen und die Ionischen Inseln. Zu den ersteren zählen wir die Kykladen, den Dodekanes und die entlang der kleinasiatischen Küste gelegenen Ostägäischen Inseln. Sie alle liegen im Ägäischen Meer und bilden geographisch eine Brücke zwischen dem griechischen Festland und dem Osten. Diese geographische Situation, der Nutzen der Häfen für Handel, Macht und Krieg erregte seit der Antike das Begehren von verschiedenen Völkerschaften. Praktisch waren die griechischen Küsten, die im heutigen Griechenland eine Gesamtlänge von 15021 km haben, nie mit voller Sicherheit gegen Eindringlinge zu schützen. Bestenfalls konnte man diese wieder hinauswerfen. Von den Phöniziern über die Römer bis zu den Arabern, Venezianern, Genuesern, Franken und Piraten jeder Couleur und Herkunft und zuletzt den Türken war hier ein ununterbrochenes Kommen und Gehen, das aber wegen der unterschiedlichen Religionen nur wenige Spuren im Volk hinterließ. Diese Inseln, die im Altertum für ihren Reichtum bekannt waren, sind heute bis auf wenige Ausnahmen entwaldet, nackt und kahl, weil der Grundwasserspiegel gefallen und der Boden weitgehend unfruchtbar geworden ist. Aber wie das Gesicht einer charmanten Frau auch im Alter reizvoll und auf geheimnisvolle Weise schön ist, ist ihnen eine landschaftliche Schönheit erhalten geblieben. Ja, sie wetteifern miteinander in ihrer Schönheit, denn sie sind jede von der andern grundverschieden. Jede hat ihr eigenes ausgeprägtes Profil in puncto Landschaft, Architektur, Sitten und Traditionen und ... Speisekarte oder wohl richtiger: häuslicher Küche.

Die kulinarischen Regionen

Die Kykladen (»Kyklådes«), Perlencollier auf der blauen Seide der Ägäis! Sie sind die wasserärmsten der Inseln, oft nur 10 qkm groß, mit bis zu 1000 m hohen Bergzügen, blendend weißen Ortschaften. Gemüsebau, Obstbäume, Weinberge und das wenige Vieh (wegen des Wasser- und Futtermangels) dienen im wesentlichen der Eigenversorgung. Kein Wunder, daß von hier die Matrosen, aber auch Kapitäne und Reeder der griechischen Handelsflotte kommen. Naxos (die fruchtbarste Insel) exportiert Gemüse, Santorini Tomaten und Wein, Paros Wein und Syros die berühmten »Loukoúmia« (»türkischer Honig«). – Die Trockenheit des Klimas und die monatelang anhaltende Wärme verleiht dem Wein der Inseln Schwere und Aroma. Auch die lokalen Landweine ohne Bezeichnung sind zumeist kraftvoll und sehr gut.

Auf den Inseln, die im Winter wegen der Stürme wochenlang von der Umwelt völlig abgeschlossen sind, hilft für's Überleben einerseits die Fantasie, andererseits die Verwendung von allem, was der Boden hergibt und was man irgendwie aufbewahren beziehungsweise konservieren kann. Die kulinarischen Ergebnisse sind so köstlich, daß sie manchmal nicht nur national, sondern auch international Gefallen finden, wie zum Beispiel die berühmte Zwiebelsuppe von Santorini, die eine große Karriere als »Soupe à l'oignon« gemacht hat!

Nationalen Ruhm hat auch der im Ofen gebackene Fisch à la spetsióta erlangt (die Insel Spetsai liegt nahe der Ostküste des Peloponnes, gehört also nicht zu den Kykladen; das Rezept führt jedoch ein fröhliches Leben auf den kykladischen Nachbarinseln). Die Garnelen mit Tomaten, Feta, Graviera-Käse und Kapern, ein Rezept von Syros, sind ein Lekkerbissen für alle, die den kleinen Hafen Tourkolímano (heute auch Mikrolímano genannt) in Piräus besuchen.

Auf fast allen Inseln (mit Ausnahme von Kreta) wird das Osterlamm nicht am Spieß gegrillt, sondern ein mit viel Käse, Eiern und Aromatika gefülltes Zicklein, der »Lambriátis«, gegessen.

Die überall in Griechenland beliebte »Fáva« aus Santorini (eine Hülsenfrucht, deren Farbe ein wenig an Erbsen erinnert) darf ebenfalls nicht unerwähnt bleiben, wenn es um die Ausstrahlung der Inselküche(n) auf die Nationalküche geht. – Die Insel Ägina (Saronischer Golf) produziert und exportiert die salzigen oder auch süßen »Pistazien«.

Die Ost-Ägäischen Inseln (Ikaría, Chios, Samos, Lesbos) säumen die kleinasiatische Küste fast bis zur Öffnung des Marmara-Meeres. Sie sind die Heimat der antiken Dichterinnen und Dichter Sappho (Lesbos), Anakreon (Samos) und Homer, der der Sage nach auf Chios geboren wurde. Diese Inseln haben aber auch sonst in der Antike und in der byzantinischen Epoche in den bunten Teppich der Geschichte manchen Knoten geknüpft. Hier konnten auch die Veneziianer nicht recht Fuß fassen, zumal die Genueser schneller waren. Alle Inseln sind landschaftlich prachtvoll, gebirgig, bewaldet und fruchtbar, und sie verfügen über malerische Ortschaften.

Chios produziert Mandarinen der Spitzenklasse, und der Mastix tröpfelt dort tränengleich auf marmorne Bänke, woraus dann der aromatische Aperitif »Masticha« gewonnen wird. Bei den Damen der Harems war er einst sehr beliebt, weil er wie eine Art Kaugummi gebraucht dem Atem Duft verlieh.

Samos ist seit der Antike bekannt für die hervorragenden herben (Samaina) und süßen Weine (Samos). Seine Weinreben klettern um die Wette mit der übrigen reichen Vegetation die Berge hoch hinauf. Eine reiche Blumenwelt schmückt diese Insel.

Lesbos, heute eher Mytilini genannt, mit seinem seit Jahrmillionen unter Vulkanasche versteinerten Wald, mit seinen weiten Pinienwäldern und vielen Feigenbäumen ist eines der größten Anbaugebiete Griechenlands für Olivenbäume.

Ikaría besitzt radioaktive Quellen, ist gebirgig und bewaldet und stellt aus Sanddorn einen speziellen Rakí-Schnaps her. Neben den üblichen Obstbäumen finden wir dort auch Exotisches für den örtlichen Eigenbedarf wie zum Beispiel Kaki, Bananen und sogar Datteln!

Überall bestimmen die Fruchtbarkeit des Bodens sowie die uralten Traditionen die Wahl der Zutaten und die Zubereitungsart der Gerichte. Es ist schwer, bei der Aufzählung der Leckerbissen ein Ende zu finden.

Auf allen Inseln, besonders auf Mytilini, wird zu Ostern das Lamm mit Leber, Nüssen, Mandeln und Kastanien gefüllt, oder man füllt die Magenhaut des Lamms mit vielen Eiern, Leber, süßem Myzithra-Käse, Kastanien, Pinienkernen, Rosinen und Gewürzen.

Zu Weihnachten ißt man »Dolmadákia« aus Zwiebelblättern mit Hackfleisch gefüllt. In ganz Griechenland sind der »Graviéra«-Käse und der »Telemés« (fester und salziger als Féta) von Mytilini sehr gefragt.

Diese Kirche auf Ios hoch über dem Meer mit kykladischem Glockenturm und blauen Kuppeln birgt die Gebete, die die karge Insel-Natur Bauern und Seeleuten eingibt.

Der Dodekanes (Dodekánisos)
Die »zwölf« (so sagt ihr Name) lieblichen Insel-Schwestern südöstlich der Kykladen bestehen in Wirklichkeit aus 50 Inseln und Eilanden. Sie ziehen sich, angeführt von der berühmten »Insel der Rosen«, Rhodos, an der kleinasiatischen Küste entlang. Nicht etwa, daß hier die hohen Bergspitzen fehlen würden (zum Beispiel auf Rhodos, Kárpathos, Kos), denn Berge selbst auf kleinster Inselfläche sind das Merkmal Griechenlands,

Der Olivenbaum, sagen die Hellenen, schenke ihnen seit altersher täglich Nahrung, Licht für Öllampen und Schatten.

aber das Wort »lieblich« rechtfertigt sich aus ihrem vielen Grün und der Farbenpracht ihrer Blumen, die sie ihrem reichlicheren Grundwasser verdanken. Der südlicheren Lage entspricht das wärmere Klima, das zu einer größeren Fruchtbarkeit als auf den Kykladen führt. Obstbaum- und Olivenhaine, Weideflächen und Viehzucht, Weinberge, Mehrfach-Ernten von Gemüsen, Feigen und auch Sesam und Getreide gibt es auf fast allen Dodekanes-Inseln. Die Wassermelonen von Rhodos sind besonders beliebt. So waren diese Inseln, die auf dem Wege nach dem Mittleren Osten liegen, seit der Antike bis zum späten Mittelalter prädestiniert dafür, eine zentrale Rolle zu spielen und hervorragende Kunstwerke hervorzubringen.
Wenn die letzten Touristen im November die Inseln verlassen, kehren diese zu sich selbst, zu ihrem wahren, eigenen Leben zurück, zu ihren Sitten und Traditionen. Zur Rückkehr zu sich selbst gehört auch die Hinwendung zum heimischen Essen, zur Kochkunst, die für die riesigen Massen von Fremden unsichtbar bleibt, die in den Sommermonaten über die Inseln ziehen. Die Ingredienzien des Essens sind zwar »gesamtgriechisch«, aber was daraus bereitet wird, hat lokale Eigenart. Auf Rhodos werden die Seezungenfilets in Paniermehl gewälzt, ein wenig im Bratofen gebraten und mit Kognak übergossen!
Die köstliche Spezialität von Kos, »Kokorétsi« (Innereien vom Lamm in Darm eingewickelt und am Spieß gegrillt), wetteifert mit der des Festlandes. Gebratenes Ferkel, in Rotwein langsam gekocht, ist sicherlich ebenso eine Spitzen-Spezialität wie das Hochzeitsessen auf Kassos, Lamm, das mit Leber, schwarzen und blonden Rosinen, Pinienkernen, Mandeln und Reis gefüllt und gebraten wird.
Je südlicher, je trockener das Klima, um so reicher an Zucker und Reife sind die Weine. Die herben Weine (weiß und rot) Caír und der Sekt Caír von Rhodos gehören zu den besten der Inselgruppe und zur Spitzengruppe der griechischen überhaupt.

Die Ionischen Inseln (Eptánissa)
Der griechische Name bedeutet »die sieben Inseln«. Die nördlichste ist Korfu (Kérkyra) und die südlichste, an der Südspitze des Peloponnes gelegen, ist Kýthira. Sie blicken alle nach Westen und verbinden, mindestens seit Odysseus, Griechenland mit Italien. Diese Inseln waren nie von den Türken besetzt; sie erlebten die Herrschaft Venedigs, Italiens und Englands mit je einem napoleonischen und russischen Zwischenspiel.
Die Landschaft der Ionischen Inseln ist in der Regel weit lieblicher als die der Ägäischen, aber ebenbürtig an Schönheit. Auch sie sind gebirgig (in Kefallinía erreicht die höchste Bergspitze 1600 m), haben aber viel Grün und sind alle sieben blumenreich. Zákynthos wurde »Fior die Levante« (Blume des Orients) genannt. Olivenhaine, Kiefernwälder, Zypressen und Platanen, Zitrusfrüchte, Myrten, Weingärten, Gemüsebau und Getreide gedeihen gut in dem milden, niederschlagsreichen Klima fast aller Inseln. Odysseus war auf Ithaka zu Hause, die Kaiserin Elisabeth von Österreich baute sich ein Schloß auf Korfu, das später vom deutschen Kaiser Wilhelm II. übernommen wurde, und Kýthira war die Insel der Aphrodite. Und in unseren Tagen ließ sich Onassis, der superreiche Reeder, auf Skopiós in der Nähe von Lefkaś nieder. Solche Ortswahl von Auserwählten bürgt für Qualität. Wahrscheinlich hat aber auch der Wein die Entscheidungen beeinflußt. Die herben weißen und roten »Robóla« von Kefallinía, der »Santa Maura« von Lefkás, vielleicht auch das »Kum-Kuat« von Korfu gehören zur Spitzenklasse der Getränke.
In ganz Griechenland werden Teigwaren – die selbst hergestellten (immer noch oft zu finden!) wie die aus der Fabrik – sehr gern und sehr reichlich und in vielfältigen Zubereitungsarten gegessen. Auf den Ionischen Inseln ist diese Vorliebe jedoch verbreiteter als anderswo. Wenn es um Geflügel und Wild geht, kann die Insel Kefallinía gut mithalten. Huhn mit Quitten oder Hasenstifado (mit Schalotten, Wein, Lorbeerblättern und so weiter) sind dortige Spezialitäten. Kefallinía, die Insel der Genies (oder Beinahegenies, jedenfalls der »sehr« Intelligenten) ist aber hauptsächlich für ihre »Skordaliá« (Knoblauch-Salat oder -Sauce) bekannt, die hier auch »Aliáda« heißt. Sie besteht aus gestampften Kartoffeln, Brühe vom Salz-Stockfisch, Nüssen, Mandeln, Haselnüssen, Eigelben, Milch und sehr viel Knoblauch, alles zusammen zu einer püreeartigen Mayonnaise verarbeitet, die dann mit dem entsprechend zubereiteten Stockfisch oder anderen gebratenen Fischen, Auberginen, Zucchini und Rote-Bete-Salat serviert wird.
Die Inselbewohner leben ebenso »süß« wie ihre Landsleute auf dem Festland. Auf der Kykladen-Insel Sífnos beweisen die Eltern der Braut der Familie des Bräutigams, daß ihre Tochter ihm ein honigsüßes Leben bereiten wird, indem sie deren künftigen Schwiegereltern vor der Hochzeit die »Melópitta Sífnou« ins Haus schicken (Honigpitta von Sifnos, ein Blätterteiggebäck mit reichlich Mandeln, Grieß, Honig, Öl und Rosenwasser).
Die Inseln, diese Schönen in Weiß-Blau, haben ihre lebenslangen Liebhaber. Die Griechen nennen diese »Nissomanen«,

wir könnten sie »Inselanbeter« nennen, die nicht nur, von einer zur anderen springend, Inseln »sammeln«, sondern auch jahrelang wiederkommen, um die schönste zu entdecken. Ein lebenslanger vergeblicher Versuch, der Suche nach der schönsten aller Frauen vergleichbar. Schöne und einzigartige »Persönlichkeiten« sind sie alle, diese griechischen Inseln, deren Reize sich allen Maßstäben entziehen. Persönlichkeiten sind sie nicht nur wegen der unterschiedlichen landschaftlichen Strukturen, sondern auch wegen der Besonderheiten ihrer Bevölkerung und deren Sitten.

Die Griechen aus dem einst byzantinischen Kleinasien

Die Griechen waren über dreitausend Jahre auch entlang der gesamten Küste Kleinasiens von ihrem südlichsten Punkt bis zum Fuße des Kaukasus und in Konstantinopel ansässig. Die Griechen lebten in Kleinasien bis zu dem unglücklichen Krieg von 1922, der mit einem Bevölkerungsaustausch endete. Über eineinhalb Millionen kleinasiatische Griechen mußten alles verlassen und sich auf der kleinen griechischen Halbinsel eine neue Heimat suchen. Sie konzentrierten sich vor allem in Mazedonien und Thrazien, auf alt-byzantinischem Boden also, ferner um Volos und in Athen.

Die Flüchtlinge aus Kleinasien brachten natürlich auch ihre Kochsitten mit sich, die nun sehr schnell nationalen Rang erreichten. Manche von ihnen meinten ein wenig arrogant, daß man in Athen bis 1922 wenig Ahnung vom richtigen Kochen gehabt hätte und nur Lamm mit Kartoffeln beziehungsweise Makkaroni beim Bäcker hätte braten lassen. Damals gab es in Athen noch kaum Hausbratöfen.

Halten wir uns aus dem Streit heraus! Das eine ist sicher: Die Flüchtlinge wußten zu kochen! Und zu essen! Das beweist die Vielzahl von liebevoll, geduldig und mit Schönheitssinn zubereiteten und servierten Gerichten, die mit der Vielfalt ihrer Zutaten die Fruchtbarkeit der meist hochentwickelten verlassenen Heimat verraten. Die einzelnen Zutaten sind zwar im wesentlichen die gleichen wie die in Griechenland verwendeten, die Zubereitung und Zusammensetzung aber erinnert uns an die Zeit des byzantinischen Reichs (4.–15. Jh. n. Chr.). Die Byzantiner besaßen bereits eine hochentwickelte und verfeinerte Kochkunst. Sie kannten seinerzeit nicht nur den mobilen Hausbratofen (eine Platte aus Metall oder Ton, die beheizt wurde und mit einem halbrunden Deckel abgedeckt werden konnte), sondern auch verschiedene Sorten von Käse (Athótyro, Myzíthra), den schwarzen Kaviar, das Avgotáracho (Boutargue, pasteurisierter Fischrogen), die Zwiebelsuppe, Saucen mit vielen Gewürzen und Zutaten, die Benutzung von Wein und Obstsäften beim Kochen, unendlich viele Rezepte zur Zubereitung von Wild und Wildgeflügel und so weiter. Mit unendlicher Fantasie wagten sie sich an die kompliziertesten Rezepte, so daß der Klerus des öfteren den Luxus tadelte und ironisch meinte, daß »dem Koch in der Küche der Parfümmacher« beistehe. – Das Tischgeschirr der Byzantiner hat sich von unserem heutigen in kaum mehr als im Material unterschieden. Am Tisch des Kaisers waren nämlich Silber und Gold unerläßlich! Es ist nur zu verständlich, daß die Verfeinerung der Eßgewohnheiten einer jahrtausendealten Kultur sehr tiefe Spuren hinterließ, wenn auch weniger in bezug auf das luxuriöse Äußere. Allein schon bei der Aufzählung einiger weniger Zubereitungsarten wird die in vielen Jahrhunderten erreichte Verfeinerung des Geruchs- und Geschmackssinnes sichtbar: Gerichte mit Obst zubereitet, zum Beispiel mit Quitten und Kastanien, mit oder ohne Fleisch; Aprikosen gefüllt mit Hackfleisch; Fischsaucen mit Mandeln; Sardellen mit Oregano und Öl, in Weinblätter eingerollt und gebraten; Salate aus rohen roten Beten und saueren Äpfeln, gerieben und mit Nüssen, Knoblauch und Mayonnaise angemacht und der heute berühmte »Taramosaláta« (aus Fischrogen).

Wer zu »Apótsou«, in die bekannte Politiker-, früher Literaten-Ousería in Athen kommt, kann die gefüllte Milz (mit Reis, Pinienkernen und Korinthen), einen wirklichen Leckerbissen probieren.

Die Weihnachts- beziehungsweise Silvester-Pute, gefüllt mit Kastanien, Äpfeln, Hackfleisch, Pinienkernen, Rosinen und so weiter und auch der Silvesterkuchen mit der Glücksmünze, die »Vasilópitta«, sind begehrte Rezepte auf dem Festland und vielen Inseln geworden. Sie stammen aus dem alten Konstantinopel. »A la políta« heißt ja »aus der Stadt« (tin Póli), also aus Konstantinopel, aus der glänzenden Stadt, die während der tausend Jahre des Mittelalters lange »die« Stadt Europas war.

Das biblische Bild, wie mühsam die Spreu vom Weizen getrennt wird, läßt ahnen, warum Armut die griechischen Bauern so oft als Gastarbeiter in die Fremde treibt.

Der Peloponnes

»Insel des Pelops« heißt wörtlich übersetzt dieser in jeder Hinsicht wichtige Teil Griechenlands. Pelops war der Sage nach ein kleinasiatischer Prinz, den sein fürstlicher Vater schlachtete und den Göttern zur Speise anbot. Aber nur die in jenem Augenblick aus Trauer um die eigene Tochter geistesabwesende Göttin der Fruchtbarkeit aß davon. Die Götter ersetzten die von ihr verzehrte Schulter durch Elfenbein, fügten die Gestalt wieder zusammen und gaben dem Prinzen das Leben zurück. – Auf seiner Pateninsel leben heute etwa eine Million Menschen auf rund 20000 qkm Gesamtfläche.

Der Peloponnes wird von drei Meeren umspült und ist nur durch eine sehr schmale Landbrücke, den Isthmus von Korinth, mit dem Festland verbunden. Er ähnelt einer nach Süden ausgestreckten Hand. Die Unruhe der Erde und die Arbeit der Meere haben in Jahrtausenden eine meist zerklüftete und steil abfallende Küste hinterlassen. Über weite Strecken schleppt sie sich aber auch seicht dahin, mit breiten Sandstränden zum Bade ladend. Tiefe Buchten reißen im Süden das Land zu felsknochigen »Fingern« auseinander, die übers Meer nach Asien, nach Afrika und nach Westeuropa weisen. Nirgends im Peloponnes ist man mehr als 50 km von der See entfernt und ihre Nähe wohl selbst den bäuerlichen Menschen des Binnenlandes immer bewußt.

Aber die Bergketten des Peloponnes sind hoch und riegeln das Innere des Landes deutlich spürbar vom Meer ab. Sie trennen ebenso den trockenen Osten vom feuchten Westen und den eher milden Norden vom feuchten warmen Süden, dessen Halbinseln, die »Finger«, wieder vornehmlich trocken sind. Die Berge im Norden steigen bis über 2000 m an und das Taýgettos-Gebirge im Süden sogar bis auf 2407 m. Auf diesen Höhen hält sich der Schnee, das Elfenbein der Sage, sehr lange. Sicherlich haben die Gegensätze von Landschaft und Klima die Ausprägung der so unterschiedlichen Seiten des griechischen Wesens gefördert, für die Begriffe wie Mykenä, Olympia, Sparta, Mistras und Mani stehen, Bezeichnungen, die eben mehr als bloße Ortsangaben sind.

Dem Klima entsprechend verteilen sich auch reiche Weinberge (unter anderem berühmt für ihre Korinthen und Sultaninen), Olivenhaine (besonders bekannt die Oliven und das Öl von Kalamáta), Getreide- und sonstiger Ackerbau sowie Viehzucht, aber auch Aprikosenplantagen, Pfirsichbäume, Zitrusfrüchte aller Art (große und süße Orangen von Lakonien), Nußbäume und die reichen Gemüsefelder nahezu um die ganze Fast-Insel herum. Bedenkt man, daß zu den zahlreichen landwirtschaftlichen Ausfuhrprodukten noch der Sesam und die Feigen, die Kirschen, die Äpfel und die Kastanien treten, wird die großzügige Hand bei der Benutzung aller dieser Erzeugnisse in vielen Rezepten der Peloponnes-Küche verständlich.

Aber der Speisezettel des Peloponnes wird auch durch die Aale und Forellen aus den Flüssen und die Fische des ja fast überall nahen Meeres vor dem Erzfeind aller Kochkunst, der Eintönigkeit, geschützt. Die Weinberge sorgen nicht nur für die Korinthen, die augenscheinlich für den Christmas-Pudding Englands unentbehrlich sind, sie lassen ihren aromatischen, sonnengetränkten Saft vor allem zur Herstellung von Weinen in die Fässer rinnen. Die nicht näher bezeichneten Weine der Bauern stehen den bekannten eines Großerzeugers wie Achaia Clauss mit Sitz in Patras an Qualität kaum nach, mögen sie auch deftiger sein. Im Mittelalter war der »Malvasier«, der süße Wein von Monemvassía, an allen Höfen Zentral- und Westeuropas begehrt. Die Malvasier-Rebe ist später nach der Insel Santorini ausgewandert, und dort ist sie bis heute feuchtfröhliche Quelle des Santorini-Weines. – Agamemnon und Klytämnestra hatten vor ihren selbstzerstörerischen Taten auf den Tischen ihrer Burg in Mykenä wahrscheinlich Ähnliches stehen gehabt, wie vor rund 150 Jahren, 1833, in Nauplia der blutjunge Wittelsbacher, der als Otto I. König des neuen Miniaturstaates Griechenland geworden war. Zum Beispiel könnten Schnecken auf beiden Tischen gestanden haben. Das Klima, die Natur und ihre Erzeugnisse gehören ja trotz aller Wandlungen zu den beständigsten Elementen im Leben der Menschheit. So ist die Schneckenjagd nach dem Winterregen seit Urzeiten in weiten Teilen des Peloponnes ertragreich, wenn die schleimigen Gesellen sich zur neuen Weide schleppen. Die Familien wandern heute wie schon die Sippen damals zur Nachtzeit mit Säcken und – heute – mit starken Acetylenlampen versehen in die Berge und sammeln sie im Wald. Wie lustige lachende Glühwürmchen streifen die Lichter durch die

Im Oktober sind die Trauben reif. Die großen Weinhäuser pressen daraus den Saft für Weine mit europäischem Ruf. Der kleine Weinbauer preßt sie seit jeher in der Zisterne mit den Füßen für urige Weine.

lauwarme Nacht auf ihrem Beutegang. Gleichzeitig wird »Throúwi«, eine Art wilde Minze gepflückt, und nach der Heimkehr mit den Schnecken in die Schüsseln gegeben. Wurden diese gut zugedeckt, sind also die Schnecken nicht langsam, aber zielsicher weggeschlichen, so läßt man sie zur Selbstreinigung 2 Tage darin. Erst dann werden sie gewaschen und leicht gekocht. Danach wird das weiße Fleisch bis zum schwarzen Punkt (Darm) herausgenommen, mit vielen aromatischen Pflanzen in Öl geschmort und mit Reis gegessen. – Die kleinen Schnecken haben als Standort nicht den Wald, sondern den Strand, dort, wo nach der Sandzone die Pflanzen anfangen. Auf deren Stengel klettern sie hinauf und bleiben dort. Sie werden im Sommer am Tage gefangen und so wie die großen zubereitet. Als »Mezés« zum Wein bestimmt, werden sie gekocht (mit Salz, Oregano und Wein) und von den Frauen im Dorf-Kafeníon den Männern aus Körben.

Mani, der mittlere, nach Süden weisende Finger der Halb-Insel, einer der kargsten, ärmsten, stolzesten und kämpferischsten Landstriche, war einst eine Hochburg der Blutrache. Seine Bauern leben in turmartigen Häusern, und sie wetteifern miteinander, wer das höchste hat. Sie gelten als der unabhängigste Menschenschlag Griechenlands. Dank solchen Ruhmes, aber auch dank seines Wohlgeschmacks hat sich den »Mani-Salat« auch der übrige Peloponnes zu eigen gemacht. Er wird angerichtet aus Scheiben gekochter Kartoffeln, Orangenscheiben, Tomatenscheiben, eingelegten Oliven, Oregano, Öl und Essig. Ihn nehmen die Frauen zur Arbeit auf den Feldern und in den Olivenhainen mit. Sie essen ihn mit »Salz-Stockfisch«, der an Ort und Stelle auf Holzfeuer gegrillt, dann gut abgewaschen und reichlich mit Öl und Zitrone gewürzt wird.

Der sogar im Ausland so bekannt gewordene griechische Bauernsalat, der nebenbei bemerkt extrem nahrhaft ist, wurde hier »erfunden«! Der Peloponnes und die Roúmeli (Mittelgriechenland) waren die Kerngebiete des Aufstandes, der den Befreiungskrieg gegen die Türken 1821 einleitete. Die Kämpfer, die man heute Partisanen nennen würde, ernährten sich in der Abgeschlossenheit der Berge fast ausschließlich von Schafen, sie bereiteten nicht nur den ausgenommenen Braten am Spieß wie heutzutage am Ostersonntag! Es wurde alles verwendet, was eßbar war, und nichts blieb für Hund und Katze zurück. So entstand die landesbekannte Ostersuppe, die »Majirítsa«, in Tripolis (Arkadien) aus Innereien, Reis, Gewürzkräutern, Kopfsalat und Eier-Zitronen-Sauce. Sie ist ein Genuß, nicht nur nach dem langen Osterfasten, sondern überhaupt. Wenn wir einmal bei dieser harten Zeit sind, darf das »Kléftiko tis Stámnas« (Partisanenfleisch im Krug) nicht vergessen werden. Die in den Dörfern zurückgebliebenen Frauen ließen es sich einfallen, um unter den Augen der Besatzungsmacht ihre Männer in den Bergen versorgen zu können. Sie stopften in einen der Tonkrüge, mit denen sie sonst Wasser holten, allerlei Sorten Fleisch und Innereien, taten Öl, Knoblauch, Oregano, Petersilie und Käsestücke dazu und ließen das alles im Ofen langsam braten. Dann nahmen sie diesen Krug und leere Wasserkrüge und zogen unschuldigen Blickes zum Brunnen am Rande des Dorfes, um Wasser zu holen. Den fleischgefüllten Krug versteckten sie an vereinbarter Stelle und kehrten mit den voll frisches Bergwasser gefüllten Wasserkrügen ins Dorf zurück. – Das Rezept hat später nationalen Ruf erlangt und schmeckt auch den friedlichen Nachkommen ausgezeichnet.

Nicht genug damit, daß die Gerichte dem Kalender und seinen bedeutenden religiösen Stationen (Weihnachten, Silvester, Karneval, Ostern) folgen, gibt es außerhalb des Jahresturnus die Familienfeste mit besonderen Speisen. Vor allem erhalten die Hochzeiten durch ganz bestimmte Eß-Bräuche einen besonderen Charakter. Das Essen ist durch eine Art kulinarischen Rituals so weit festgelegt, daß zum Beispiel jeweils auch ganz bestimmte Kuchen-Brote auf den Tisch kommen: Zu Weihnachten »Christópsomo« (Brot des Christus); am 1. Januar »Vassilópsomo« oder »Vassilópitta« (Brot oder Pitta des Heiligen Basilios); »Lambrópsomo« (Brot für den Ostersonntag); »Fanourópsomo« (ein Kuchen zu Ehren des Heiligen Fanoúrios, der verlorene Gegenstände finden hilft. Der Verzehr des Kuchens soll auch eine Fürbitte für den Heiligen sein). Dieser Kuchen ist besonders auf dem Peloponnes und den Inseln zu Hause. Aber es bedarf für den Genuß von Süßem nicht unbedingt einer religiösen Begründung. Der hohe Grad gesellschaftlichen Lebens in den Hafen- und Residenzstädten des Peloponnes, die zu ihrer Zeit fast internationale Bedeutung hatten, wie Patras, Kalamata, Nauplia, aber auch Mystras mit den Villehardouins und den Paläologen, alle jeweils zu ihrer Zeit bedeutende Zentren, findet seinen Ausdruck auch in dem dort bekannten feinen Kleingebäck. Eine verfeinerte Gesellschaft delektierte sich an »Besédes« (Baisers, Eiweiß, Zucker), an »Amigdalotá« (Mandelgebäck), an »Fondáns« (aus Nüssen und Schokolade), an »Kástana me sirópi« (glacierte Maronen) und sicherlich nicht weniger an »Troúfes« (aus Eigelb, Löffelbiskuits und Schokoladetrüffeln).

Der Peloponnes hat gewiß dank der Vielfalt seiner Klimazonen und Landschaften eine vielfältige landwirtschaftliche Produktion. Aber die Vielfalt seiner Küche schuldet er auch seiner durch viele Jahrtausende »kosmopolitischen« Existenz, die auf der geopolitischen Bedeutung seiner Häfen beruhte. Es war unausbleiblich, daß diese Küche auch die des restlichen Griechenlands stark beeinflußte. Nirgendwo ließen sich so viele Völker nieder, manchmal nur vorübergehend, manchmal aber auch für sehr lange Zeit.

Mittelgriechenland oder: die drei Wahrzeichen Athen – Delphí – Messolónghi

An diesen drei Orten ist seit uralter oder doch schon alter Zeit der Pulsschlag des Griechentums kräftig zu spüren. Athen war und ist die Stadt der Athene, der Göttin der Weisheit; Delphí, das »Heiligtum« des Apollon, des Gottes des Lichts und der Künste, strahlt noch heute etwas von der Faszination aus, die Jahrtausende hindurch nach höherer Erkenntnis strebende Menschen anzog; Messolónghi mit dem Heldenfriedhof der im Kampf um die Freiheit Griechenlands im 19. Jahrhundert gefallenen – ausländischen – Philhellenen ist ein Symbol der Anziehungskraft des Geistes

der griechischen Antike noch auf das Europa unserer Tage.
Griechenland ist nach wie vor undenkbar ohne Athen, ohne den lila Schimmer des Hymettus-Berges während des Sonnenunterganges; ohne den Anblick der nahen Inseln und des fast greifbar nahen Meeres; ohne die Tannenwälder des Berges Parnes, im Winter mit Schnee bedeckt; und nicht zuletzt unvorstellbar auch ohne den lieblichen, mit Pinienwäldern bedeckten Höhenzug des Pentéli, dessen weißer Marmor seit jeher der Stolz der Athener Bauten war. Groß-

In guten Tavernen der Altstadt von Athen, der Plaka, kann man echte Spezialitäten genießen.

Athen und das umgebende Attika, das fast die Hälfte der Einwohner Griechenlands beherbergt, war immer für sein trockenes, mildes Klima berühmt. Der Osten der attischen Ebene ist reich, besonders an Weinbergen, die unter anderem den jetzt auch über das Land hinaus bekannten »Retsina«-Wein (geharzten Wein) hergeben. Der Hymettus dankt seinen Ruhm der dichten Decke seiner Thymianbüsche, die ihm seinen lila Schimmer verleihen und ein besonderer Genuß für die Bienen sind, die den würzigen Blütenduft ihrem Honig geben. – Vor gut 150 Jahren, Ende 1834, wählte Otto I., der erste König des befreiten Griechenland, aus romantischer Liebe zur Antike und unter dem Einfluß seines Vaters, Ludwigs I. von Bayern, Athen zur Hauptstadt des neuen, freien, allerdings zunächst nur Miniatur-Landes der Griechen. Athen zählte damals etwa 10 000 Einwohner, Groß-Athen heute knapp 4 000 000!
Griechenland ist aber auch ohne Delphí, das einst als Nabel der Welt galt, undenkbar. Von Athen aus ist es über das östliche Flachland Mittelgriechenlands erreichbar, über jenes Theben, das Schauplatz der antiken Tragödie des »Ödipus« war. Man folgt so den Spuren aller Fürbittenden zum Apollo-Heiligtum und zur Wahrsagerin Pythia: Delphí liegt am Parnaß, der Heimat der Musen, eines zerklüfteten, bis in den Juni von Schnee bedeckten Gebirges voller Schluchten und Tannen. Die Hänge vibrieren vom Echo wandernder Schafherden, denen wir den berühmten weißen Feta (Schafkäse) verdanken. Tief unten in dem zum Golf von Korinth sich öffnenden Tal von Ámfissa schimmern die weiten, grausilbrigen, tausendjährigen Olivenhaine. Die Oliven von Ámfissa sind fleischig, groß, rund und schwarz und gelten als die besten Griechenlands. Das steilwandige Tal zu Füßen von Delphí gibt über die Olivenhaine hinweg den Blick frei auf den strahlend blauen Golf von Korinth, das freie Meer und die Riesenberge des Peloponnes; ein atemberaubendes Naturschauspiel.
Die Ebene von Messolónghi liegt schon am trompetenförmigen Ausgang des Golfs von Korinth zum Ionischen Meer. Hier ruht das Herz des jungen englischen Philhellenen Lord Byron, dessen dichterischer Schwung so viele junge Menschen jenseits der Alpen für den griechischen Befreiungskampf begeisterte. Die Gefallenen vereinigt ein Ehrenfriedhof. Die meisten von ihnen starben während der zweijährigen Belagerung der Stadt durch die osmanischen Truppen. Die weite, flache Lagune hat etwas Trostloses und fördert die von der Erinnerung hervorgerufene Melancholie. In die fischreiche, friedlich gewordene Lagune laufen heute lange Stege hinein, wie hölzernes Flechtwerk anmutend, mit kleinen Hütten darauf; unwillkürlich denkt man an Pfahlbauten der Urzeit. Den zwischen ihnen gleitenden Fischerbooten verdanken wir das berühmte »Avgotáracho« (Boutargue), einen pasteurisierten Fischrogen vom Kéfalos (Meeräsche). Er kommt in Form einer wachsumhüllten Zwillingswurst in den Handel und gilt wie der schwarze Kaviar als eine kostbare Delikatesse, zumal er nur hier und in Thrazien hergestellt wird. – Etwas weiter nördlich, in Astakós, sind die besten Wassermelonen des Landes zu Hause. Der Fluß Alpheiós, der sich hier ins Meer wirft, sorgt für die Bewässerung der Melonenfelder.
Kulinarisch erwähnenswert ist auch der Fluß Sperchiós, weil es an seiner Mündung auf der Ostseite der Provinz bei Lamia die besten Seezungen gibt und er ein breites Tal bewässert. Im armen Mittelgriechenland ist jede Anbaufläche wichtig, denn so schön die Berge sind, an Erwerbsmöglichkeiten bieten sie wenig.
Zum Raum Mittelgriechenland gehört auch die zweitgrößte Insel, Euböa, die sehr fruchtbar, grün und bergig ist, mit zwischengelagerten Ebenen. Die Feigen von Kými auf Euböa gehören zu den besten. Die durch eine Seeschlacht der Antike berühmte Insel Salamis nahe bei Athen stellt auf den griechischen Tisch die ebenso berühmte »Kakaviá«, eine Fischsuppe, die die Franzosen »Bouillabaisse« nennen würden.
Von Piräus und Rafína (auf der Ostseite Attikas gelegener Hafen von Athen) strömen alle an der breiten Küste und vor den Inseln gefangenen Fische und Krustentiere auf den Fischmarkt von Athen: »Psári me majionésa« ist ein großer Fisch, mit verschiedenen Gemüsen gekocht (die Brühe wird als Suppe mit Eier-Zitronen-Sauce gegessen), von den Gräten befreit und mit hausgemachter Mayonnaise (Ei-Öl-Zitrone-Senf) übergossen. Dieses Gericht ist als kaltes Vorgericht und als Teil eines kalten Buffets sehr geeignet. Das in Athen geborene Rezept ist ins ganze Land hinausgewandert.
Kommt man am Ostersonntag nach Aráchova, einem Adlernest, das kurz vor Delphí an einem Vorsprung des Parnaß hängt, so riecht man, noch ehe das Dorf sichtbar wird, daß da Lämmer am Spieß gedreht werden. Über glühender Holzkohle dreht aus jeder Familie ein Mann oder älteres Kind geduldig und langsam den Spieß, das Lamm ständig mit einer Mischung aus Öl und Zitrone bestreichend, das in der ostersonntagsfrischen Sonne glitzert und duftet. Man befindet sich hier im Herzen von Roúmeli, eine Sammelbezeichnung für das ganze umgebende Bergland.
»Patsás« dagegen wird überall gegessen, aber er hat eine Sonderfunktion in Athen, wo er die Nachtschwärmer stär-

ken muß. Er entspricht damit der Soupe à l'oignon, die man in Paris, als es noch die berühmten »Halles« (Markthallen) gab, nach vergnüglicher Nacht zu morgendlicher Stunde aß. So wird auch die Suppe von »Patsás« (Lammfüße und -Magen mit Eier-Zitronen-Sauce) in Athen – und dessen Beispiel folgend in allen anderen großen griechischen Städten – in der Gegend um den Omónia-Platz verzehrt.

Wenn die Neuvermählten von der Hochzeitsreise zurückkehren, hält man für sie auf der Insel Salamis gefüllte »Tiganítes« (gebackene Küchlein) bereit, um nach dem erlebten Traum des Eheglücks die Rückkehr in die monotone Wirklichkeit zu versüßen. Dazu wird in den auf die übliche Weise ausgerollten Teig, in den hier auch Orangensaft hineingehört, eine Füllung aus feingehackten Mandeln, Nüssen, Zimt und Sesam hineingegeben. Die Teigstücke werden gerollt, in Öl gebacken und mit Honig übergossen.

Das feine Kleingebäck ist ein nicht wegzudenkender Teil des gesellschaftlichen Lebens der Landeshauptstadt: »Petitsfours« (aus Nüssen und Honig); »Mandarináto« (Mandarinenschale, gekocht und püriert und mit Mandeln und Zukker angereichert); »Troúfes me Kástana« (Trüffeln aus Maronen mit Nüssen, Schokolade, Mandarinen und Likör); sogar selbstgemachte Schokolade (karamelisierte Mandeln werden in geschmolzene bittere Schokolade getaucht).

Der Parnaß ist Sitz des Orakels von Delphi und Heimat vom Schafkäse.

Mittelgriechenland sticht durch seine unendlich vielen repräsentativen Rezepte, besonders durch jene aus Attika, hervor. Das ist mehr als verständlich, zumal Athen seit den 150 Jahren seiner neuen Existenz eine beherrschende Rolle spielt. Mehr noch als in der Antike strömt alles zu diesem Kernpunkt des Landes. Aufgrund der Konzentration von Regierungssitz, Diplomatischem Korps und Großbürgertum sind die »gesellschaftlichen Verpflichtungen« entsprechend zahlreich, besonders die Einladungen zum Essen, die den bäuerlichen Charakter der Küche des Landes durch fremdes Beispiel und eigenen Ehrgeiz verfeinern helfen.

Thessalien

Die Klischeevorstellung vom flachen Griechenland könnte von hier, von der thessalischen Ebene her, der eigentlichen Kornkammer von Hellas und der größten des Landes, eine gewisse Berechtigung beziehen. Die Gebirge umgeben die Ebene nur als ferne, halbkreisförmige Kulisse, die erst tief im Lande der von Osten und Südosten eindringenden Meeresluft Halt gebietet. Noch ehe die Bergkette des Píndos im Nordwesten erreicht ist, sieht man riesige Felstürme dem Himmel entgegeneilen, die die berühmten, zwischen Himmel und Erde schwebenden Metéora-Klöster tragen. – Landschaftlich ein Edelstein ist die Bucht von Vólos mit der gleichnamigen bedeutenden Hafenstadt am Fuße des Pilion-Bergstocks, der bis auf 1550 m ansteigt und sich als schmale Landzunge um die Bucht legt. Vólos steht, wie man sagt, Neapel an Schönheit nicht nach. Die Gärten und Quellen des halbkreisförmigen, die Bucht bildenden Höhenzugs, der Garten der Hesperiden, sind seit der Antike berühmt, wie der Name beweist. Die Dörfer, die eine eigenständige Architektur haben, werden beschattet von Platanen und Kastanienbäumen, erfüllt vom Sang der Vögel und vom Rauschen des Quellwassers und der Bäche und im Frühjahr vom Duft der Obstblüten, besonders der Apfel-, Aprikosen- und Pfirschichbäume. Abwärts blickend schimmert überall das Meer durch die Zweige. Im Winter schneebedeckt sind die Dörfer das ganze Jahr ein Anziehungspunkt für Künstler; viele haben sich bereits hier angesiedelt. Im Herbst hängen die Apfelbäume voll mit »Firíkia«, den kleinen süßen, aromatischen Äpfeln, die nur hier wachsen und mit ihrer Last die Zweige zur Erde biegen. Die zerklüftete Küste überrascht mit kleinen, verschwiegenen Sandbuchten zwischen steilen Felsblöcken. Dann trifft man wieder Obstbäume. Es erstaunt nicht, daß die dortige Pfirschichsorte »Mastós Afrodítis«, Venusbrust, benannt worden ist, denn die Rundung ihres saftigen, festen Fleisches, das von einer braun-rosigen Haut umgeben lieblich duftet, endet in einer kleinen Spitze. Die für jede Schönheit empfindsame Antike hat in diesem Hesperiden-Garten die Zentauren angesiedelt, Sagenwesen, die halb Mensch halb Pferd waren. Einer der bedeutendsten unter ihnen war Chíron, der Lehrer und Künstler, zu dessen Schülern neben anderen Asklepios, Theseus und Achilles zählten, die er Medizin, Musik und Gerechtigkeit lehrte.

Die Teilhabe am Bergstock des Olymp im Norden und der Pílion mit den ausgedehntesten Laubwäldern Griechenlands im Süden, die Metéora-Klöster auf ihren Felsen und in neuerer Zeit das Städtchen Ambelákia begründen den Ruhm Thessaliens. Ambelákia war die erste »kommunistische« Genossenschaft im 18. Jahrhundert (1788–1811); es war damals und ist heute noch reich; seine Einwohner gehörten alle der Genossenschaft an, zahlten eine Gemeindesteuer, die die Ausgaben für Schule, Wohlfahrt, Kirchen und Stadt deckte, und jeder wurde gemäß seiner Arbeit bezahlt. Grund für die Kurzlebigkeit der Genossenschaft war, daß der Arm des Ali Pascha von Jannina bis zu dieser Insel griechischer Eigenständigkeit, am Pinios-Fluß vor dem Olymp und zu Füßen des Ossabergs auf 700 m Höhe gelegen, reichte. Er löste sie auf.

Die ganze Küste entlang vom Pilion bis zur östlichen Grenze Griechenlands zur Türkei sind die Meeres-Krustentiere eine reichliche Beute, die der festlichen und der alltäglichen Tafel Abwechslung verschafft. Eine der Spezialitäten von Pilion sind die Muscheln mit Spaghetti und Tomatensauce sowie auch die »Oktapódi psitó stifádo«, also Oktopus im Ofen gebraten und mit kleinen Zwie-

belchen in Öl-Wein-Sauce mit Gewürzen weitergekocht.
Im Sommer ist trotz der Brise vom Meer die Ebene oft sehr heiß; das eigentliche Leben wird in der Nacht gelebt und erlebt, und das Essen paßt sich der Temperatur an. Das verrät auch der Name »Súpa droserí« (kühlende Suppe) aus Joghurt, Nüssen, Gurke, Knoblauch, Öl, etwas Brot, Oregano und Eiswürfeln. Die Suppe ist nahrhaft, leicht und erfrischend.
»Arní me damáskina ke amígdala«, Lammfleisch mit getrockneten Pflaumen und Mandeln; auch »Arní me giaoúrti«, Lammfleisch mit einer Sauce aus Joghurt und 8–10 Eiern, gehören zu weiteren Spezialitäten dieses Landesteils.
Eine ganz besondere Spezialität der Region ist der »Spetsofái von Pilion«: Im Tontopf werden feingeschnittene Tomaten und Paprikaschoten mit allerlei Gewürzen, Bauernwürstchen, auch in Stückchen geschnitten, ohne Fett oder Öl mit Käsestückchen und rotem Wein gekocht.
Apart und nur hier zu finden ist der Hahn mit Bier (eine Flasche), Kognak, Gewürzen und Pilzen, sachte gekocht und mit Pommes Frites serviert.
Im allgemeinen begleitet einer der trokkenen weißen oder roten »Týrnavos«-Weine die Mahlzeit.
Jeder Hobbykoch, und dazu zählt ohnehin jeder, der Ausländisches ausprobiert, kann meistens aus Rezepttiteln und Angaben über die Ingredienzien den Geschmack, das Besondere und die Feinheit einer Speise erraten. Das gilt sicherlich auch für diesen kleinen Überblick über einige Rezepte Thessaliens, wo der Pilion eine führende Rolle spielt. Man fühlt, daß sich in dieser fast ausschließlich agrarischen Landschaft die Eintönigkeit der Ebene niederschlägt, was sich in den Eßgewohnheiten widerspiegelt. Hier fehlte die Not als Stimulans der Fantasie. Die Küche von Thessalien ist zumeist nur eine Variation derjenigen der umgebenden Nachbarregionen.

Sonnengetrockneter Oktopus, auf Holzfeuer gegrillt, schmeckt besonders zu Oúso und Retsina.

Epirus

Diese majestätische und unbekannte Bergwelt ist von einer unheimlichen Schönheit. Sie gehört zu einer Bergkette, deren größten Teil der Píndos einnimmt und die sich von der Nordwestgrenze von Hellas nach Süden bis zum westlichen Peloponnes hindehnt. Wildzerklüftete Bergwände wechseln ab mit dunklen Tälern, Schluchten, rauschenden Quellen, Bächen, Flüssen, Hochgebirgsseen. Nur hier konnte sich die Antike den Eingang zur Welt der Toten, den Acheron, den Fluß der Unterwelt vorstellen und nur hier auf der Hochebene von Dodóna auch das älteste Orakel Griechenlands, dem Zeus, dem Vater der Götter geweiht, begründen. Im Rauschen des die Stätte umgebenden, heiligen Eichenwaldes gab er seine Antworten kund. Vom Píndos eilte zu jener Zeit der König Pyrrhus mit seinen Elefanten seinem Pyrrhus-Sieg entgegen. Noch immer sichern die Bergwälder mit ihrer erhaltenen Ursprünglichkeit mit ihren Rehen, Wölfen, Bären, Wildschweinen und einigen Gemsen, mit Adlern, Falken und Geiern Geborgenheit und Überlebensraum.
In diesem riesigen Bergleib des Píndos verbirgt sich das imposanteste Naturwunder der hellenischen Bergwelt, das Tal des Víkos. Heute ein Naturpark ist es nur mit den Cañons in den Felsengebirgen Amerikas vergleichbar. Senkrechte, kilometerlange Mauern aus Felsen begleiten das Tal aus einer Höhe von 2100 m hinunter zu seinem tiefsten Punkt an der Quelle des Voidomátis-Flusses auf 600 m. Botaniker und insbesondere Forstleute finden auf diesem Weg nahezu sämtliche Pflanzenarten von der Pinie bis zur Alpenföhre; Hochwild und Raubvögel beleben die Felstürme und Felswände, die die Urwüchsigkeit der Landschaft beschützen. Und doch ist das Meer nicht weit. Ein schmaler Küstenstreifen, eine kleine Ebene um Arta nach Süden hin sind die einzigen fruchtbaren Gegenden mit etwas Obst- und Gemüseanbau, ein wenig Getreide und Reis. Immerhin finden wir bis hoch hinauf auf den Bergen eine Fülle von Kastanien-, Nuß- und Mandelbäumen und umfangreiche Herden von gutem Rind- und Kleinvieh. Die Armut war und ist hier dennoch zu Hause und das, obwohl Jannina mit seinem berühmten See, die Hauptstadt von Epirus, durch Jahrhunderte die zweite Hochburg von Byzanz nach Thessaloniki gewesen ist.
Eine majestätische Landschaft gewiß, aber für die Menschen eine harte. Sie zwingt sie zur Auswanderung, aber durch ihren Zauber auch zur Wiederkehr. Seit jeher kämpfen sie im Ausland hart, werden reich und stiften dann ihrer Heimat gute Schulen, viele davon wurden berühmt, und Kirchen. Viele Jahrhunderte hindurch waren es diese Schulen, die die griechische Sprache retteten und bedeutende Persönlichkeiten Griechenlands erzogen.
Jánnina mit den hohen Berggipfeln im Rücken und dem großen See zu seinen Füßen ist berühmt für die Qualität seiner Süßwasserkrebse. Nach dem Fang werden sie zunächst in Drahtkästen im Wasser gehalten. Der Schlemmer wird per Boot ins Schilf zu diesen Käfigen gerudert und sucht sich die verlockendsten aus. In der Taverne auf dem Inselchen inmitten des Sees werden sie dann köstlich zubereitet, sei es gekocht mit Oregano und Zitrone, sei es – nach dem Säubern natürlich – gebraten (in der Pfanne) und mit einer »Skordaliá«, einer Knoblauchsauce beziehungsweise -pastete aus Nüssen und Krebsbrühe serviert.
Die Seen und die Flüsse, die viel schnell fließendes und in Kaskaden herabstürzendes Wasser mit sich führen, fördern auch die Forellenzucht. So finden wir dort auf unserem Tisch Forellen bester Qualität sehr reichlich, aber auch anderes Süßwassergetier, ergänzt von dem, was das nahe Meer bietet: Forellen mit Muscheln und Garnelen gefüllt, in Alufolie gebraten und von Mayonnaise begleitet und auch Frösche, die in Grie-

chenland einzig hier gegessen werden und auch von hier aus exportiert werden.

Die große Spezialität von Epirus aber sind die Pittes, die Pasteten, die über die nationalen Grenzen hinaus Ruhm erworben haben. Die »Pitta« fordert die Fantasie der Hausfrau heraus. Man pflückt im Wald alle bekannten Gräser und aromatischen Pflanzen und hat so bereits die Füllung für eine »Chortópitta« (Gemüse-Pitta); zum Ersten des Jahres gehört allerdings eine »Kreatópitta« (Fleischpitta) mit einer Glücksmünze; das Gericht wird auch gern am letzten Karnevals-Sonntag vor dem großen Fasten gegessen. »Grothópitta« ist nichts anderes als die bekannte »Kotópitta« (Huhn-Pitta); »Tirópitta« (Käse-Pitta); »Prasópitta« (Lauch-Pitta) und ... man kann bis zu 30–40 verschiedene Arten je nach der weiblichen Erfindungskraft vorgesetzt bekommen.

»Polyspóri« ist ein für Epirus ausgesprochen typisches Gericht, ein dicker Brei aus allerlei Hülsenfrüchten (Kichererbsen, weiße Bohnen, getrocknete dicke Bohnen, Linsen, Maiskerne, Weizen und Gewürze), der besonders am 21. November, dem Namenstag der Jungfrau Polysporítissa, gegessen wird.

In einer Landschaft, wo vor allem Weidewirtschaft herrscht und es im Winter bis zu minus 20 °C kalt wird, wird viel Schweinefleisch gegessen. »Chirinó prassosélino« bereitet man in Zítsa bei Jánnina für den Weihnachtstisch (Schweinefleisch mit Lauch, der den ersten Rauhfrost abbekommen haben muß, Sellerie, Tomaten, Zwiebeln, viel Zitrone werden mit viel Öl in einem mit Teig dicht verschlossenen Topf gekocht). Dazu trinkt man den berühmten »Zítsa-Wein«, einen weißen Schaumwein, oder den halbsüßen Rosé. Bei der Fleischzubereitung wird viel Wein und Joghurt benutzt.

Nirgendwo schmeckt »Triantáfillo glikó« (Rosenkonfitüre) so gut wie in Epirus. Man verwendet dazu die im Frühjahr blühende Rosensorte, aus der das Rosenwasser hergestellt wird, mit dem unter anderem in der Kirche die Hände der in die Kollekte Spendenden besprengt werden.

Die Auswahl an Gebäck ist ebenso reich wie im restlichen Griechenland; »Myzithrópittes« sind typisch für Epirus (handtellergroße, in der Pfanne gebratene halbrunde flache Teigtaschen, mit ungesalzenem Myzíthra-Käse gefüllt und mit Honigsauce und Zimt verfeinert).

A propos Käse: Die über die Grenze hinaus bekannten Käsesorten von Epirus sind der »Metsovóne« und der »Formáno«, beide würzig schmeckende, gute Hartkäse.

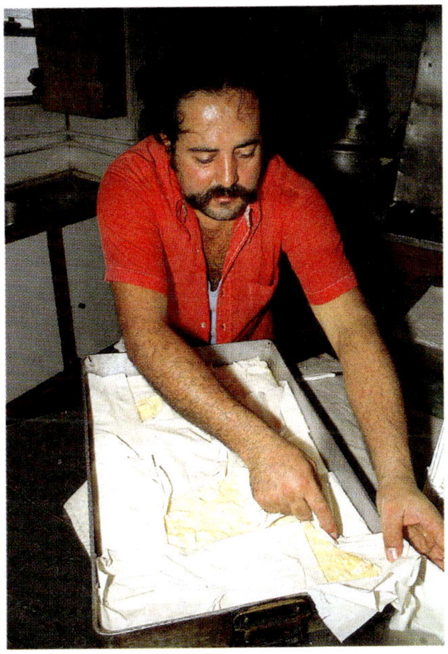

Die pastetenähnlichen Pittes mit ihrem papierdünnen Filloteig sind Meisterwerke, für die besonders Epirus berühmt ist.

Der epirotische trockene rote »Katói-Wein« aus Métsovo ist 1984 auf der Wein-Ausstellung von Paris prämiert worden und das nicht ohne Grund. Es ist ein besonderer Tropfen »für wenige«, und dies gilt wörtlich, weil seine Produktion aus Gründen der Qualitätserhaltung gedrosselt und dem Traubenertrag der Métsovo-Lagen angepaßt wird.

In Epirus, der sicherlich in jeder Hinsicht härtesten Landschaft Griechenlands, die als Grenzland auch sehr oft die Hauptlast von Kriegen getragen hat, machte seit eh und je die Armut erfinderisch; eine Bestätigung der schon von Hesiod in der Antike beobachteten kreativen Kraft der Not. Es ist noch gar nicht so lange her, daß die einzige Verbindung zwischen Dörfern und Städten die nur zu Fuß oder per Tragtier benutzbaren Hirtenpfade waren; man war daher auf die Selbstversorgung aus dem Garten, dem Feld oder der freien Natur und der eigenen Viehzucht angewiesen sowie auf die daraus gewonnenen, selbstkonservierten Vorräte. Aus dem Streben, Mangel und Eintönigkeit zu besiegen, wurden an Nahrhaftigkeit und Wohlgeschmack reiche Rezepte geboren.

Mazedonien und Thrazien

Der »Sitz der Götter«, der Olymp, der mit seinen fast 3000 m höchste Berg des Landes, gehört verwaltungsmäßig zu Thessalien, bildet jedoch so sehr den majestätischen Auftakt zur Symphonie der Landschaft Mazedoniens und Thraziens, daß wir meinen, er gehörte hier genannt. Die antiken Götter versammelten sich auf der wolkenumwallten weißen Bergspitze, von der Zeus, erzürnt durch die menschlichen Frevel, donnernd seine Blitze sandte. Den Göttern folgten viele Besetzer, wie ja überall in Griechenland. Erst 1913 konnte sich der Berg auch völkerrechtlich wieder griechisch nennen, ebenso wie Mazedonien (mit 34036 qkm die größte Provinz des Landes) und Thrazien. Man sieht den Olymp in der nördlichen Ägäis fast von überall schon aus unendlicher Weite. Ein großer Teil seiner Wälder ist im Laufe der Jahrhunderte für Schiffs- und Hausbau dahingeschwunden, aber noch heute springen auf den Felsen seiner wilden Schluchten graziös die Rehe und Gemsen.

Bis hin zur griechisch-türkischen Grenze am Evros zieht sich vom Olymp eine nahezu ununterbrochene Kette von Bergen, die die ihnen vorgelagerten fruchtbarsten Teile von Hellas beschützen und sich mit den Klauen langer wasserreicher Flüsse am Rande der Ägäis festkrallen. Nicht selten löschen Wasserbüffel an ihren Ufern den Durst. Große ursprüngliche Wälder finden wir auf diesen Bergen, die wie die am Rodopi-Berg in Thrazien, Naturschutzgebiete sind und eine seltene Fauna und Flora haben mit Bäumen, die bis zu 40 m emporragen, und reiche Wasserfälle und rauschende Bäche. Die Deltas der Flüsse sind Paradiese für seltene Vögel, besonders das des Evros, wo man einen Bootsführer braucht, um sich nicht im Chaos des Schilfs zu verlieren. Es gilt, auch wegen seiner seltenen Fische, als das bedeutendste Feuchtbiotop Europas.

Diese weithin so unberührt erscheinenden Gebiete wurden früh von den südlichen Hellenen kolonisiert, die hier Getreide, Holz für ihre Schiffe, Gold und Silber gewannen. Dies ist die Bacchanten-Landschaft, mit dem größten Musiker der Antike, Orpheus, Sohn des Königs von Thrazien, der durch seine Musik die wilden Tiere zähmte und mit seiner Lyra beinahe den Tod überwunden und Eurydike aus dem Hades zurückgeholt hätte. – In Mazedonien wiederum ist einer der größten Philosophen der Welt der Hellenen, Aristoteles, geboren. Von hier aus begann Alexander der Große seinen Abenteuerfeldzug nach Indien und bewirkte damit die Ausbreitung des hellenischen Geistes. Thessaloniki war im byzantinischen Großreich die zweitwichtigste Stadt nach Konstantinopel; und der Heilige Berg Athos mit seiner Mönchsrepublik ist seit über 1000 Jahren das geistige Bollwerk des orthodoxen Glaubens. Wenn die Atmosphäre klar ist, kann man vom Gipfel des 2000 m hohen Athos die Türme von Konstantinopel sehen. Einzig auf der Landzunge des Athos, der dreigliedrigen Halbinsel Chalkidiké, finden die Olivenbäume noch einen letzten Stützpunkt; sonst wachsen sie nicht mehr in Mazedonien und Thrazien, obwohl diese Provinzen der bedeutendste Obstgarten des Landes sind.
Vor allem in Mazedonien ist der Obstreichtum groß. Die Kirschen von Edessa und die Pfirsiche – 90 Prozent der Gesamtproduktion Griechenlands kommen von hier –, Früh-Erdbeeren, Birnen, Äpfel, verschiedenste Nüsse und die Kastanien und so weiter erreichen höchste Qualität. Die Zitrusbäume fehlen in diesen Nordprovinzen, aber der Weinbau gleicht das wirtschaftlich mit hervorragenden Sorten aus, wie zum Beispiel »Náoussa«, »Tsantális«, »Carrás«, »Boutári« und andere trockene Sorten. Sie sind wie geschaffen, die zahlreichen Fleisch-, Wild- und Fischgerichte geschmacklich zu vollenden oder im Glase zu begleiten.
Mazedonien ist der Fleischlieferant für Südgriechenland. Die Jagd ist in gewissen Regionen und Monaten offen, zum Beispiel auf Wildschweine und Bergrebhühner. Die wenigen noch auftauchenden Bären sind geschützt und für uns uninteressant. – Von Beschränkungen weitgehend frei liefert die Fischerei auf den zahlreichen Seen, Flüssen und in deren Mündungsdeltas so ziemlich jede beliebige Menge und Art. Es wird auch Fischzucht betrieben. – Bei Porto-Lagos, östlich von Kavalla, aber schon in West-Thrazien, nahe den Pfahlbauten von Vistonis, wird aus gepreßtem, gesalzenem und an der Sonne getrocknetem Meeräsche-Fischrogen der berühmte »Boutargue« (Avgotárachon) produziert, eine Art von getrocknetem Kaviar, wie wir

Durch mehrere Ernten im Jahr verwöhnt, ist für die Griechen ein reiches Angebot an Obst und Gemüse eine Selbstverständlichkeit.

ihn schon in Messolonghí am Ausgang des Golfs von Korinth kennengelernt haben. – Das wasserreiche Edessa ist außer durch seine Kirschen und die nahen Wasserfälle auch durch die Aale bekannt, die in Arnissa am benachbarten Vegoritis-See zubereitet werden, und durch die Krebse, die man dort pyramidenartig aufgebaut serviert. –
In dem von West nach Ost sich spannenden Band der nördlichen Landesteile brachte man nach den Vertreibungen aus Kleinasien 1922 den größten Teil der Flüchtlinge unter; es mag eine Million Menschen oder mehr gewesen sein. Die Frage, ob sie die Eßgewohnheiten dieser Region beeinflußt haben, ist kaum sicher zu beantworten. Die Flüchtlinge und die Alteingesessenen hatten gleichermaßen unter dem tausendjährigen Einfluß der Kultur von Byzanz gestanden; auch erstere stammten aus ebenbürtig fruchtbaren landwirtschaftlichen Regionen.

Das rauhere, zwar noch mediterrane, aber doch auch deutlich mitteleuropäisch-kontinentale Züge aufweisende Klima mit kalten, schneereichen Monaten auf den Bergen prägt die Eßgewohnheiten der nördlichen Landesteile. Die »Mezédes« werden üppiger, sie dienen oft als vollständige Mahlzeit beim Wein, wie die »Strapatsáda« (eine Art Rührei, für das Paprikaschoten, Tomaten, Knoblauch, geriebener Käse gebraten und dann mit den Eiern in der Pfanne verrührt werden). Hierher gehört auch »Gavópsara«: Gavo-Fische sind keine Fische, sondern erinnern an die Anekdote von Athenäus (etwa 200 n. Chr.) über den Koch, dessen Herr mitten im trockensten Festland kleine Fische wünschte; in seiner Angst fabrizierte der Brave so kunstvoll ein fischförmiges Gericht aus Gemüse, daß der Herr Fische zu essen glaubte. »Gavópsara« sind also nichts anderes als Auberginen, die gekocht, abgetropft und mit einer Sauce aus Senfpulver, Nüssen, Knoblauch und Öl eingelegt werden. Bei Bedarf werden sie in Mehl gewälzt gebraten.
Mazedonien, das nach dem Süden des Landes Milch exportiert, benutzt reichlich Milchprodukte für seine Gerichte; so ist der »Tourvás« eine Suppe aus Joghurt, Bligoúri (geschroteter Weizen), Gewürzen, Zwiebeln und frischer Butter. Fast alle Flüchtlinge aus dem Pontus, wo sie seit der Antike am Südufer des Schwarzen Meeres bis nahe zum Kaukasus ansässig waren, ließen sich in Nordgriechenland nieder. Einige ihrer Gerichte erinnern an die einstige Nähe dieser Volksgruppe zu Rußland, zum Beispiel die den russischen Piroschkis ähnlichen »Proúskes«, die an Pittes erinnern. Es sind eine Art Käse-Pastetchen, die aber im kochenden Wasser gegart und mit brauner Butter übergossen werden. – Als lokale Pitta-Spezialität gilt die »Asmópitta«: Sie besteht aus Joghurt, Schalotten, Dill, Oregano und Maismehl. In der Pfanne werden Weinblätter ausgelegt, darüber kommt die Füllung gefolgt von Weinblättern, und das Ganze wird beiderseitig gebraten. – Für Taufen, Verlobungen und Namenstage zieht man die »Striftópitta« vor, eine Pastete mit Teigblättern, Reis, Huhn, Innereien vom Huhn, Karotten und Zwiebeln. – Man sieht, daß die Gerichte oft eng mit bestimmten religiösen oder Familienfesten verbunden sind. –

»Kastorianí psarósupa me sáltsa ston tavá« (Fischsuppe von Kastoria und Fisch mit Sauce in der Bratpfanne) ist eine Spezialität der in Westmazedonien gelegenen Kürschner-Stadt Kastoriá am gleichnamigen See (Kastor heißt Biber). Die seit dem Mittelalter und jetzt sogar weit über Europa hinaus bekannten Pelzleute (in Frankfurt a.M. beherrschen sie nahe dem Bahnhof fast ein ganzes Viertel) sind fingerfertige Biber-Züchter, die aber auch gut kochen können. Die erwähnte Suppe aus Flußfisch wird aus den Fischköpfen und Gemüse gekocht. Die Fischkörper werden mit Tomaten, Paprikaschoten, Knoblauch, Öl und Gewürzen im Bratofen zubereitet und mit einer Sauce aus Fischbrühe, Nüssen, Knoblauch und Brot serviert.
Fleisch ist im Winter, besonders für Weihnachten und den 1. Januar, unentbehrlich; so die »Misoúra«, die aus einem fetten Huhn, viel Hühnerleber, Schweinefleisch, Maronen, Reis und 3 kg Lauch, Sellerie, Tomaten, Nüssen, Zitronen und rotem Wein zubereitet wird. Das Ganze kommt schichtweise in den Tontopf und wird auf kleinster Flamme bei der niedrigst-möglichen Temperatur 12 Stunden lang gekocht. Viele ähnliche Gerichte werden in dieser Gegend am Samstagabend in dem mit Lehm fest verschlossenen Bauernofen aufgesetzt und erst am Sonntagmittag zum Essen herausgeholt.
Am 24.12., dem Tag vor Weihnachten (25.12.), der in Griechenland für jedermann ein gewöhnlicher Arbeitstag ist, bereitet man »Japrákia me láchano toursí« zu, also in Blätter von eingelegtem Weißkohl gewickeltes Schweinehackfleisch mit Reis und Gewürzen vermischt, und gibt diese Rouladen in einen Tontopf, fügt Tomaten und Butter hinzu, verschließt den Topf gut, und läßt ihn im Kamin von glühenden Kohlen umgeben die ganze Nacht langsam kochen. Man ißt die Rouladen, sobald man vom Gottesdienst zum Weihnachtsmahl zurückkehrt. – Wo es reichlich Wild gibt, bringen die Männer in der Jagdzeit oft einen Hasen mit nach Hause. Dann bereitet man Hase oder Kaninchen spezial, der mariniert wird mit Zitrone, Knoblauchzehen, Feta, vielen Mandeln, Lorbeerblättern und Öl. Das Gericht wird in einer leckeren Sauce schwimmend gekocht. Köstlich ist auch das Gericht »Lagós gemistós me kástana«, Hase mit Kastanien, Mandeln, Rosinen und Eiern gefüllt. Gut schmeckt »Lagós me damáskina«, Hase mit getrockneten Pflaumen, Rotwein, Kognak, Pilzen und Schalotten. Exzellent ist auch ein Wildschwein-Stifado (mit Schalotten). Man braucht nicht viel Fantasie, um das Gaumenerlebnis solcher Angebote zu erraten.
Die Auswahl der Ingredienzien verrät eine Feinheit des Geschmacks, die den Vergleich mit der französischen Küche nicht zu scheuen braucht.
Bei den Salaten wetteifert die Mazedonierin mit ihren südlicheren Schwestern. Einiges aus ihrem Repertoire hat sich überregional durchgesetzt: Schnell fertig als Salat oder Mezés sind »Piperies vrastes« (gekochte Paprikaschoten) mit feingeschnittenem Knoblauch, Öl und Essig; unter anderem auch »Saláta me giaoúrti« (Salat mit Joghurt) aus gekochten Kartoffeln in Scheiben, Tomaten, Gurke, gekochten Eiern, grobgeschnittener Endivie, bedeckt mit einer Sauce aus Joghurt, Eigelben, Senf, Öl, Salz und ein wenig Zucker.

Werden die Trauben vor dem Pressen ausgelegt und etwas getrocknet, erhöht sich der Zuckergehalt des Saftes.

Die Fruchtbarkeit des Landes und die lange Tradition, mindestens seit Alexander dem Großen, lassen erwarten, daß die süßen Speisen an Qualität nicht nachstehen. Es handelt sich in der Mehrzahl um Variationen der landesweiten Rezepte. – Ein einfach zuzubereitendes Dessert ist »Kompósta mé xerá froúta«, (Kompott aus getrocknetem Obst); dazu werden Backpflaumen, Aprikosen, Feigen, Rosinen, geriebene Orangen- und Zitronenschale, Orangensaft und Zucker gekocht. – Eine ausgesprochene Besonderheit von Mazedonien und Thrazien sind »Krána«, eine bereits seit der Antike bekannte, der Sauerkirsche ähnliche Frucht, bei deren Genuß sich der Mund etwas zusammenzieht wie bei roher Quitte. Man bereitet daraus Gliko, verwendet sie in Notzeiten aber auch eingekocht als Olivenersatz.
Hier an der natürlichen Grenze, die die nördlichen Berge Griechenlands und der Evros-Fluß im Osten bilden, sind wir am Ende unserer Begehung des kulinarischen Hellas angelangt. Was davon hier festgehalten wurde, ist das Ergebnis der Lektüre von rund 20000 Rezepten aus verschiedenen Quellen. Sie war eine Wanderung des Geistes und der Sinne über Meere, Ebenen und Berge und durch eine sehr lange, vielfältige Geschichte, die nicht zuletzt von der Landschaft geprägt ist. Mögen diejenigen, die uns lesend bis hierher gefolgt sind, einen Hauch von dem verspürt haben, was alles uns dabei aus dem Staub und Pulverdampf der Jahrhunderte, aus Gemüsegärten und Obsthainen und aus der Gischt des Meeres, aber auch aus rumorenden Ställen und brodelnden Küchen angeweht hat; und mögen sie auch etwas von dem Klang der Stimmen im Ohr behalten, die nach Angstschrei, Klage und Forderung dankbar die Nahrung genießend verstummten, bis fröhliches Streitgespräch aufflammte, das schließlich sehnsuchtsvollem Gesang wich. Gesang der Sehnsucht nach einer Heimat, die man überall mit hinnimmt, immer sucht und vielleicht in den begrenzten Stunden am heimischen Tisch am ehesten findet. Man mag der Kochkunst, die diese Erhebung bewirkt, den Rang wahrer Kunst abstreiten, weil ihre Erzeugnisse zu ruhmtötender Vergänglichkeit bestimmt sind. Ruhm bleibt ihr immer: Der lange Weg des Menschen, des griechischen vor allem, wäre ohne ihre erhaltende Kraft und findige Fantasie schon vor Zeiten zu Ende gewesen, auch ohne all das, was wir heute durch den Fortschritt unserer Tage zu fürchten haben. So hilft es uns, mag das auch hier ein gewagt-feierliches Wort sein, auf unseren Standort mit der gebotenen Hoffnung zu blicken, wenn wir griechisch kochen.

Doris Frohne-Christidis

In einem Land, in dem, wie es heißt, 300 Tage im Jahr die Sonne scheint und es im Hochsommer ausgesprochen heiß ist, findet man sich häufig eher mit einem kleinen als mit einem großen Hunger bei Tisch ein. So stehen am Anfang der griechischen Mahlzeiten, die man mittags vor der ausgiebigen Siesta oder relativ spät abends – gegen 21 oder 22 Uhr – einnimmt, die appetitanregenden Vorspeisen, die »Mezés«. Man sitzt mit Freunden beisammen – etwa am Abend in der Taverne – und stimmt sich auf das Essen ein, indem man an einem Glas Oúso nippt und etwa Radieschenscheiben, Gurkenstückchen, Garnelen und Tintenfisch dazu verspeist. Man liebt Vorspeisenhappen mit ausgeprägtem und pikantem Geschmack: Feta-Käse wird, in Stückchen geschnitten, gereicht. Mit seiner feinen Schärfe paßt der Schafkäse gut zu Oliven, zu den großen grünen ebenso wie zu den schwarzen gesalzenen. Oliven aus Kalamata sind besonders empfehlenswert. Beliebt ist der »Taramosaláta«, der aus Fischrogen hergestellt wird und in Griechenland wie auch hierzulande in griechischen Spezialgeschäften häufig bereits frisch angemacht angeboten wird. Relativ leicht zuzubereiten ist »Tzatzíki«, die erfrischende Joghurt-Gurkenspeise, die ausgezeichnet zu gebratenen Zucchini- oder Auberginenscheiben paßt. Manche Gemüse-, Fisch- oder Hackfleischgerichte geben – in kleineren Portionen serviert – auch Vorspeisen ab, wie umgekehrt Vorspeisen in geringer Abwandlung als Zwischengerichte oder Hauptgang einer Mahlzeit erscheinen. Von besonderer Delikatesse unter den Vorspeisen sind die gefüllten Weinblätter, die nicht von ungefähr überall in der Welt berühmt geworden sind. Für ein Gästeessen und auch für ein Buffet eignen sich die herzhaften Gebäckstücke, die mit Käse, Hackfleisch oder Spinat gefüllt und dekorativ zu Dreiecken, Vierecken, Halbmonden oder Röllchen geformt werden.

◁ Gefüllte Weinblätter »Dolmadákia laderá« gehören zu den besonderen Köstlichkeiten der griechischen Küche. Das feine Aroma der Weinblätter gibt dem Gericht seinen edlen Geschmack. Deshalb verwendet man bei den Füllungen keine stark hervorstechenden Gewürze.

Gefüllte Weinblätter mit Reis

Dolmadákia laderá

Am besten schmecken die gefüllten Weinblätter, wenn man sie mit frischen Blättern zubereitet. Im griechischen Spezialgeschäft und gelegentlich auch auf dem Markt sind sie im Frühling und im Sommer erhältlich. Gut geeignet sind aber auch eingelegte Weinblätter, die man im griechischen Spezialgeschäft oder in großen Kaufhäusern bekommen kann.

Für 6–8 Personen:
200 g frische Weinblätter oder eingelegte aus der Dose · 2 Tassen Reis · 3 Zwiebeln · 1 Tasse Öl · 3 Eßl. Pinienkerne · 2 Eßl. frisch gehackte Petersilie oder frisch gehackter Dill · 1 Eßl. frisch gehackte Minze oder ½ Eßl. getrocknete gerebelte Minze · Salz · Pfeffer · Saft von 2 Zitronen · Zitronenachtel nach Belieben

Vorbereitungszeit: 40 Minuten
Garzeit: 1¼ Stunden

Von den frischen Weinblättern die Stiele abschneiden und die Blätter 5 Minuten in kochendem Salzwasser überbrühen; dann auf ein Sieb geben, abtropfen lassen und abkühlen lassen. Die eingelegten Weinblätter abtropfen lassen, gründlich waschen und 1 Minute in kochendem Wasser überbrühen, dann im Sieb abtropfen und abkühlen lassen. • Für die Füllung den Reis in ein Sieb geben und waschen, bis das Wasser völlig klar ist. Die Zwiebeln schälen und feinreiben oder im Mixer pürieren. • Die Hälfte des Öls in einem Topf erhitzen und die Zwiebeln darin goldgelb anbraten. Den Reis abtrocknen und zusammen mit den Pinienkernen in dem Topf mit den Zwiebeln durchrösten. 2 Tassen Wasser erhitzen und zum Reis geben. Die Kräuter zufügen und mit Salz und Pfeffer würzen. Die Füllung 10 Minuten garen, bis der Reis halbgar ist. Die Füllung vom Herd nehmen. • Die abgetropften Weinblätter mit der glänzenden Seite nach unten auf einer Arbeitsfläche ausbreiten. Auf jedes Weinblatt 1 Teelöffel Füllung geben. Jeweils die Blattränder über der Füllung übereinanderklappen und jedes Blatt in Richtung Blattspitze zusammenrollen. Die Blätter nicht zu eng um die Reisfüllung rollen, da diese beim Garen noch aufquillt. Einen großen Topf mit Weinblättern auslegen und die gefüllten Weinblätter hineinschichten. Dabei jede Schicht salzen und pfeffern. Die Weinblätter mit einem umgekehrten Deckel beschweren, damit sich die Rollen beim Garen nicht öffnen. Das restliche Öl in den Topf geben. Den Zitronensaft zugießen und mit heißem Wasser auffüllen, bis die Weinblätter knapp bedeckt sind. Die gefüllten Weinblätter nach dem Aufkochen 1 Stunde im geschlossenen Topf bei schwacher Hitze köcheln lassen. • Die gefüllten Weinblätter erkalten lassen und kalt als Vorspeise servieren. Zitronenachtel und Joghurt dazu reichen.

Tip: Für die Vorspeise sollten Sie die Röllchen so klein wie möglich herstellen. Verwenden Sie nicht zuviel Blattwerk für ein Röllchen. Stutzen Sie große Blätter lieber zurecht. Die Reste sowie zerrissene oder grobe Blätter können Sie später als Unterlage für den Topfboden verwenden, damit die Röllchen selbst nicht ankleben. Rechnen Sie 4–8 gefüllte Weinblätter pro Person und bereiten Sie ruhig eine größere Anzahl zu; denn dieses Gericht hält sich im Kühlschrank mehrere Tage frisch.

Weiße-Bohnen-Salat

Fassólia saláta

Der Weiße-Bohnen-Salat hat in der griechischen Küche als Vorspeise seinen festen Platz. Man bereitet ihn aus kleinen oder auch aus größeren weißen Bohnen.

250 g weiße Bohnen · 1 Zwiebel · 5 Eßl. Olivenöl · Saft von 1 Zitrone · Salz · Pfeffer · 2 Frühlingszwiebeln mit Lauch · 1 Eßl. frisch gehackte Petersilie · 1 Teel. frisch gehackter Dill · 8 schwarze Oliven

Zeit zum Weichen: 8–12 Stunden
Garzeit: 1–1½ Stunden
Zubereitungszeit: 30 Minuten

Die Bohnen waschen und von reichlich Wasser bedeckt weichen lassen. • Die

Bohnen in frischem ungesalzenem Wasser in 1-1½ Stunden weich kochen. Sie sollen noch knackig sein. Die Bohnen auf ein Sieb geben und abtropfen lassen. • Für die Sauce die Zwiebel schälen und reiben. Das Olivenöl mit dem Zitronensaft, Salz und Pfeffer gut verschlagen und die Zwiebel unterrühren. • Die Frühlingszwiebeln samt Lauch waschen, schälen und sehr fein schneiden. • Die Sauce über die Bohnen gießen und den Salat mit den Kräutern und den Zwiebeln bestreuen. Mit den Oliven garnieren und kalt servieren.

Joghurt mit Gurke

Tzatzíki

Diese in Griechenland beliebte Vorspeise erhält ihren charakteristischen Geschmack durch die Kombination von Joghurt, Salatgurke und Knoblauch. Sie ist rasch und leicht zuzubereiten. Je nach Ihrem persönlichen Geschmack können Sie die Menge der Knoblauchzehen auf 6 erhöhen oder aber auch nach Belieben reduzieren. Dieses Joghurtgericht schmeckt besonders gut zu den oft als Vorspeise gereichten gebratenen Auberginenscheiben und Zucchinischeiben (Rezepte Seite 70).

½ Salatgurke · Salz ·
2 Knoblauchzehen · 250 g Joghurt (griechischer Joghurt aus dem griechischen Spezialgeschäft oder halb herkömmlicher Joghurt und halb Sahnequark) · 2 Eßl. Olivenöl · 1 Eßl. Essig · 1 Teel. frisch gehackter Dill · Salz · Pfeffer

Zubereitungszeit: 15 Minuten
Zeit zum Ziehen: 15 Minuten
Kühlzeit: 1 Stunde

Die Salatgurke waschen, schälen, feinschneiden und mit Salz bestreuen. Die Salatgurke 15 Minuten stehen lassen, um ihr das Wasser zu entziehen. Die Salatgurke ausdrücken. Die Knoblauchzehen schälen und mit einer Knoblauchpresse zermusen. Den Knoblauch in den Joghurt geben. Das Ganze mit dem Olivenöl, dem Essig und dem Dill verrühren. Die Gurke untermischen. Nach Belieben mit Salz und Pfeffer abschmecken. • Im Kühlschrank am besten 1 Stunde durchziehen lassen. Kalt servieren.

Tip: Griechischer Joghurt ist im Geschmack und in der Konsistenz anders als herkömmlicher Joghurt, mit dem diese Speise rasch zu wäßrig geraten kann. Ist griechischer Joghurt nicht vorhanden, empfiehlt es sich, eine Mischung aus Joghurt und Sahnequark zu verwenden. Wenn man will, kann man das Gericht auch ausschließlich mit Sahnequark herstellen.

Kartoffel-Knoblauch-Püree

Skordaliá

Diese appetitanregende püreeartige Speise, die in Griechenland als Sauce angesehen wird, paßt besonders gut zu den gerne als Vorspeise gereichten gebratenen Zucchinischeiben und Auberginenscheiben (Rezepte Seite 70).

4 mittelgroße mehligkochende Kartoffeln · 4-6 Knoblauchzehen · 50 g geriebene Mandeln oder Walnüsse · 1 Tasse Olivenöl · 1-2 Teel. Essig · Pfeffer · Salz

Vorbereitungszeit: 45 Minuten
Garzeit: 25-30 Minuten

Die Kartoffeln waschen und von Salzwasser bedeckt 25-30 Minuten kochen, dann schälen. • Die Kartoffeln durch eine Kartoffelpresse geben. • Die Knoblauchzehen schälen und halbieren. Die Kartoffeln zusammen mit den Knoblauchzehen und den Mandeln oder Walnüssen mit dem Handmixer glatt rühren. Dann nach und nach das Olivenöl und mit dem Öl den Essig unterrühren, bis eine püreeartige Creme entsteht. Zum Schluß mit Salz und Pfeffer kräftig abschmecken.

Tip: Man kann die Kartoffeln durch 4 entrindete Scheiben Weißbrot ersetzen, die in Wasser eingeweicht und nicht zu trocken ausgedrückt werden. - Sollte die Sauce zu dick werden, kann man sie mit 1-2 Teelöffeln Wasser verdünnen.

Auberginenpüree

Melitsanosaláta

Für diese exquisite Vorspeise eignen sich runde, fleischige Auberginen am besten. In Griechenland werden sie für dieses Gericht traditionell auf dem Holzkohlengrill gegart, wodurch sie ein unverwechselbares Aroma erhalten, und dann in einem hölzernen Mörser püriert.

3 runde Auberginen · 1 kleine Zwiebel · 1 Knoblauchzehe · 1 Teel. Zitronensaft · 1 Tasse Olivenöl · Essig · Salz · Pfeffer · 1 Eßl. feingehackte Petersilie ·
Zum Garnieren: schwarze Oliven oder Paprikaschotenringe

Zubereitungszeit: 1½ Stunden

Den Backofen auf 180° vorheizen. • Die Auberginen waschen, Blüten und Stielenden abschneiden und die Früchte mit einer Gabel mehrmals einstechen. Die Auberginen im Backofen bei 180° etwa 1 Stunde garen, bis die Haut runzelig und die Früchte weich sind. Die Zwiebel schälen und reiben. Die Knoblauchzehe schälen. Die Auberginen unter fließendem Wasser von der Haut befreien, entkernen und mit der Zwiebel und einigen Tropfen Zitronensaft rasch im Handmixer pürieren. Den Knoblauch zerdrükken und unterrühren. Alles im Mixer glatt pürieren. Das Olivenöl nach und nach abwechselnd mit dem restlichen Zitronensaft unterrühren, bis das Auberginenpüree cremig wie Mayonnaise geworden ist. Nach Belieben mit Essig, Salz und Pfeffer abschmecken. Die Kräuter unterrühren. Das Auberginenpüree kalt servieren und, da es etwas unscheinbar aussieht, hübsch mit Oliven oder Paprikaschotenringen garnieren.

Kartoffel-Knoblauch-Püree »Skordaliá« ist eine feine Vorspeise, die sich gut als Beilage eignet. Je nach der Menge der Flüssigkeit, die man zugibt, ist das Aussehen mehr püreeartig oder mehr cremeartig. Auf der nebenstehenden Abbildung ist ein Kartoffel-Knoblauch-Püree in Arbeit. ▷

Gebratener Käse
Saganáki

Käse gehört in irgendeiner Form auf jede griechische Vorspeisentafel. In griechischen Tavernen brät man den Käse in kleinen zweihenkeligen Pfannen, die dem Gericht seinen Namen gegeben haben.

200 g Kasseri- oder Kefalotiri-Käse (ersatzweise Parmesan- oder Greyerzer-Käse) · 1 Ei · Semmelbrösel/Paniermehl nach Bedarf · 4 Eßl. Butter · Saft von 1 Zitrone

Vorbereitungszeit: 5 Minuten
Garzeit: etwa 4 Minuten

Den Käse in 1 cm dicke Scheibchen schneiden. Das Ei auf einem Teller verquirlen. Die Semmelbrösel auf einen Teller geben. • Die Butter in einer Pfanne erhitzen. Die Käsescheiben zunächst im Ei, dann in den Semmelbröseln wenden und in der Pfanne von beiden Seiten knusprig braun braten. Innen sollen die Scheiben weich, aber nicht fließend sein. Den gebratenen Käse auf Küchenkrepp abtropfen lassen und auf einer vorgewärmten Platte mit dem Zitronensaft beträufelt heiß servieren.

Fava aus dicken Bohnen
Fáva

Diese Vorspeise, die in Griechenland stets mit feingehackten Zwiebeln bestreut und mit Zitronensaft beträufelt auf den Tisch kommt, kann heiß oder kalt gegessen werden.

300 g getrocknete dicke Bohnen · 1 Sträußchen Dill · 1 Zwiebel · 4 Eßl. Olivenöl · Salz · Pfeffer · 2 Frühlingszwiebeln mit Lauch · 1 Eßl. frisch gehackte Petersilie · Saft von 1 Zitrone

Zeit zum Weichen: 8–12 Stunden
Vorbereitungszeit: 15 Minuten
Garzeit: 1 Stunde

Die getrockneten dicken Bohnen mit reichlich Wasser 8–12 Stunden oder über Nacht weichen lassen. • Am Tag der Zubereitung die Bohnen abtropfen lassen und in einem Topf mit reichlich Wasser zum Kochen bringen. Das Dillsträußchen beifügen und die Bohnen im geschlossenen Topf bei schwacher Hitze 45 Minuten garen. Den Schaum, der sich in den ersten Kochminuten bildet, abschöpfen. Das Dillsträußchen wieder entfernen und die Bohnen im Mixer pürieren oder durch ein Sieb streichen. • Die Zwiebel schälen und reiben. • Das Olivenöl in einem Topf erhitzen und die Zwiebel darin glasig braten. Das Bohnenpüree zurück in den Topf geben, salzen und pfeffern und nochmals unter Rühren dick einkochen lassen. Das Püree in eine Schüssel geben. • Die Frühlingszwiebeln samt Lauch waschen, schälen und sehr kleinschneiden. Die Zwiebeln über das Püree geben. Das Püree mit dem Saft der Zitrone beträufeln.

Garnelensalat
Garidosaláta

Für diese bestechend einfache wie köstliche Vorspeise werden die Garnelen einfach mit einer Öl-Zitronen-Sauce übergossen. Man kann sie zusammen mit gefüllten Weinblättern (Rezept Seite 25), Feta-Käse, Oliven aus Kalamata und Fischrogensalat (Rezept Seite 28) zu einer Vorspeisentafel kombinieren.

500 g vorgekochte, ungeschälte Garnelen · 5 Eßl. Olivenöl · Saft von ½–1 Zitrone · Salz · 1 Prise Cayennepfeffer · ½ Teel. Senf · 1 Eßl. frisch gehackter Dill

Zubereitungszeit: 30 Minuten

Die Garnelen kalt überbrausen, abtropfen lassen und aus den Schalen lösen, jedoch Kopf und Schwanzende am Körper lassen. Den Darmstrang am Rücken mit spitzem Messer entfernen. Die Garnelen auf eine Platte legen. • Für die Sauce das Olivenöl mit dem Zitronensaft, Salz, dem Cayennepfeffer, dem Senf und dem Dill kräftig verschlagen. • Die Sauce über die Garnelen geben.

Fischrogensalat
Taramosaláta

Fischrogensalat gehört in Griechenland zu den beliebtesten Vorspeisen. Bevorzugter Lieferant für die roten Fischeier ist der Karpfen. »Taramas« erhält man im griechischen Spezialgeschäft. Konservierter »Taramas« ist gesalzen. In dieser Form hält er sich im Kühlschrank längere Zeit, so daß man für dieses Gericht die Zutaten auf Vorrat haben kann.

80 g Weißbrot ohne Rinde oder Semmelbrösel/Paniermehl · 50 g Fischrogen (Taramas aus dem griechischen Spezialgeschäft) · 1 Zwiebel · 1 Tasse Olivenöl · Saft von ½–1 Zitrone · 1 Eßl. frisch gehackte Petersilie · 5 schwarze Oliven

Zeit zum Wässern: 30 Minuten
Zubereitungszeit: 10 Minuten

Das Weißbrot in Scheiben schneiden. Das Weißbrot oder die Semmelbrösel in Wasser einweichen. Den Fischrogen wenn nötig für 30 Minuten wässern, um ihm Salz zu entziehen. Die Zwiebel schälen und reiben. Den Fischrogen mit 2 Eßlöffeln Olivenöl in eine Schüssel geben, mit dem Handmixer glatt rühren. Das Brot ausdrücken und unterrühren. Nach und nach den Zitronensaft zufügen und das restliche Öl sowie die Zwiebel langsam unterrühren. Es soll eine glatte rosafarbene Creme entstehen. • Die Creme kühl stellen, mit der Petersilie bestreuen und mit gehackten Olivenstückchen umkränzen.

Tip: In der griechischen Küche wird statt des Weißbrotes auch 1 weichgekochte Kartoffel verwendet und mit einem zusätzlich untergeschlagenen rohen Eigelb für eine besonders cremige Form gesorgt. Die Zwiebel muß für dieses Gericht wirklich sehr fein gerieben und gut untergearbeitet werden. Da sich der Salat durch die Zugabe der Zwiebel leicht dunkel färben kann, wird gelegentlich nur der Saft der Zwiebel untergerührt oder auch ganz auf Zwiebel verzichtet. – Wenn der Fischrogen stark salzig ist, kann man ihn auch, in ein Mulltuch gebunden, über Nacht wässern.

Tintenfisch mit Wein

Supiá krassáti

Tintenfische sind in Griechenland häufig auf dem Speisezettel zu finden. Wenn sie wirklich zart sind, können sie eine erstaunliche geschmackliche Qualität erreichen. Dies hängt freilich weniger von der Kunst in der Küche ab, als vielmehr von der Sorgfalt der Fischer. Nach dem Fang müssen die Tintenfische nämlich zart und weich geschlagen werden. Bis zu 40mal schlagen die griechischen Fischer die Tintenfische zu diesem Zweck auf den Fels an der Meeresküste, bevor sie sie auf dem Markt anbieten.

600 g Tintenfisch · 2 Knoblauchzehen · 2 Zwiebeln · 3 Eßl. Olivenöl · 1 Lorbeerblatt · 1 Tasse Rotwein · 2 reife Tomaten · Pfeffer · Salz

Vorbereitungszeit: 40 Minuten
Garzeit: 1¾ Stunden

Den Tintenfisch waschen, vorsichtig aufschneiden und das Skelettblatt sowie die Eingeweide samt Tintenbeutel herausnehmen, ohne diesen zu verletzen. Den Tintenfisch in einen Topf geben und ohne Zugabe von Wasser oder Öl im eigenen Saft etwa 20 Minuten bei mittlerer Hitze zugedeckt garen, bis alle Flüssigkeit verdunstet ist. Währenddessen den Tintenfisch einige Male wenden. • Die Knoblauchzehen schälen und feinschneiden. Die Zwiebeln schälen und kleinwürfeln. Den Tintenfisch in mundgerechte Stücke schneiden. Aus dem Kochtopf, in dem der Tintenfisch gegart wurde, eventuell vorhandene Restflüssigkeit entfernen und den Tintenfisch zurück in den Topf geben. Das Olivenöl, den Knoblauch, die Zwiebeln und das Lorbeerblatt zufügen und alles nochmals andünsten. Den Rotwein zufügen und verdampfen lassen. • Die Tomaten waschen, kreuzweise einritzen und kurz in kochendes Wasser legen. Die Tomaten häuten, und die grüne Stelle am Stielansatz entfernen. Die Tomaten durch ein Sieb drücken und in den Topf zum Tintenfisch geben. Mit Pfeffer und Salz abschmecken. Wenn nötig etwas Wasser zugeben und den Tintenfisch bei schwacher Hitze in 1½ Stunden fertig garen. Heiß servieren.

Variante: Tintenfisch mit Essig-Öl-Sauce • Supiá vrastí
Den Tintenfisch wie im Rezept »Tintenfisch mit Wein« beschrieben vorbereiten und ohne Zugabe von Wasser im Topf garen, bis er weich ist. • Für die Sauce 5 Eßlöffel Olivenöl, 1 Eßlöffel Essig, 1 Eßlöffel frisch gehackte Petersilie, Salz und Pfeffer miteinander kräftig schlagen. • Den Tintenfisch in kleine mundgerechte Stücke schneiden und mit der Sauce begießen. So zubereitet hält sich der Tintenfisch 2–3 Tage im Kühlschrank.

Fritierte kleine Tintenfische

Kalamarákia tiganitá

Eine der beliebtesten und appetitanregendsten griechischen Vorspeisenplatten stellen fritierte Tintenfischchen dar. Sie schmecken frisch fritiert und ganz heiß am besten. Man kann sie einfach mit Zitronenachteln oder mit Rote-Bete-Salat (Rezept Seite 37) servieren.

600 g Tintenfischchen · Salz · Mehl nach Bedarf · reichlich Öl zum Fritieren · 2 Zitronen

Vorbereitungszeit: 45 Minuten
Garzeit pro Portion: 4–6 Minuten

Die Tintenfischchen waschen und die Augen herausschneiden. Kleine Exemplare können unausgenommen verwendet werden. Das Fritieröl auf 180° erhitzen. • Die Tintenfischchen trockentupfen, mit Salz bestreuen und in Mehl wenden. Das überschüssige Mehl abklopfen und die Tintenfischchen im heißen Öl schwimmend goldgelb und knusprig backen. Auf Küchenkrepp abtropfen lassen. Die heißen Tintenfischchen mit Zitronenachteln servieren. Jeder bedient sich nach Belieben und beträufelt seine Portion nach eigenem Geschmack mit Zitronensaft.

Muscheln im Ausbackteig

Mídia tiganitá

Bei dieser delikaten Vorspeise ist es wichtig, daß die Muscheln kroß gebakken werden und wirklich frisch und heiß auf den Tisch kommen. Sie verlangen als Garnierung nichts weiter als Zitronenscheiben und gehackte Petersilie. Am besten schmecken Miesmuscheln in den Monaten September bis Februar.

6 Eßl. Mehl · 2 Eier · 2 Eßl. Olivenöl · Salz · Pfeffer · 4 Eßl. Milch · 1 kg Miesmuscheln · Fritieröl nach Bedarf · Saft von 1 Zitrone · Zitronenscheiben · gehackte Petersilie

Vorbereitungszeit: 45 Minuten
Ruhezeit: 30 Minuten
Garzeit je Portion: 4–6 Minuten

Für den Ausbackteig das Mehl in eine Schüssel geben und in die Mitte eine Mulde eindrücken. Dort hinein die Eier, das Olivenöl, Salz und Pfeffer geben und alles von der Mitte ausgehend kräftig miteinander vermischen. Die Milch zufügen und den Teig so lange rühren, bis er glatt und geschmeidig ist. Den Ausbackteig 30 Minuten ruhen lassen. • Die Miesmuscheln unter fließendem Wasser gründlich bürsten und den »Bart« entfernen. Geöffnete Muscheln wegwerfen; sie sind bereits tot und ungenießbar. In einem großen Topf Wasser zum Kochen bringen. Die Muscheln darin 10 Minuten bei geschlossenem Topf kochen. Den Topf dabei mehrmals rütteln. Die Muscheln sind gar, wenn sich die Schalen geöffnet haben. Jetzt noch verschlossene Exemplare wegwerfen. Sie sind verdorben. Die Muscheln auf ein Sieb schütten, abtropfen und abkühlen lassen. • Das Fritieröl auf 180° erhitzen. • Die Muschelschalen entfernen und die Muscheln nochmals waschen, abtropfen lassen, salzen und pfeffern und mit dem Zitronensaft beträufeln. Die Muscheln in den Ausbackteig tauchen und im heißen Öl schwimmend backen, bis sie schön kroß und goldgelb sind. Die fertigen Muscheln auf Küchenkrepp abtropfen lassen und heiß mit Zitronenscheiben und gehackter Petersilie servieren.

Röllchen mit Hackfleischfüllung

Bourekákia mé kimá

Die feinen, pikanten Teigpastetchen gehören zu den besonderen Genüssen unter den Vorspeisen. Mit Fleisch, Käse oder Spinat gefüllt werden sie zu Röllchen geformt oder zu Dreiecken, Rechtecken und Halbmonden. Wenn Sie diese kleinen Gebäckstücke für ein Gästeessen oder ein warmes Buffet bereiten, dann werden die Überraschung und der Genuß um so größer, je mehr verschiedenartige Füllungen Sie anbieten. Verwenden Sie dann die Hälfte der in den Rezepten angegebenen Mengen und achten Sie darauf, daß sich die Pastetchen sowohl in der Füllung als auch in der äußeren Form unterscheiden.
In Griechenland verwendet man für die Teigpastetchen Filloteig, der von kundiger Hand papierdünn ausgerollt wird. Er ist in Griechenland wie auch hierzulande im griechischen Spezialgeschäft fertig zu kaufen. Selbstgemachten Filloteig (Rezept Seite 45) kann man nicht so dünn ausrollen. Er hat etwa die Stärke des hierzulande vielerorts fertig angebotenen Strudelteigs, dem er sehr ähnlich ist. – Auf diese Teigblattstärke sind die nachfolgenden Rezepte berechnet. Wenn Sie fertigen Filloteig bekommen, verwenden Sie stets eine Blattlage mehr als in den Rezepten angegeben.

Für 4–6 Personen:
1 Zwiebel · 1 Eßl. Butter · 250 g Hackfleisch (vom Lamm, Kalb oder Rind) · 2 Eßl. trockener Weißwein oder Zitronensaft · 1 Tomate · Salz · Pfeffer · 1 Stückchen Zimt · 1 Prise Minze · 3 Eßl. Kefalotiri- oder Parmesan-Käse · 1 hartgekochtes Ei · 1 Teel. frisch gehackte Petersilie · 1 Teel. frisch gehackter Dill · 2 Eßl. zerlassene Butter · 300 g selbstgemachter Filloteig (Rezept Seite 45) oder 200 g fertiger Strudelteig (2 Blätter) oder 300 g tiefgefrorener Blätterteig (siehe Tip zu diesem Rezept) · 1 Ei zum Bestreichen

Vorbereitungszeit: 45 Minuten
Garzeit: 40 Minuten
Backzeit: 15–20 Minuten

Für die Fleischfüllung die Zwiebel schälen und reiben. • In einer Pfanne die Butter zerlassen und die Zwiebel darin goldgelb anbraten. Das Hackfleisch zufügen und graue Farbe nehmen lassen. Mit dem Weißwein oder dem Zitronensaft aufgießen und die Flüssigkeit verdampfen lassen. • Inzwischen die Tomate kreuzweise einritzen und kurz in kochendes Wasser legen. Die Tomate enthäuten und das Grüne am Stielansatz ausstechen. Die Tomate achteln und durch ein Sieb streichen. Die Tomate zum Hackfleisch geben. Das Ganze mit Salz und Pfeffer abschmecken und das Zimtstückchen und die Minze zufügen. Alles 30 Minuten im geschlossenen Topf bei schwacher Hitze köcheln lassen; bei Bedarf noch etwas Wein oder Wasser zugeben, damit die Füllung nicht ansetzt. • Die Füllung leicht abkühlen lassen und mit dem Käse vermischen. Das Ei pellen, hacken und untermengen. Die Petersilie und den Dill zufügen. • Den Backofen auf 180° vorheizen. • Den Filloteig zu 2 Teigblättern von etwa 40 × 43 cm ausrollen oder den fertigen Strudelteig ausbreiten. Die Teigblätter mit der zerlassenen Butter bestreichen. Jedes Teigblatt auf der schmalen Seite in 3 gleiche Teile schneiden; dann jeden Teigstreifen in 4 gleiche Teile. Man erhält so aus den beiden Teigplatten 24 Rechtecke, die 12–13 cm lang und 10–11 cm breit sind. • Auf jedes Teigdreieck 2 cm vom unteren Rand der Schmalseite entfernt ein Häufchen Füllung geben. Den unteren Rand über die Füllung klappen; dann beide Seitenränder ebenfalls 2 cm nach innen halten und nun von unten her das Teigrechteck aufrollen. Die Rollen mit der Nahtseite nach unten auf das gebutterte Blech legen, mit dem verquirlten Ei bestreichen und mit Wasser besprenkeln. Im Backofen auf der mittleren Schiene 15–20 Minuten backen. Heiß servieren.

Tip: Wenn Sie tiefgefrorenen Blätterteig verwenden, nehmen Sie 4 Platten und rollen jede 1 mm dick auf die Größe von 36 × 10 cm aus. Schneiden Sie 24 Teigflecken von der Größe 6 × 10 cm aus, geben Sie auf jeden Teigflecken ein längliches Häufchen Füllung, streichen Sie die Ränder mit Eiweiß ein und falten Sie den Teig über die Füllung. Backen Sie die Röllchen bei 220° in 15–20 Minuten goldgelb.

Spinattaschen aus Kreta

Spanakoskaltsúnia Kritis

In die in ganz Griechenland beliebten Spinattaschen gibt man Myzithra-Käse, einen quarkähnlichen Frischkäse von unverwechselbarem Geschmack. Man wird diesen nur in Ausnahmefällen über das griechische Fachgeschäft beziehen können. Einen Ersatz hierfür bietet der Feta-Käse, den man dann allerdings ausgiebig wässern muß, damit er im Geschmack milde wird.

250 g Feta-Käse · 200 g tiefgefrorener Blätterteig · 500 g frischer Spinat · 3 Frühlingszwiebeln · 1 Ei · Salz · Pfeffer · 1 Teel. gerebelter Oregano · 2 Eßl. Olivenöl · Sesam nach Bedarf · 1 Eigelb

Zeit zum Wässern: 8–12 Stunden
Auftauzeit: 20 Minuten
Vorbereitungszeit: 1 Stunde
Backzeit: 15–20 Minuten

Den Feta-Käse wässern, um ihm das Salz zu entziehen und ihm einen milden Geschmack zu verleihen. • Den Blätterteig auftauen lassen. • Für die Füllung den Spinat von den Stielen befreien, verlesen und waschen. Den Spinat sehr fein schneiden. Die Frühlingszwiebeln schälen und reiben. Den Feta-Käse abtropfen lassen und trockentupfen. • Den Spinat und die Zwiebeln mit dem Käse, dem Ei, Salz, Pfeffer und dem Oregano in einer Schüssel verrühren. Das Olivenöl untermischen. • Inzwischen den Blätterteig 20 Minuten lang auftauen lassen und jede Platte auf einer bemehlten Arbeitsfläche 2 mm dick auf eine Größe von 10 × 20 cm ausrollen; dabei abwechselnd längs und quer rollen. 6 Quadrate in der Größe von 10 × 10 cm ausschneiden. • Den Backofen auf 220° vorheizen. • In die Mitte der Quadrate ein

Herzhafte Gebäckstücke, die mit Hackfleisch, Käse oder Spinat gefüllt werden, geben eine festliche Vorspeise ab. Die Spinattaschen aus Kreta »Spanakoskaltsúnia Krítis« sind hierfür ein schönes Beispiel. ▷

Häufchen Füllung geben. Die Teigränder mit Wasser bestreichen. Die Quadrate mit einer Gabel zusammendrücken und mit dem verquirlten Ei bestreichen. • Die Teigtaschen mit Sesam bestreuen, mit Wasser besprenkeln und auf einem mit Wasser ausgespülten Backblech auf der mittleren Schiene in 15–20 Minuten goldgelb backen.

Pikante Käseecken

Tiropitákia

Diese bekannten Käsetaschen werden aus einer Mischung von Eiern, Kräutern und Käse gefüllt. Der Käse besteht zu ⅔ aus Feta-Käse und wahlweise aus ⅓ Kefalotiri-Käse, den man durch Greyerzer- oder Parmesan-Käse ersetzen kann. Mancherorts wird statt Feta-Käse auch Myzithra-Käse verwendet, ein quarkähnlicher Frischkäse. – Wenn Sie einmal fertigen griechischen Filloteig kaufen können, sollten Sie es nicht versäumen, damit diese raffiniert gerollten Käseecken zu bereiten. Verwenden Sie dann statt der im Rezept angegebenen einen Teiglage zwei Teiglagen und schützen Sie die Teigplatten vor dem Austrocknen, indem Sie sie übereinanderlegen und mit einem feuchten Tuch bedecken.

150 g Feta-Käse · 50 g geriebener Kefalotiri-Käse oder Greyerzer-Käse (Gruyère) · 2 Eier · 1 Eßl. Öl · Pfeffer · 1 Prise Muskatnuß · 1 Eßl. frisch gehackte Petersilie · 1 Eßl. frisch gehackter Dill · 200 g selbstgemachter Filloteig (Rezept Seite 45 oder fertiger Strudelteig) · 2 Eßl. zerlassene Butter · 1 Eigelb

Vorbereitungszeit: 1 Stunde
Backzeit: 15 Minuten

Den Backofen auf 180° vorheizen. • Für die Füllung den Feta-Käse mit der Gabel zerdrücken und in eine Schüssel geben. Die Eier verquirlen und unter den Käse mengen. Das Öl unterrühren und mit Pfeffer, der Muskatnuß, der Petersilie und dem Dill vermischen. • Aus dem selbstgemachten Strudelteig 2 Teigplatten von 43 × 40 cm ausrollen und diese auf der Arbeitsfläche ausbreiten. (Den fertigen Strudelteig ebenfalls auslegen.) Die Teigplatten mit zerlassener Butter bestreichen und jeweils halbieren. Aus den Teigplatten etwa 5 cm breite und 20 cm lange Streifen schneiden. Auf jeden Streifen an das untere Schmalende ein Häufchen Füllung geben und das rechte untere Teigende über die Füllung bis zum linken Teigrand schlagen, so daß ein kleines Dreieck entsteht. Nun das Dreieck aufrollen, bis von den Teigstreifen nur noch ein Teigquadrat übrig ist. Jetzt aus diesem Teigquadrat ebenfalls ein Dreieck falten, so daß Sie 2 kleine Dreiecke vor sich liegen haben, ein gefülltes und ein ungefülltes. Nun klappen Sie diese beiden Dreiecke aufeinander und drücken sie mit einer Gabel fest. Die gefüllten Dreiecke auf ein gebuttertes Backblech legen, mit Eigelb bestreichen und mit Wasser besprenkeln. • Die Käsedreiecke im Backofen auf der mittleren Schiene 15–20 Minuten backen.

Tip: Wenn Sie diese Käsedreiecke aus Blätterteig herstellen wollen, dann rollen Sie 2 Teigplatten 1 mm dick zu der Größe von 15 × 25 cm aus und schneiden sie in Streifen von 5 cm Breite und 15 cm Länge zurecht. Fertigen Sie aus diesen Streifen die Dreiecke wie im Rezept beschrieben und backen Sie sie auf einem mit Wasser ausgespülten Backblech bei 220° 15 Minuten im Backofen.

Variante: Spinatecken • Spanakopitákia
Die Teigdreiecke mit folgender Spinatmasse füllen: 500 g frischen Spinat verlesen, gut waschen und nur die Blätter benutzen. Den Spinat kräftig ausdrücken und feinschneiden. 1 Zwiebel reiben und in der Pfanne in Olivenöl glasig werden lassen. Den Spinat zufügen und ohne Zugabe von Wasser im geschlossenen Topf 5–8 Minuten garen. Den Spinat etwas abkühlen lassen. • Den Spinat mit 1 Eßlöffel frisch gehacktem Dill und 1 Eßlöffel frisch gehackter Petersilie und Pfeffer vermischen. 2 verquirlte Eier, 100 g Feta-Käse und 2 Eßlöffel Olivenöl untermischen. • Die Teigstreifen mit der Spinatfüllung belegen und so verfahren wie mit den Käsedreiecken.

Gefüllte Kalbsmilz

Splína jemistí

Milz wird hierzulande nicht häufig angeboten, da sie meist zu Wurst verarbeitet wird. Doch es lohnt sich, dieses nicht alltägliche Gericht, für das die Milz mit Reis, Leber, Pinienkernen und Korinthen gefüllt wird, auszuprobieren.

1 große Kalbsmilz oder 2 kleine · 1 kleine Zwiebel · 250 g Kalbsleber oder 300 g Hackfleisch · 1½ Tassen Reis · ½ Tasse Korinthen · 100 g Butter · 1 Eßl. Tomatenmark · Salz · Pfeffer · 1 Teel. Zucker · ½ Tasse Pinienkerne · 2 Eßl. Olivenöl · 1 Tasse herber Weißwein

Vorbereitungszeit: 30 Minuten
Garzeit: 1 Stunde und 20 Minuten

Die Milz steckt in einem Hautbeutel. Diesen waschen, anstechen und aufschneiden, ohne die Milz in 2 Teile zu trennen. Die Zwiebel schälen und reiben. Die Leber feinhacken oder durch den Fleischwolf drehen. Den Reis waschen. Die Korinthen in warmem Wasser waschen. • Die Hälfte der Butter in einer Pfanne erhitzen. Die Zwiebel darin glasig braten und die Leber oder das Hackfleisch darin graue Farbe annehmen lassen. Das Tomatenmark in etwas Wasser auflösen und in die Pfanne geben. Das Ganze mit Salz, Pfeffer und dem Zucker würzen. Den Reis, die Pinienkerne und die Korinthen zufügen. Alles aufkochen lassen und im geschlossenen Topf bei schwacher Hitze 10 Minuten köcheln lassen. Dann die Füllung abkühlen lassen. • Die Milz salzen, mit der Leber-Reis-Mischung füllen und mit Küchengarn zunähen. • Die gefüllte Milz in ½–1 Tasse Salzwasser aufsetzen, aufkochen lassen und 30 Minuten lang garen. • Den Backofen auf 180° vorheizen. • Die restliche Butter zerlassen. Die Milz in eine Bratform legen und mit der Garflüssigkeit, der Butter, dem Olivenöl und dem Weißwein begießen und auf der mittleren Schiene in der geöffneten Form im Backofen 30 Minuten lang braten. Dabei die Milz von Zeit zu Zeit mit dem Bratensaft begießen. Wenn die Milz rosig aussieht, ist sie fertig. Die Milz in Scheiben schneiden und in ihrer Sauce heiß servieren. Pilaw dazu reichen.

Gebratene Leber
Sikotákia tiganitá

Je frischer die Leber, um so besser schmeckt diese aromatische Vorspeise. Sie können dieses Gericht, für das in Griechenland in erster Linie Lammleber verwendet wird, auch mit Kalbsleber bereiten. Die Lammleber wird in der griechischen Küche gerne mit Oregano gewürzt.

400 g Lammleber · 4 Eßl. Olivenöl · Salz · Pfeffer · 1 Teel. gerebelter Oregano · Saft von 1 Zitrone

Vorbereitungszeit: 10 Minuten
Garzeit: 15 Minuten

Die Lammleber waschen und gut trockentupfen. Die Leber in 3 cm große Würfel schneiden. • Das Öl in einer Pfanne erhitzen und die Leber darin in 5 Minuten von allen Seiten braun anbraten. Mit Salz, Pfeffer und dem Oregano würzen und mit dem Zitronensaft beträufeln. Dann die Leber in 10 Minuten fertig braten. Die Leberwürfel in dieser Zeit ab und zu wenden. • Die Leber heiß servieren.

Zucchini im Ausbackteig
Kolokithákia tiganitá

Die im Teig ausgebackenen Zucchini schmecken heiß am besten. Sie werden zusammen mit »Tzatzíki« serviert, aber auch mit Kartoffel-Knoblauch-Püree (Rezepte Seite 26).

½ Tasse Mehl · 1 Ei · 2 Eßl. Milch · Salz · 750 g Zucchini · Olivenöl zum Braten

Ruhezeit: 30 Minuten
Vorbereitungszeit: 15 Minuten
Bratzeit je Portion: 10 Minuten

Einen Ausbackteig zubereiten: Dafür das Mehl mit ½ Tasse Wasser vermischen. Das Ei verquirlen und unterrühren. Die Milch untermischen und den Teig salzen. Den Ausbackteig 30 Minuten lang ruhen lassen. • Die Zucchini leicht abschaben, waschen, abtrocknen und Stiele und Blütenenden kappen. Die Zucchini in dünne runde Scheiben schneiden. • In einer Pfanne Olivenöl erhitzen • Die Zucchinischeiben in den Ausbackteig tauchen und im heißen Olivenöl von beiden Seiten goldbraun backen.

Tip: Auf dieselbe Art backen die griechischen Hausfrauen auch Zucchiniblüten. Hierzulande ist es nicht leicht, Zucchiniblüten zu bekommen, wenn man diese Früchte nicht selbst im Garten zieht. Man muß sie bei seinem Gemüsehändler oder dem Gärtner eigens bestellen. Wenn Sie aber einmal bei einem besonderen Anlaß Ihre Gäste mit einer ungewohnten Spezialität überraschen wollen, lohnt sich die Mühe beim Einkauf.

Hackfleisch-frikadellchen
Keftedákia

Hackfleischfrikadellchen sind in Griechenland als Vorspeise sehr beliebt. Sie werden heiß oder auch kalt gegessen. Häufig werden Gemüsesalate dazu serviert. Sie eignen sich gut für ein kaltes oder warmes Buffet.

1 Scheibe entrindetes Weißbrot · 1 Zwiebel · 500 g Hackfleisch (vom Lamm oder Kalb) · 1 Ei · 1 Eßl. frisch gehackte Petersilie · 1 Teel. frisch gehackte Minze · Saft von ½ Zitrone · Salz · Pfeffer · Mehl nach Bedarf · Olivenöl zum Braten · frisch gehackte Petersilie nach Belieben

Vorbereitungszeit: 20 Minuten
Zeit zum Ruhen: 30 Minuten
Bratzeit: 10–15 Minuten

Das Weißbrot in Wasser einweichen. Die Zwiebel schälen und feinreiben. • Das Hackfleisch mit der Zwiebel, dem Ei, den Kräutern und dem Zitronensaft vermischen. Das Weißbrot ausdrücken und untermengen. Den Fleischteig salzen und pfeffern und 30 Minuten ruhen lassen. • Aus dem Fleischteig kleine flache Frikadellchen formen. • In einer Pfanne Olivenöl erhitzen. Die Frikadellchen in Mehl wenden und das überschüssige Mehl abklopfen. Die Frikadellchen von beiden Seiten im heißen Olivenöl braten. Das dauert 10–15 Minuten. • Die Frikadellchen nach Belieben mit etwas frisch gehackter Petersilie bestreuen und heiß oder kalt servieren.

Taramo-Frikadellen
Taramokeftédes

Frikadellen aus Taramas, Fischrogen, den man im griechischen Spezialgeschäft erwerben kann, sind in Griechenland als Vorspeise gefragt. Es gibt viele Versionen der Zubereitung. Wichtig für den guten Geschmack sind die Kräuter. Auf die Eier wird bei diesem Gericht, das auch eine Fastenspeise ist, gelegentlich verzichtet.

1 kg Kartoffeln · 1 Zwiebel · 1 Ei · 180 g gesalzener Taramas (Fischrogen aus dem griechischen Spezialgeschäft) · 1 Teel. frisch gehackte Petersilie · 1 Teel. frisch gehackter Dill · Olivenöl zum Braten · Mehl nach Bedarf · Zitronenscheiben nach Belieben

Garzeit: 30 Minuten
Vorbereitungszeit: 20 Minuten
Ruhezeit: 2 Stunden

Die Kartoffeln gründlich waschen und ungeschält von Salzwasser bedeckt im geschlossenen Topf bei schwacher Hitze in 30 Minuten garen. Die Kartoffeln abgießen, schälen und durch die Kartoffelpresse geben. • Die Zwiebel schälen und reiben. • Die Kartoffeln zusammen mit der Zwiebel im Mixer glatt pürieren. Das Ei verquirlen und mit dem Taramas und den Kräutern unter die Kartoffeln mischen. Das Ganze im Kühlschrank 2 Stunden ruhen lassen. • Aus dem Kartoffelteig Frikadellen formen. • Olivenöl in einer Pfanne erhitzen. Die Frikadellen in Mehl wenden. Das überschüssige Mehl abklopfen und die Frikadellen portionsweise von jeder Seite 2–3 Minuten goldgelb braten. Die Frikadellen auf Küchenkrepp abtropfen lassen und heiß mit Zitronenscheiben servieren.

Salate, mit frischen Kräutern duftig zubereitet, gehören in Griechenland zum selbstverständlichen Repertoire des täglichen Speiseplans. Verwöhnt durch mehrere neue Ernten im Jahr achten die griechischen Hausfrauen auf Frische und Qualität der Zutaten. Unter den rohen Salaten ist vor allem der Bauernsalat international berühmt geworden. An eine sommerliche Mahlzeit am Meer mit griechischem Salat und gegrilltem Fisch wird mancher Griechenlandreisende gerne zurückdenken. Neben den rohen Salaten schätzen die Griechen auch die Gemüsesalate sehr. Das Gemüse wird in Salzwasser gekocht und anschließend mit einer Salatsauce übergossen. Das Raffinement bei diesen Gemüsesalaten liegt zumeist in ihrer bestechenden Schlichtheit. Man legt bei der Zubereitung Wert darauf, daß der jeweilige Eigengeschmack unterstrichen und veredelt wird.

Tomatensalat nach Bauernart

Domatosaláta choriátiki

Ausgeprägt im Geschmack sind die Zutaten für diesen Tomatensalat, der auch optisch ein Genuß ist.

5 reife Tomaten · 2 grüne Peperoni ·
20 g schwarze Oliven · 100 g Feta-Käse ·
4 Eßl. Olivenöl · 1 Eßl. Essig · Salz ·
Pfeffer · 1 Prise Oregano ·
1 Teel. Kapern · Anchovis nach Belieben

Zubereitungszeit: 30 Minuten

Die Tomaten waschen und das Grüne am Stielende ausstechen. Die Tomaten in dicke Scheiben schneiden. Die Peperoni waschen und in dünne Ringe schneiden. Die Oliven in kleine Stückchen schneiden. Den Feta-Käse in kleine Würfel schneiden. Alle zerkleinerten Zutaten in eine Schüssel geben und vorsichtig miteinander vermischen. • Für die Sauce das Olivenöl mit dem Essig, Salz, Pfeffer und dem Oregano kräftig mit dem Schneebesen schlagen. • Die Sauce über den Salat gießen, diesen mit den Kapern bestreuen und mit kleingeschnittenen Anchovis hübsch garnieren.

◁ Tomaten und Feta-Käse sind hier zu einem köstlichen Salat vereint. Der Tomatensalat nach Bauernart »Domatosaláta choriátiki« ist im Nu zubereitet und schmeckt frisch angemacht am besten.

Tomatensalat

Domatosaláta

Tomatensalat hat im Sommer Saison. Er löst sozusagen den grünen Salat ab. Er wird meist zusammen mit Feta-Käse und Oliven serviert.

5 feste reife Tomaten · 1 Zwiebel ·
5 Eßl. Olivenöl · 2 Eßl. Essig · Salz ·
Pfeffer · ¼ Teel. Senfpulver ·
1 Eßl. frisch gehackter Oregano

Zubereitungszeit: 20 Minuten

Die Tomaten waschen, vom grünen Stielansatz befreien und in Scheiben schneiden. Die Zwiebel schälen und feinschneiden. • Die Tomaten in eine Schüssel geben und die Zwiebel darüberstreuen. • Für die Salatsauce das Öl mit dem Essig, Salz, Pfeffer und dem Senfpulver verrühren. Den Oregano über den Salat streuen und die Sauce darübergießen.

Bauernsalat

Choriátiki saláta

Überall in Griechenland – ob auf dem Festland oder auf den Inseln – ist der Bauernsalat ein beliebter Sommersalat. Inzwischen hat er einen festen Platz in der internationalen Küche.

4 reife Tomaten · 1 kleine Salatgurke ·
1 Paprikaschote · 1 Zwiebel · 5 Eßl.
Olivenöl · 2 Eßl. Essig · Salz · schwarzer
Pfeffer · ¼ Teel. Senfpulver · 1 Eßl. frisch
gehackter Oregano · 150 g Feta-Käse ·
50 g schwarze Oliven

Zubereitungszeit: 30 Minuten

Die Tomaten waschen, vierteln und den grünen Stielansatz ausstechen. Die Salatgurke waschen, schälen und in dickere Scheiben schneiden. Die Paprikaschote waschen, halbieren, von Rippen und Kernen befreien und in Streifen schneiden. Die Zwiebel schälen und in Scheiben schneiden, dann in Ringe teilen. • Alle zerkleinerten Zutaten in eine Salatschüssel geben und mit folgender Salatsauce mischen: Das Olivenöl mit dem Essig, Salz, Pfeffer und dem Senfpulver mit dem Schneebesen gut verrühren. Den Oregano über den Salat streuen und die Sauce darübergießen. • Den Feta-Käse in Würfel schneiden und vorsichtig unter den Salat heben. Den Salat mit den Oliven garnieren.

Grüner Salat mit Frühlingszwiebeln

Marúli saláta

Was der Kopfsalat hierzulande ist in Griechenland der Maruli-Salat. Er ist etwas fester als der hiesige Kopfsalat und etwas zarter als der Römische Salat. Er ist im Geschmack herb, seine äußeren Blätter sind hart und knackig, das innere Herz ist zart. Der Maruli-Salat wird zu Fisch und Fleisch gereicht. Die Griechen schneiden ihn gern in feine Streifen. Man kann ihn durch Kopfsalat oder durch Römischen Salat ersetzen.

1 Kopfsalat oder 1 Römischer Salat ·
4 Frühlingszwiebeln · 5 Eßl. Olivenöl ·
2 Eßl. Essig · Salz · Pfeffer ·
1 Eßl. frisch gehackter Dill

Zubereitungszeit: 20 Minuten

Vom Salat den Strunk abschneiden und die Außenblätter entfernen. Den Salat waschen und trockenschleudern. Die Blätter in sehr feine Streifen schneiden und in eine Schüssel geben. Die Frühlingszwiebeln schälen, in kleine Würfel schneiden und über den Salat streuen. • Für die Sauce das Olivenöl, den Essig, Salz und Pfeffer kräftig mit dem Schneebesen verschlagen. Den Dill unterrühren und alles über den Salat geben.

Gurken-Tomaten-Salat

Angourodomatosaláta

Diesen Salat aus dicken Tomaten- und Gurkenscheiben sollte man unmittelbar vor dem Essen ganz frisch zubereiten.

1 Salatgurke · 4 reife feste Tomaten · 1 Zwiebel · 2 Eßl. frisch gehackte Petersilie · 4 Eßl. Olivenöl · 1 Eßl. Essig · Pfeffer · Salz

Zubereitungszeit: 30 Minuten

Die Salatgurke schälen und in dicke Scheiben schneiden. Die Tomaten waschen und den grünen Stielansatz ausstechen. Die Tomaten ebenfalls in dicke Scheiben schneiden. Die Zwiebel schälen und sehr fein schneiden. • Die Tomaten- und die Gurkenscheiben abwechselnd in einer Schüssel hübsch arrangieren. Mit der Zwiebel und der Petersilie bestreuen. • Für die Salatsauce das Öl, den Essig, Pfeffer und Salz kräftig mit dem Schneebesen verrühren. Die Sauce über den Salat gießen.

Krautsalat

Lachanosaláta

Weißkohl wird in Griechenland als Herbst- und Wintersalat geschätzt. Kleine feste Weißkohlköpfe werden für diesen Salat ausgewählt.

1 kleiner fester Weißkohl · 2 große Möhren · 6 Eßl. Olivenöl · 2 Eßl. Essig oder Zitronensaft · Salz · Pfeffer · schwarze Oliven nach Bedarf

Zubereitungszeit: 30 Minuten

Den Kohl von den äußeren Blättern befreien, den Strunk entfernen und den Kohl waschen. Den Kohl sehr fein hobeln. Die Möhren waschen, schaben und reiben. • Für die Salatsauce das Olivenöl, den Essig, Salz und Pfeffer mit dem Schneebesen kräftig schlagen. • Die Möhren in der Mitte einer Platte oder Schüssel häufen und den Kohl rundum legen. Den Salat mit der Sauce übergießen und mit Oliven garnieren.

Blumenkohlsalat

Kounoupídi saláta

Blumenkohlsalat läßt sich sehr gut mit anderen Gemüsesalaten wie etwa einem Grüne-Bohnen-Salat für eine Salatplatte kombinieren.

1 kleiner Blumenkohl mit frischen Blättern · 5 Eßl. Olivenöl · Saft von ½–1 Zitrone · Salz · Pfeffer

Vorbereitungszeit: 30 Minuten
Garzeit: 15 Minuten

Den Blumenkohl waschen, den Strunk abschneiden, die zarten Blättchen aber stehen lassen. Den Blumenkohl in stark gesalzenem Wasser 15 Minuten stehen lassen, damit eventuell vorhandes Ungeziefer ausgeschwemmt wird. Den Blumenkohl unzerteilt in Salzwasser 15 Minuten kochen, nicht zu weich werden lassen. Den Blumenkohl abtropfen lassen. • Das Olivenöl mit dem Zitronensaft, Salz und Pfeffer zu einer Sauce verschlagen und diese über den Blumenkohl gießen.

Löwenzahnsalat

Radíkia saláta

Löwenzahnsalat wird in der griechischen Küche aus gekochten Blättern zubereitet. Man serviert ihn gern zu fritiertem und gegrilltem Fisch und Fleisch.

200 g Löwenzahn (junge Blätter vor der Blüte) · Salz · 4 Eßl. Olivenöl · 1 Eßl. Zitronensaft · Pfeffer nach Belieben

Vorbereitungszeit: 10 Minuten
Garzeit: 10–15 Minuten

Vom Löwenzahn die Wurzeln entfernen. Den Löwenzahn gründlich waschen, in reichlich kochendes Salzwasser geben und 10–15 Minuten im geschlossenen Topf und bei schwacher Hitze kochen. Den Löwenzahn abgießen, gut abtropfen und abkühlen lassen. • Das Olivenöl, den Zitronensaft, Salz und Pfeffer mit dem Schneebesen schlagen. Den Löwenzahn auf eine Salatplatte legen und mit der Sauce begießen.

Kartoffelsalat

Patátes saláta

Nicht nur hierzulande, sondern auch in Griechenland ist Kartoffelsalat eine beliebte Beilage zu gegrilltem Fisch oder kurzgebratenem Fleisch.

750 g festkochende Kartoffeln · Salz · 2 Zwiebeln · 6 Eßl. Öl · 2 Eßl. Essig · Salz · Pfeffer · 1 Paprikaschote (rot, grün oder gelb) · 2 Eßl. frisch gehackte Petersilie · 2 Eßl. frisch gehackter Dill

Vorbereitungszeit: 20 Minuten
Garzeit: etwa 30 Minuten
Zeit zum Ziehen: 20 Minuten

Die Kartoffeln waschen und in 25–30 Minuten in Salzwasser im geschlossenen Topf bei schwacher Hitze garen. Die Kartoffeln abgießen, pellen und in dicke Scheiben schneiden. • Für die Sauce die Zwiebeln schälen und reiben. Die Zwiebeln zusammen mit dem Olivenöl, dem Essig, Salz und Pfeffer gut verrühren. • Die Kartoffeln mit der Sauce vermischen. Den Salat 20 Minuten ziehen lassen. • Die Paprikaschote waschen, halbieren und von Kernen und Rippen befreien. Die Paprikaschote in feine Streifen schneiden. Die Paprikaschote vor dem Servieren mit den Kräutern vorsichtig unter den Salat mischen und diesen zimmerwarm auftragen.

Kartoffelsalat Peloponnes

Patátes saláta Peloponísies

Eine exquisite und nicht alltägliche Art, Kartoffelsalat zuzubereiten, zeigt dieses Gericht aus dem Peloponnes.

750 g kleine junge Kartoffeln · Salz · 1 Eßl. frisch gehackter oder 1 Teel. getrockneter Oregano · 1 Eßl. Essig · 1 Eßl. herber Weißwein · 1 mittelgroße Orange · 1 Zwiebel · schwarze Oliven aus Kalamata · 6 Eßl. Olivenöl

Vorbereitungszeit: 30 Minuten
Garzeit: 30 Minuten

Die Kartoffeln waschen und von Salzwasser bedeckt in einem geschlossenen Topf bei schwacher Hitze 25-30 Minuten garen. Die Kartoffeln abgießen, pellen und in der Mitte durchschneiden. • Die Kartoffeln in eine Schüssel geben und mit dem Oregano und Salz bestreuen. Die Kartoffeln mit dem Essig und dem Weißwein beträufeln. • Die Orange schälen und die weiße Haut ganz entfernen. Die Orange in Scheiben schneiden. Die Zwiebel schälen und in feine Scheiben schneiden. Die Orangen- und die Zwiebelscheiben zu den Kartoffeln geben und alles vorsichtig miteinander vermischen. Den Salat mit Oliven verzieren und mit dem Olivenöl begießen.

Salat aus grünen Bohnen

Fassolákia fréska saláta

Dieser Salat, der kalt, aber zimmerwa[rm] gegessen wird, kann mit gehackt[en] Zwiebeln und Petersilie bestreut o[der] mit gepreßten Knoblauchzehen, Tom[a]tenachteln und schwarzen Oliven s[er]viert werden. In Griechenland sind [die] breiten Bohnen besonders beliebt.

500 g junge grüne Bohnen · ½ Bund Bohnenkraut · 6 Eßl. Olivenöl · Saft von ½-1 Zitrone · Salz · Pfeffer 3 Frühlingszwiebeln · 2 Eßl. frisch gehackte Petersilie

Vorbereitungszeit: 10 Minuten
Garzeit: 20 Minuten
Zeit zum Ziehen: 30 Minuten

Die grünen Bohnen abziehen, längs [hal]bieren und waschen. Die Bohne[n in] Salzwasser in etwa 20 Minuten [garen] und abgießen. Die Bohnen in eine[r Sa]latschüssel abkühlen lassen. • Fü[r die] Sauce das Olivenöl, den Zitrone[nsaft,] Salz und Pfeffer gut miteinande[r ver]schlagen. • Die Sauce über die B[ohnen] gießen und den Salat 30 Minuten [ziehen] lassen. • Die Frühlingszwiebeln schälen und in sehr feine Scheiben schneiden. Das Lauch der Frühlingszwiebeln in Ringe teilen. • Die Bohnen mit den Zwiebeln belegen und mit der gehackten Petersilie bestreuen.

Zucchinisalat

Kolokithákia saláta

Für diesen köstlichen Salat benötigt man möglichst kleine Zucchini, die man unzerteilt anrichtet. Größere schneidet man nach dem Kochen in Scheiben.

750 g sehr kleine Zucchini · Salz · 4 Eßl. Olivenöl · 1 Eßl. Essig · Pfeffer ·

Vorbereitungszeit: 20 Minuten
Garzeit: 1 Stunde und 20 Minuten

Die rote Bete von den Wurzeln und Blättern befreien und gründlich waschen. Die Knollen in der Schale in einem Topf mit Salzwasser in 1 Stunde weich kochen und aus dem Wasser heben. Abkühlen lassen. • Inzwischen die Blätter von den Stielen abschneiden, waschen und entweder separat in Salzwasser in 20 Minuten weich kochen oder bei der roten Bete in den letzten 20 Minuten mitkochen. Die Blätter auf einem Sieb abtropfen lassen. • Die Rote-Bete-Knollen schälen, in Scheiben schneiden und in der Mitte einer Salatplatte anrichten. Die roten [...]n mit den grünen Blättern um[...]. • Für die Sauce das Olivenöl [...]n Essig, Pfeffer und Salz kräftig [...]agen und über den Rote-Bete-[...]ießen.

[...]rsalat

[...] saláta

[...]alat hat vor allem in der Osterzeit [...]n, wenn es reichlich hartgekochte [...] gibt. Man bereitet ihn gelegentlich [aus]schließlich mit Eiern und Zwiebel[schei]ben zu, die mit einer Salatsauce [über]gossen werden; die Version in die[sem] Rezept mit grünem Salat und Dill ist [beso]nders schmackhaft.

[...]opfsalat oder Römischer Salat · [...]ühlingszwiebeln · 3 hartgekochte [...]r · 6 Eßl. Olivenöl · 2 Eßl. Essig · [...]lz · Pfeffer · 1 Eßl. frisch gehackter [...]l

[Vor]bereitungszeit: 30 Minuten

[V]om Salat den Strunk abschneiden und [di]e Außenblätter entfernen. Den Salat [w]aschen und trockenschleudern. Die [B]lätter in sehr feine Streifen schneiden [u]nd auf eine Salatplatte geben. Die [Z]wiebeln samt Lauch verwenden. Die [Z]wiebeln schälen und feinschneiden, [d]en Lauch waschen und ebenfalls fein[s]chneiden. Die Eier in Scheiben schneiden. • Die Eier auf die Salatblätter schichten und mit den Zwiebeln bestreuen. • Für die Sauce das Öl, den Essig, Salz und Pfeffer mit einem Schneebesen kräftig schlagen. Den Dill über die Eier streuen und den gesamten Salat mit der Sauce begießen.

Suppen haben in Griechenland vor allem im Spätherbst und Winter Saison. Sie sind herzhaft im Geschmack und nahrhaft. Häufig geben sie den Hauptgang einer Mahlzeit ab. Klare Suppen werden gerne mit einer Eier-Zitronen-Sauce angereichert und verfeinert. Reizvoll sind auch die vegetarischen Suppen aus Gemüse und Hülsenfrüchten, die um so besser schmecken, je weniger man mit Olivenöl geizt. Manche Suppen sind so beliebt in Griechenland, daß man sie mit Fug und Recht als Nationalsuppen bezeichnen kann. Hierzu gehört beispielsweise die Ostersuppe, die »Majirítsa«, die aus den Innereien, Kopf und Füßen eines Milchlammes zubereitet wird. Sie läßt sich wohl hierzulande kaum herstellen, da man die Zutaten nicht ohne weiteres bekommen kann. Für die nicht minder beliebte Patsas-Suppe aus Kutteln und Füßen von Kalb, Lamm oder Schwein besteht diese Schwierigkeit nicht. Besonders köstlich sind natürlich auch die griechischen Fischsuppen: Die »Kakaviá«, so heißt es, ist gar das Vorbild für die französische »Bouillabaisse«; sie soll von den griechischen Siedlern, die Marseille gegründet haben, einst mitgebracht worden sein.

Zitronensuppe

Kotósupa awgolémono

Diese leichte und bekömmliche Suppe ist in ganz Griechenland bekannt und in den kühleren Jahreszeiten als aufwärmende Einleitung zu einem Menü beliebt.

1 Suppenhuhn von 1200 g · Salz ·
4 Möhren · 1 Stange Lauch/Porree ·
1 Stange Staudensellerie · 1 Zwiebel ·
1 Tasse Langkornreis · 2 Eier · Saft von
1 Zitrone

◁ Ihr cremiges Aussehen und ihren frischen Geschmack verdankt die Zitronensuppe »Kotósupa awgolémono« der Eier-Zitronen-Sauce, die erst kurz vor dem Auftragen in die fertige Suppe gerührt wird.

Vorbereitungszeit: 30 Minuten
Garzeit: etwa 3 Stunden

Das ausgenommene Suppenhuhn innen und außen waschen und in 1½–2 l Salzwasser zum Kochen bringen. Dann das Huhn bei schwacher Hitze in etwa 3 Stunden gar kochen. Zu Beginn der Kochzeit den Schaum mehrere Male abschöpfen. • Nach gut 2 Stunden Kochzeit das Gemüse vorbereiten: Die Möhren schaben, waschen und in kleine Stücke schneiden. Vom Lauch nur das Weiße verwenden, der Länge nach einschneiden, leicht auseinanderbiegen und unter fließendem Wasser waschen. Den Lauch in kleine Stücke schneiden. Den Staudensellerie waschen und kleinschneiden. Die Zwiebel schälen und vierteln. Das Gemüse etwa 40 Minuten vor Ende der Garzeit zum Huhn geben und mitkochen. • Das Huhn aus dem Topf nehmen und die Brühe durch ein Sieb gießen. Die Brühe zurück auf die Herdplatte geben und aufkochen lassen. Den Reis waschen, bis das Wasser klar ist, und ihn in der Hühnerbrühe in 20 Minuten weich kochen. • Inzwischen das Hühnerfleisch von Haut und Knochen befreien und in mundgerechte Stücke schneiden. • Die Suppe vom Herd nehmen und die Eier-Zitronen-Sauce vorbereiten: Dazu ½ Tasse Brühe aus dem Topf nehmen und etwas abkühlen lassen. Die Eier in einer Schüssel schaumig rühren und den Zitronensaft tropfenweise unterrühren. Die Brühe eßlöffelweise zufügen und unterrühren. Die Eier-Zitronen-Sauce langsam und unter kräftigem Rühren in die Suppe geben. Die Suppe warm stellen und unter Rühren cremig werden lassen. Die Suppe darf nicht mehr kochen.

Tip: Die griechischen Köchinnen bereiten die Eier-Zitronen-Sauce, mit der sie die Suppen legieren, auf die verschiedenste Weise zu. Statt 2 Eiern nehmen sie 3 Eigelbe, oder sie trennen Eiweiß und Eigelb, schlagen zunächst das Eiweiß steif und rühren dann die Eigelbe ein. Der Zitronensaft darf immer nur langsam zugefügt werden, ebenso muß auch die heiße Flüssigkeit langsam und unter ständigem Rühren zugefügt werden, damit die Sauce nicht zu stocken beginnt. Aus demselben Grund darf die Suppe keinesfalls mehr kochen, wenn die Sauce eingerührt worden ist.

Fischsuppe mit Eier-Zitronen-Sauce

Psarósupa mé awgolémono

Für diese Suppe kann man den Fisch entweder in Portionsstücke teilen wie in diesem Rezept oder ganz lassen und mit Mayonnaise separat servieren.

1 kg Fisch (Barbe, Steinbutt, Seehecht
oder Kabeljau) · Saft von 1 Zitrone ·
1 Zwiebel · 1 Knoblauchzehe · Salz ·
2 Möhren · 1 Stange Staudensellerie ·
5 Eßl. Olivenöl · 1 Lorbeerblatt ·
3 Pfefferkörner · 1 Tasse Langkornreis ·
3 Eigelbe · 1 Teel. frisch gehackte
Petersilie

Vorbereitungszeit: 30 Minuten
Zeit zum Ziehen: 20 Minuten
Garzeit: 1¼ Stunden

Den Fisch schuppen, ausnehmen, waschen und trockentupfen. Den Fisch in Portionsstücke teilen und mit der Hälfte des Zitronensaftes beträufeln. Den Fisch 20 Minuten ziehen lassen. • Die Zwiebel schälen und kleinwürfeln. Die Knoblauchzehe schälen, kleinschneiden und mit etwas Salz unter einem Messer zerdrücken. Die Möhren waschen, schaben und in Scheiben schneiden. Den Staudensellerie waschen und in Scheiben schneiden. • Das Olivenöl in einem Topf erhitzen und die Zwiebel darin glasig braten. Die Möhren und den Staudensellerie kurz mit anbraten und den Knoblauch zufügen. Mit 1¼ l Wasser aufgießen und das Ganze salzen und aufkochen lassen. Das Lorbeerblatt und die Pfefferkörner in ein Mullsäckchen binden oder in ein Teeei geben und in die Brühe hängen. Das Gemüse in 30 Minuten weich kochen und durch ein Sieb zurück in die Brühe drücken. Die Gewürze entfernen. • Den Fisch in die Brühe geben und darin bei schwacher Hitze im geschlossenen Topf 15–20 Minuten ziehen, aber nicht kochen lassen. Den Fisch aus der Brühe nehmen und warm stellen. • Den Reis waschen und in der Fischsuppe in 20 Minuten im geschlossenen Topf bei schwacher Hitze garen. • Die Suppe vom Herd nehmen und ½ Tasse Brühe abnehmen. Für die Eier-Zitronen-Sauce die Eigelbe verquirlen und nach und nach den restlichen Zitronensaft unterrühren. Die abgemessene Brühe ebenfalls unterrühren. Diese Sauce in die Suppe rühren. • In jede Suppentasse eine Portion Fisch legen, mit Suppe auffüllen und mit der Petersilie bestreuen.

Bouillabaisse auf griechische Art

Kakaviá

Die Griechen nehmen für sich in Anspruch, die Ahnherren der »Bouillabaisse« zu sein. Und in der Tat spricht manches dafür, daß die griechischen Siedler, die einst Marseille gründeten, auch die Fischsuppe mitbrachten, die dann als »Bouillabaisse« weltberühmt geworden ist. Die griechischen Fischer kochen die »Kakaviá« häufig nach dem Fischfang direkt am Meeresufer. Die vielen verschiedenen kleinen Fische, die sie dazu verwenden, geben dem Ganzen seinen besonderen Geschmack. Der Zubereitungsarten gibt es viele. Für die einfachste Art der »Kakaviá« kochen die Fischer die Fische zusammen mit Zwiebeln, Tomaten, Kartoffeln und Sellerie und drücken sie dann durch ein Sieb zu einer dicken Suppe. Viele verfeinern diese »Kakaviá«, indem sie die fertige Suppe mit Wasser auffüllen und die Filets eines großen Fisches und Krabben und Garnelen darin garen. Das nachfolgende Rezept bringt eine so einfache wie köstlich schmeckende Art der Zubereitung.

1 kg verschiedene kleine Mittelmeerfische und 1 großer Fisch · Saft von 1 Zitrone · 1 Knoblauchzehe · 2 Zwiebeln · 2 Kartoffeln · 2 Möhren · 4 reife Tomaten · 1 Stange Staudensellerie · 5 Eßl. Olivenöl · Salz · Pfeffer · 12 tiefgefrorene Scampi · Saft von 1–2 Zitronen

Vorbereitungszeit: 45 Minuten
Garzeit: 1 Stunde

Die Fische schuppen, ausnehmen, waschen und trockentupfen. Den großen Fisch filetieren. Die Fische mit dem Zitronensaft beträufeln und 20 Minuten ziehen lassen. • Die Knoblauchzehe schälen und kleinschneiden. Die Zwiebeln schälen und ebenfalls kleinschneiden. Die Kartoffeln waschen, schälen und in kleine Würfel schneiden. Die Möhren waschen, schaben und kleinschneiden. Die Tomaten waschen, kreuzweise einritzen und mit kochendem Wasser überbrühen. Die Tomaten häuten und den grünen Stielansatz entfernen. Die Tomaten und den Staudensellerie waschen und in kleine Scheibchen schneiden. • Das Olivenöl in einem Topf erhitzen und das Gemüse darin anbraten. 1¼ l Salzwasser zufügen, das Ganze zum Kochen bringen und das Gemüse in 30 Minuten weich kochen. Die Gemüsebrühe durch ein Sieb streichen. Die Gemüsebrühe zurück in den Topf geben und Pfeffer zufügen. Die Gemüsebrühe einmal aufkochen lassen. Die Fische in die Suppe geben und bei schwacher Hitze 20 Minuten gar ziehen lassen. Nach 5 Minuten die Scampi zufügen und in der Suppe auftauen lassen. Nachdem sich die Scampi erwärmt haben, das Ganze noch 15 Minuten ziehen lassen. • Je nach Geschmack mit Zitronensaft servieren.

Fastensuppe

Tahinósupa

Für diese Fastensuppe benötigt man »Tahin« eine Paste aus Sesam, die man im griechischen Spezialgeschäft, aber auch in Naturkostläden bekommen kann. Die Sesampaste hat eine bindende Wirkung.

50 g Suppennudeln · Salz · 80 g Tahin (Sesampaste aus dem griechischen Spezialgeschäft) · Saft von 1 Zitrone · Pfeffer

Vorbereitungszeit: 5 Minuten
Garzeit: 15 Minuten

Die Suppennudeln in 1 Liter Salzwasser 10 Minuten lang kochen und beiseite stellen. • Das Tahin mit ½ Tasse Wasser und dem Zitronensaft vermischen, unter Rühren in die Suppe geben und aufkochen lassen. Mit Salz und Pfeffer abschmecken. Die Suppe heiß servieren.

Patsas-Suppe

Patsás

Die Patsas-Suppe kann man als ein griechisches Nationalgericht bezeichnen. Sie wird gern zum Frühstück gegessen.

600 g vorgekochte Kutteln · 2 Füße vom Lamm, Schwein oder Kalb · Salz · 2 Knoblauchzehen · 1 Möhre · 1 Zwiebel · 1 Kräutersträußchen aus 2 Zweigen Petersilie, 1 Zweig Thymian und 1 Lorbeerblatt · 2 Eier · Saft von 1 Zitrone

Vorbereitungszeit: 30 Minuten
Garzeit: 2½ Stunden

Die Kutteln waschen und in schmale Streifen schneiden. Die Füße waschen. Die Kutteln und die Füße in 1½ l Salzwasser zum Kochen bringen und mehrere Male abschäumen. Das Fleisch in 2½ Stunden weich kochen. • Nach gut 1 Stunde das Gemüse vorbereiten. Die Knoblauchzehen schälen, in Scheibchen schneiden und mit etwas Salz unter dem Messerrücken zerdrücken. Die Möhre schälen, waschen und halbieren. Die Zwiebel schälen. Den Knoblauch, die Möhre und die Zwiebel samt dem Kräutersträußchen in die Suppe geben. • Wenn das Fleisch weich ist, die Suppe durch ein Sieb gießen und mit den Kutteln zurück auf die Kochplatte stellen. Das Fleisch vom Knochen lösen, in mundgerechte Stücke schneiden und zurück in die Suppe geben. Die Suppe vom Herd nehmen und etwas abkühlen lassen. • Eine Eier-Zitronen-Sauce bereiten: Dazu ½ Tasse Brühe in einer Tasse abkühlen lassen. Die Eier in einer Schüssel schaumig rühren und den Zitronensaft tropfenweise unterrühren. Die ½ Tasse Brühe eßlöffelweise unterrühren. • Die Eier-Zitronen-Sauce langsam in die Suppe einrühren.

Tip: Sie können die Kuttelsuppe auch klar, also ohne die Bindung mit Eier-Zitronen-Sauce servieren. Geben Sie dann den Zitronensaft in einem Kännchen separat auf den Tisch, so daß sich jeder selbst seine Suppe würzen kann und reichen Sie Knoblauch-Essig zur Suppe: Verrühren Sie dazu Essig mit sehr fein gehacktem Knoblauch.

Nudelsuppe

Fidés súpa

Diese leicht bekömmliche Suppe kann man statt mit Wasser auch mit einer beliebigen Bouillon zubereiten. Sie schmeckt vor allem Kindern gut.

2 reife Tomaten · Salz · Pfeffer · 2 Eßl. Butter · 100 g Suppennudeln · 3 Eier · ½–1 Zitrone

Vorbereitungszeit: 10 Minuten
Garzeit: 15 Minuten

Die Tomaten waschen, kreuzweise einritzen und kurz in kochendes Wasser legen. Die Tomaten enthäuten und das Grüne am Stielende ausstechen. Die Tomaten achteln und durch ein Sieb drükken. • 1¼ l Wasser zum Kochen bringen, die Tomaten zufügen und mit Salz und Pfeffer abschmecken. Die Butter in die Suppe geben und die Suppennudeln einstreuen. Die Nudeln 10 Minuten in der Suppe garen. Die Suppe vom Herd nehmen und ½ Tasse Suppe abmessen. • Für die Eier-Zitronen-Sauce die Eier trennen. Die Eiweiße zu Eischnee schlagen und die Eigelbe nacheinander einrühren. Den Zitronensaft nach und nach unterrühren und die abgemessene Suppe eßlöffelweise einrühren. Die Eier-Zitronen-Sauce nach und nach in die Suppe rühren, bis diese cremig geworden ist.

Tomatensuppe

Domatósupa

Für diese Tomatensuppe benötigen Sie gut ausgereifte Früchte. Wenn diese nicht zur Hand sind, verwenden Sie lieber Tomaten aus der Dose, die von sehr guter Qualität sind, als daß Sie nach frischen Exemplaren mit wenig Aroma greifen. Statt der Suppennudeln kann man auch 100 g Reis in die Suppe geben.

3 ausgereifte Tomaten · 1 Zwiebel · 1 Knoblauchzehe · 1 Stange Staudensellerie · 1 Möhre · 2 Eßl. Olivenöl · Salz · Pfeffer · 100 g Suppennudeln

Vorbereitungszeit: 15 Minuten
Garzeit: 40 Minuten

Die Tomaten waschen und den grünen Stielansatz ausstechen. Die Tomaten achteln. Die Zwiebel schälen und würfeln. Die Knoblauchzehe schälen und in feine Scheibchen schneiden. Den Staudensellerie waschen und in Scheiben schneiden. Die Möhre waschen, schaben und in Scheiben schneiden. • Das kleingeschnittene Gemüse mit dem Öl und ¾ l Wasser in einem Topf zum Kochen bringen. Das Ganze mit Salz und Pfeffer abschmecken und bei geschlossenem Topf und schwacher Hitze 30 Minuten lang garen. • Die Suppe durch ein Sieb drücken und erneut zum Kochen bringen. Die Suppennudeln einstreuen und in 10 Minuten garen. Die Suppe heiß servieren.

Gemüsesuppe

Súpa mé lachaniká

Diese nahrhafte Gemüsesuppe ist eine typische Wintersuppe. Statt mit weißen Bohnen kann man sie natürlich auch mit roten Bohnen oder mit einer Mischung aus beiden bereiten.

100 g weiße Bohnen · 1 rote Peperone · 2 Möhren · 2 Kartoffeln · ½ Weißkohl · 1 Zwiebel · 1 Stück Sellerieknolle · 4 reife Tomaten · 6 Eßl. Olivenöl · Salz · Pfeffer

Zeit zum Weichen: 8–12 Stunden
Vorbereitungszeit: 30 Minuten
Garzeit: 1–1½ Stunden

Die Bohnen 8–12 Stunden, am besten über Nacht, in Wasser weichen. • Am nächsten Tag mit der Peperone in 1 l ungesalzenem Wasser in etwa 1–1½ Stunden fast weich kochen. • Die Möhren schaben, waschen und kleinschneiden. Die Kartoffeln schälen, waschen und in kleine Würfel schneiden. Den Weißkohl waschen, vom Strunk befreien und in Streifen schneiden. Die Zwiebel schälen und kleinschneiden, den Sellerie waschen, schälen und in kleine Scheibchen schneiden. Die Tomaten waschen, kreuzweise einritzen und kurz in kochendes Wasser legen. Die Tomaten häuten, am Stielansatz kappen und die Kerne ausdrücken. Die Tomaten in kleine Stückchen schneiden. • Das Olivenöl in einem Topf erhitzen. Die Zwiebeln darin glasig braten. Das übrige kleingeschnittene Gemüse darin anbraten und die Tomaten zufügen. Die Gemüsemischung zu den Bohnen geben und die Suppe in weiteren 30 Minuten bei schwacher Hitze fertig kochen. Die Suppe mit Salz und Pfeffer abschmecken.

Passierte Gemüsesuppe

Hortósupa

Diese wohlschmeckende Suppe wird mit Sommergemüse zubereitet. Sie wird heiß serviert.

2 Zwiebeln · 2 Knoblauchzehen · 4 reife Tomaten · 2 Möhren · 2 Stangen Staudensellerie · 1 Stange Lauch · 2 Zucchini · 100 g frische enthülste grüne Erbsen · Salz · Pfeffer · 6 Eßl. Olivenöl · 1 Teel. frisch gehackter Dill oder frisch gehackte Petersilie

Vorbereitungszeit: 30 Minuten
Garzeit: 50 Minuten

Die Zwiebeln schälen und kleinwürfeln. Die Knoblauchzehen schälen und in Scheibchen schneiden. Die Tomaten waschen und das Grüne am Stielende ausstechen. Die Tomaten achteln. Die Möhren waschen, schaben und in Scheiben schneiden. Den Staudensellerie waschen und in Scheiben schneiden. Vom Lauch nur das Weiße verwenden. Den Lauch der Länge nach aufschneiden, auseinanderbiegen und unter fließendem Wasser waschen. Den Lauch in Scheiben schneiden. Die Zucchini waschen, leicht schaben und an beiden Enden kappen. Die Zucchini in Scheiben schneiden. Die Erbsen waschen. • Das Gemüse mit 1 l Wasser in einem Topf zum Kochen bringen. Die Suppe salzen, pfeffern und das Öl zugießen. Die Suppe im geschlossenen Topf bei schwacher Hitze 40 Minuten lang kochen lassen. Die Suppe durch ein Sieb passieren oder im Mixer pürieren. • Die Suppe zurück in den Topf geben und nochmals 10 Minuten ziehen lassen. Mit dem Dill oder der Petersilie bestreuen und heiß servieren.

Weiße-Bohnen-Suppe

Fassoláda

Die Weiße-Bohnen-Suppe ist ein griechisches Nationalgericht. Während hierzulande der durchwachsene Speck die prägende Zutat für eine Weiße-Bohnen-Suppe ist, verwenden die Griechen statt dessen viel Olivenöl und als wichtige Geschmackszutat Tomate.

200 g weiße Bohnenkerne · 1 Zwiebel · 1 Stange Staudensellerie mit Selleriegrün · 2 Möhren · 6 Eßl. Olivenöl · 1 Eßl. Tomatenmark · 1 Zweig Bohnenkraut · 2 Eßl. frisch gehackte Petersilie · Salz · Pfeffer

Zeit zum Weichen: 8–12 Stunden
Vorbereitungszeit: 15 Minuten
Garzeit: 1½–2 Stunden

Die weißen Bohnen kalt überbrausen und 8–12 Stunden – am besten über Nacht – in reichlich Wasser einweichen. • Am nächsten Tag die Bohnen abtropfen lassen und in 1¼ l ungesalzenem Wasser im offenen Topf kochen. Den Schaum mehrere Male abschöpfen. Dann die Bohnen bei schwacher Hitze in 1½–2 Stunden weich kochen. • Etwa 1 Stunde vor Ende der Garzeit die übrigen Zutaten vorbereiten: Die Zwiebel schälen und kleinschneiden. Den Staudensellerie und das Selleriegrün waschen und kleinschneiden. Die Möhren waschen, schaben und kleinschneiden. • Das Olivenöl in einer Pfanne erhitzen und die Zwiebel darin glasig werden lassen. Die übrigen kleingeschnittenen Zutaten zufügen und alles anbraten. Das angebratene Gemüse samt dem Öl unter die Bohnen rühren. • Das Tomatenmark in etwas Wasser anrühren und unter die Bohnen mischen. Das Bohnenkraut auf die Bohnen geben und die Petersilie einstreuen. • Wenn die Bohnen weich sind, das Bohnenkraut entfernen und erst jetzt mit Salz und Pfeffer abschmecken.

◁ Diese Linsensuppe »Fakés« wird in der griechischen Küche vegetarisch zubereitet und erhält durch die Zugabe von Spinat oder Tomaten ihren besonderen Pfiff.

Linsensuppe

Fakés

In ganz Griechenland beliebt ist die Linsensuppe – nicht nur in den abgelegenen Dörfern und auf den Inseln, wo sie Sommer wie Winter oft auf den Tisch kommt.

200 g Linsen · 1 Knoblauchzehe · 1 Zwiebel · 1 Möhre · 1 Stück Staudensellerie · 1 Zweig Rosmarin · 1 Zweig Petersilie · 1 Lorbeerblatt · 6 Eßl. Olivenöl · 400 g frischer Spinat oder Tomatenwürfel (enthäutet, entkernt) · Salz · Pfeffer · 1–2 Eßl. Essig oder Weißwein

Zeit zum Weichen: 1 Stunde
Vorbereitungszeit: 20 Minuten
Garzeit: 1 Stunde

Die Linsen waschen und in warmem Wasser 1 Stunde quellen lassen. Die Linsen abtropfen lassen und in 1¼ l frischem Wasser zum Kochen bringen. Die Linsen in 1 Stunde weich kochen. • Nach 15 Minuten Kochzeit das Gemüse vorbereiten: Die Knoblauchzehe schälen. Die Zwiebel schälen. Die Möhre waschen und schälen. Den Staudensellerie waschen. Das Gemüse kleinschneiden. Die Kräuter waschen und mit dem Lorbeerblatt zu einem Kräutersträußchen zusammenbinden. Das Gemüse 30 Minuten vor Ende der Garzeit zu den Linsen geben, das Kräutersträußchen zufügen und das Olivenöl zugeben. • 20 Minuten vor Ende der Garzeit den Spinat verlesen, waschen und die Spinatblätter 2–3mal durchschneiden. Den Spinat oder die Tomaten 15 Minuten vor Ende der Garzeit in die Suppe geben. Mit Salz und Pfeffer abschmecken und mit Essig oder Weißwein abrunden.

Kichererbsensuppe

Revíthia súpa

Die griechischen Hausfrauen verwenden viel Mühe darauf, die Erbsen für diese Suppe zu enthülsen. Man muß die Erbsen nach dem Einweichen kräftig zwischen den Händen reiben.

250 g Kichererbsen · 1 kleine Zwiebel · 1 Möhre · 6 Eßl. Olivenöl · Salz · Pfeffer · Saft von 1 Zitrone

Zeit zum Weichen: 12 Stunden
Vorbereitungszeit: 15 Minuten
Garzeit: 1½–2 Stunden

Die Erbsen über Nacht in reichlich Wasser einweichen. • Am Tag der Zubereitung die Erbsen abtropfen lassen, abbrausen und zwischen den Händen reiben, um die Hülsen abzulösen. Die Hülsen wegwerfen. • Die Erbsen in 1¼ l Wasser zum Kochen bringen und im offenen Topf mehrmals abschäumen. Dann die Erbsen im geschlossenen Topf bei schwacher Hitze in 1½–2 Stunden weich kochen. • Nach gut 1 Stunde das Gemüse vorbereiten: Die Zwiebel schälen und sehr klein schneiden. Die Möhre waschen, schälen und kleinschneiden. Beides in die Suppe geben, das Olivenöl zufügen und alles garen. Mit Salz und Pfeffer abschmecken. • Die Suppe mit Zitronensaft verrühren; heiß servieren.

»Frische Suppe«

Súpa droserí

Diese Suppe aus Thessalien ergibt eine kühle Sommererfrischung.

1 Scheibe Weißbrot ohne Rinde · 4 Knoblauchzehen · 1 große Salatgurke · 500 g griechischer Joghurt (aus dem griechischen Spezialgeschäft) oder Sahnequark · 100 g Walnüsse · Salz · ½ Tasse Olivenöl

Zubereitungszeit: 30 Minuten

Das Brot in Wasser einweichen. Die Knoblauchzehen schälen und vierteln. Die Salatgurke schälen, grobreiben und leicht auspressen. Den Joghurt oder den Sahnequark abtropfen lassen. • Den Knoblauch mit den Nüssen und etwas Salz im Mixer zu einem Brei verarbeiten. Dann das Brot ausdrücken und zusammen mit dem Olivenöl zufügen. Die Gurke und den Joghurt ebenfalls in den Mixer geben. Alles gut vermischen. • Die Suppe im Kühlschrank durchkühlen und mit Eiskügelchen servieren.

Die Pittes, Teigpasteten mit verschiedenen Füllungen, gehören zu den Glanzleistungen der griechischen Küche. Als eigener Gang, als Beilage oder als Teil eines Buffets bringen sie eine festliche Note in jedes Essen. Füllungen aus Spi nat, Fleisch, Geflügel oder Käse werden in papierdünne Filloteig-Blätter gehüllt und im Ofen goldgelb gebacken. Man kann diese Filloteig-Blätter sowohl in Griechenland als auch hierzulande im griechischen Spezialgeschäft fertig kaufen. Strudelteig und tiefgefrorener Blätterteig lassen sich für diese feinen Teigpasteten ebenfalls verwenden.
Reizvoll sind auch die griechischen Nudelgerichte, die wie die Pittes einen eigenen Gang einer Mahlzeit abgeben können. Nudeln werden in allen möglichen Formen und zum Teil aus eigener Herstellung auf den Tisch gebracht: als Nudelquadrate, »Chilópittes«, als Bandnudeln und besonders häufig als Makkaroni oder Spaghetti. Die italienischen Nudeln sind in der griechischen Küche so sehr eingebürgert, daß heute die Bezeichnung Makkaroni gleichbedeutend mit Nudeln schlechthin ist.

Filloteig
Fíllo

Die Herstellung von Filloteig ist eine hohe Kunst. Der Teig wird zu papierdünnen Platten ausgerollt. Je dünner die Platten, um so köstlicher wird später das Gebäck. Die Zubereitung dieser Teigplatten braucht viel Zeit und Erfahrung. So gibt es in Griechenland allerorten Läden, die sich auf die Herstellung dieses Teiges spezialisiert haben. Hierzulande kann man den Filloteig im griechischen Spezialgeschäft kaufen. Doch kommt der in vielen Gegenden in den Lebensmittelgeschäften angebotene fertige Strudelteig dem Filloteig recht nahe. Er ist allerdings doppelt so dick wie der griechische Filloteig, so daß man für 2 Filloteigplatten eine Strudelteigplatte rechnen muß. Ein guter Ersatz für den Filloteig ist auch der tiefgefrorene Blätterteig. • Wenn Sie den griechischen Filloteig selbst ausprobieren wollen, richten Sie sich nach dem nachfolgenden Rezept. Er läßt sich freilich höchstens so dünn wie der hierzulande angebotene fertige Strudelteig ausrollen. Auf seine Blattstärke sind die Rezepte in diesem Buch ausgerichtet.

300 g Mehl · 1 Prise Salz · 3 Eßl. Olivenöl · 6 Eßl. lauwarmes Wasser · 2 Eier · 1 Eßl. zerlassene Butter

Zubereitungszeit: 2 Stunden
Ruhezeit: 1 Stunde

Das Mehl in eine große Schüssel sieben und das Salz zufügen. Langsam 2 Eßlöffel Olivenöl und das lauwarme Wasser unterkneten, bis ein weicher Teig entsteht. Die Eier verquirlen und unter den Teig mengen. Den Teig auf eine bemehlte Arbeitsfläche geben und gut 20 Minuten kneten, bis der Teig, der zunächst klebrig ist, schön glatt und glänzend wird. Wenn nötig noch etwas Mehl zufügen. Nun den Teig, damit er später besser zu verarbeiten ist, 40mal auf die bemehlte Tischkante schlagen. Den Teig mit 1 Eßlöffel Olivenöl bepinseln und mit Folie bedeckt in einer Schüssel 1 Stunde lang ruhen lassen. • Aus dem Teig 2 Kugeln formen und jede Kugel nacheinander auf einem mit Mehl ausgestreuten Tuch so dünn wie möglich ausrollen und mit der zerlassenen Butter bepinseln. Dann vorsichtig mit den Händen zwischen Tuch und Teig fahren und den Teig mit den Handrücken dehnen und auseinanderziehen, bis er so dünn wie möglich ist. Die dickeren Teigränder abschneiden und die Platten nach Rezeptanweisung zurechtschneiden.

Fleisch-Pitta auf Hausfrauenart
Kreatópitta

Für die Pastete auf Hausfrauenart lohnt es sich, den Filloteig selbst zuzubereiten. Da hier statt mit mehreren nur mit einer Teigplatte gearbeitet wird, gelingt das Rezept auch den weniger Routinierten.

600 g Gulaschfleisch vom Lamm, Kalb oder Rind (oder eine Mischung aus diesen 3 Fleischarten) · 1 mittelgroße Zwiebel oder 3 Frühlingszwiebeln · 2 Eßl. Olivenöl · 1 Eßl. Zitronensaft · Salz · Pfeffer · 1 Stückchen Zimt · 2 Eßl. frisch gehackte Petersilie · 300 g selbstgemachter Filloteig (Rezept Seite 45) oder 200 g (2 Blätter) fertiger Strudelteig oder 300 g tiefgefrorener Blätterteig (siehe Tip zu diesem Rezept) · zerlassene Butter zum Bestreichen · 2 Eßl. Semmelbrösel/Paniermehl · 100 g Feta-Käse oder ½ Tasse geriebener Kefalotiri-Käse (ersatzweise Greyerzer-Käse/Gruyère) · 2 Eier

Vorbereitungszeit: 45 Minuten
Garzeit: etwa 1½ Stunden

Das Fleisch in kleine Würfel schneiden oder zu grobem Hackfleisch verarbeiten. Die Zwiebel schälen und feinhacken. • Das Olivenöl in einem Topf erhitzen und die Zwiebel darin glasig braten. Das Fleisch zufügen und braun anbraten. Mit dem Zitronensaft ablöschen. Wenn die Flüssigkeit verdampft ist, mit Wasser aufgießen, bis das Fleisch knapp bedeckt ist und mit Salz und Pfeffer würzen. Den Zimt zufügen und das Fleisch 30–40 Minuten bei schwacher Hitze köcheln lassen. Das Zimtstück entfernen und die Petersilie unterrühren. Das Fleisch abkühlen lassen. • Eine etwa 30 x 20 cm große flache Auflaufform mit Butter ausstreichen. Den Backofen auf 200° vorheizen. • Den vorbereiteten Filloteig in 2 Kugeln teilen, wobei eine Kugel ⅔ des Teiges vereinnahmen soll. Die größere Teigkugel auf einem Tuch so ausrollen, daß man die Form damit auslegen kann. Die Teigränder sollen über die Form hinauslappen und später über die Füllung geschlagen werden. Den ausgerollten Teig mit zerlassener Butter bepinseln und in die Form legen. • Die Fleischfüllung mit den Semmelbröseln anreichern. Den Käse zerbröckeln und untermischen. Die Eier verquirlen und unterziehen. Die Füllung in die Form auf den Teig geben und glattstreichen. Die Teigränder über die Füllung schlagen. Die kleinere Teigkugel auf einem Tuch ausrollen, mit Butter bestreichen und die Pastete damit abdecken. Die

◁ Die Fleisch-Pitta auf Hausfrauenart »Kreatópitta« ist eine Köstlichkeit, die bei groß und klein viel Anklang findet. Und wenn man bereits fertigen Teig benutzt, hält sich der Arbeitsaufwand in Grenzen.

Teigoberfläche mit zerlassener Butter bestreichen und mit kaltem Wasser bespritzen. Die Teigränder andrücken. Die Deckplatte einige Male mit einer Gabel einstechen, damit der Dampf abziehen kann und die Pitta nicht hoch aufgeht (man kann auch mit dem Messer die Portionen tief einschneiden). Die Pitta auf der mittleren Schiene im Backofen 45 Minuten lang goldgelb backen. • Die Pastete in Rechtecke schneiden und heiß servieren.

Tip: Wenn Sie dieses Rezept mit tiefgefrorenem Blätterteig bereiten, tauen Sie 5 Teigplatten (300 g) auf, legen Sie auf eine bemehlte Arbeitsfläche 3 Teigplatten so übereinander, daß sie sich an den Nahtstellen überlappen, befeuchten Sie die sich überlappenden Teigpartien mit Wasser oder Eiweiß und rollen Sie den Teig abwechselnd längs und quer so aus, daß Sie mit der Platte die Backform ausfüttern können. Bepinseln Sie diese Platte mit zerlassener Butter und geben Sie sie in die Form. Die Deckplatte rollen Sie aus den 2 restlichen Platten entsprechend aus, geben sie auf die Füllung, bepinseln sie mit Eigelb und besprenkeln sie mit Wasser. Auch die Blätterteigdeckplatte einstechen. Im übrigen verfahren Sie wie im Rezept beschrieben.

Hühner-Pitta auf Hausfrauenart

Kotópitta

Fein im Geschmack ist die Hühner-Pitta, die mit Hühnerfleisch und Béchamelsauce zubereitet wird.

1 Hähnchen von 1500 g · Salz · 6 Pfefferkörner · 1 Nelke · 1 Lorbeerblatt · 1 Zwiebel · 2 Möhren · 1 Stange Staudensellerie · ¼ l Milch · 3 Eßl. Butter · 3 Eßl. Mehl · Pfeffer · 1 Prise Muskatnuß · 4 Eier · 4 Eßl. Kefalotiri-Käse oder Parmesan-Käse · 300 g selbstgemachter Filloteig (Rezept Seite 45) · zerlassene Butter zum Bestreichen

Vorbereitungszeit: 45 Minuten
Garzeit: 1¾ Stunden

Das Hähnchen innen und außen waschen und in einem gerade passenden Topf mit Salzwasser aufsetzen. Die Pfefferkörner, die Nelke und das Lorbeerblatt in ein Mullsäckchen oder ein Teeei geben und in die Brühe hängen. Das Hähnchen aufkochen lassen und abschäumen. Das Hähnchen dann im geschlossenen Topf bei schwacher Hitze 1 Stunde garen. Nach 30 Minuten Garzeit das Gemüse zufügen: Dazu die Zwiebel schälen und würfeln, die Möhren waschen, schaben und in Scheiben schneiden und den Staudensellerie waschen und in Scheiben schneiden. Nach dem Garen das Hähnchen aus der Brühe nehmen und abkühlen lassen. • Inzwischen die Béchamelsauce zubereiten: Dafür die Milch erhitzen, aber nicht kochen. Die Butter in einem Topf zerlassen und das Mehl darin Farbe nehmen lassen. Nach und nach mit der Milch unter Rühren aufgießen und mit Salz, Pfeffer und der Muskatnuß abschmecken. Die Sauce 10 Minuten unter gelegentlichem Umrühren bei schwacher Hitze eindikken lassen. • Das Hähnchen enthäuten, entbeinen und in mundgerechte Stücke schneiden. Das Suppengemüse im Mixer pürieren. Die Brühe auf 1 Tasse einkochen lassen. Die Béchamelsauce abseits vom Herd mit der Brühe verrühren. Die Eier verquirlen und in die Sauce einrühren. Den Käse untermischen und das Fleisch und das Gemüse zufügen. • Den Backofen auf 200° vorheizen. • Für die Herstellung der Pitta mit dem Filloteig und der Hühnerfüllung genauso verfahren wie bei der Fleisch-Pitta auf Hausfrauenart (Rezept Seite 45) beschrieben. • Die Pitta mit Butter bestreichen und mit Wasser besprenkeln und im Backofen auf der mittleren Schiene in etwa 45 Minuten goldgelb backen.

Käse-Pitta

Tirópitta

Die feine und in Griechenland überall beliebte Pitta können Sie vergleichsweise rasch und mit wenig Arbeitsaufwand herstellen, wenn Sie tiefgefrorenen Blätterteig benutzen. Wenn Sie selbstgemachten Filloteig (Rezept Seite 45) verwenden wollen, stellen Sie 4 Teigblätter her.

300 g tiefgefrorener Blätterteig · ¼ l Milch · 3 Eßl. Butter · 3 Eßl. Mehl · Salz · Pfeffer · 1 Prise Muskatnuß · 500 g Feta-Käse · 6 Eier · zerlassene Butter zum Bestreichen

Vorbereitungszeit: 20 Minuten
Garzeit: 15 Minuten
Backzeit: 45 Minuten

Den Blätterteig auftauen lassen. • Inzwischen die Béchamelsauce zubereiten: Die Milch erhitzen. Die Butter in einem Topf zerlassen und das Mehl darin Farbe annehmen lassen. Die Milch unter Rühren nach und nach zugießen. Die Sauce mit Salz, Pfeffer und der Muskatnuß abschmecken. Die Sauce unter Rühren bei schwacher Hitze eindicken lassen. Die Sauce vom Herd nehmen. Den Käse mit einer Gabel zerdrücken. Die Eier verquirlen. Den Käse und die Eier unter die Béchamelsauce mischen. • Den Backofen auf 200° vorheizen. • Den Blätterteig zu 4 runden Teigscheiben von 24 cm Durchmesser ausrollen und mit zerlassener Butter bestreichen. Den Boden einer feuerfesten Form oder einer Springform mit 2 Teigblättern auslegen. Die Käsemasse darauffüllen und glattstreichen. Die Pitta mit den beiden restlichen Teigblättern abdecken. Die Oberfläche mit Butter bestreichen und mit einer Gabel mehrmals einstechen. Die Pitta mit Wasser besprenkeln und auf der mittleren Schiene im Backofen in 45 Minuten goldgelb backen.

Spinat-Pitta

Spanakópitta

Wer mag, kann diese Pitta mit gerädelten Teigbändern verzieren (Bild Seite 2).

300 g tiefgefrorener Blätterteig · 1 kg frischer Blattspinat · 2 Stangen Lauch · 1 Zwiebel · 3 Eßl. Olivenöl · Salz · Pfeffer · 1 Prise Muskatnuß · 1 Eßl. zerstoßener Fenchel oder frisch gehackter Dill · 2 Eßl. frisch gehackte Petersilie · 4 Eier · 250 g zerbröckelter Feta-Käse · zerlassene Butter zum Bepinseln · 4 Eßl. Semmelbrösel/Paniermehl · 1 Eigelb

Vorbereitungszeit: 40 Minuten
Garzeit: 1 Stunde

Den Blätterteig auftauen lassen. • Für die Füllung den Spinat verlesen, von den Stielen befreien, waschen und abtropfen lassen. Vom Lauch nur das Weiße verwenden: Die Stange der Länge nach aufschneiden, auseinanderbiegen und unter fließendem Wasser waschen. Den Lauch in sehr dünne Streifchen schneiden. Die Zwiebel schälen und sehr fein schneiden. • Das Olivenöl in einem Topf erhitzen und die Zwiebel darin anbraten. Den Lauch zufügen und glasig werden lassen. Den Spinat zufügen und ohne Zugabe von Wasser im geschlossenen Topf 5–8 Minuten dünsten. Alles auf einem Sieb abtropfen lassen und kleinhakken. • Das Gemüse in eine Schüssel füllen, salzen, pfeffern und mit Muskatnuß, dem Fenchel oder Dill sowie der Petersilie würzen. Die Eier verquirlen und in die gut abgekühlte Gemüsemischung rühren. Den Käse unter die Füllung geben. • Den Backofen auf 200° vorheizen. • Den Blätterteig auf einer bemehlten Arbeitsfläche abwechselnd längs und quer ausrollen und in 6 jeweils 25 × 30 cm große Rechtecke schneiden. Die Rechtecke mit zerlassener Butter bepinseln. Die Hälfte eines kalt ausgespülten Backblechs mit 3 Teigplatten auslegen und dabei die Teigränder über das Backblech lappen lassen. Die Füllung auf den Teigplatten verteilen und die Teigränder über die Füllung nach innen klappen. Die Pitta mit den restlichen Teigplatten abdecken. Mit einer Gabel mehrere Löcher in den Teig stechen, damit der Blätterteig nicht zu hoch aufgeht. Die Pitta mit Eigelb bestreichen und mit Wasser besprenkeln und im Backofen auf der mittleren Schiene in 45–50 Minuten goldgelb backen. Die Pitta in Stücke schneiden und heiß oder kalt servieren.

Tip: Wenn Sie diese Pitta mit selbstgemachtem Filloteig (Rezept Seite 45) zubereiten wollen, verfahren Sie mit dem hergestellten Teig und der Füllung genau wie im Rezept für Fleisch-Pitta auf Hausfrauenart beschrieben.

Variante: Gemüse-Pitta · Chortópitta
Für diese Pitta aus Epirus folgende Füllung zubereiten: 1½ kg Gemüse (eine Mischung aus Endiviensalat, Kopfsalat, Chicorée, etwas Spinat und Lauch) heiß überbrühen und kleinschneiden. 1 kleingeschnittene Zwiebel in 60 g Butter anbraten, das Gemüse zufügen und 1 Eßlöffel frisch gehackte Petersilie und 1 Teelöffel frisch gehackten Dill zufügen. Das Ganze mit etwas Wasser 5 Minuten lang kochen. ½ Tasse Reis etwa 10 Minuten lang mitkochen, bis das Wasser aufgesogen ist. Die Masse abkühlen lassen und mit 4 Eiern und 250 g Feta-Käse vermischen. Im übrigen so verfahren wie im Rezept für Spinat-Pitta beschrieben.

Variante: Lauch-Pitta · Prasópitta
Für diese Pitta aus Epirus dieselbe Füllung wie für Gemüse-Pitta bereiten. Als Gemüse ausschließlich Lauch verwenden. Die Lauch-Pitta im übrigen zubereiten wie im Rezept für Spinat-Pitta beschrieben.

Makkaroni mit Käse

Makorónia mé tirí

Wenn die griechischen Hausfrauen Makkaroni mit Käse servieren, geben sie auf die Servierplatte gerne zu den Nudeln bereits den Käse hinzu – auch wenn sie eine Portion Käse dann zusätzlich noch separat reichen.

Salz · 400 g Makkaroni · 4 Eßl. Butter · Zimt nach Belieben · 2 Tassen Kefalotiri-Käse oder Parmesan-Käse

Garzeit: 20 Minuten

4 l Salzwasser zum Kochen bringen. • Die Makkaroni einmal durchbrechen und in das Wasser werfen. Die Makkaroni darin in 10–15 Minuten weich kochen und dabei ab und zu umrühren, damit die Nudeln nicht aneinanderkleben. Die Makkaroni in ein Sieb schütten und abtropfen lassen. • In einer Pfanne die Butter zerlassen und die Makkaroni darin schwenken. • Die Makkaroni auf eine Platte geben und nach Belieben mit etwas Zimt bestreuen. Den Käse zum Teil über die Makkaroni streuen, den Rest separat reichen.

Spaghetti mit Tomatensauce

Spaghétto mé sáltsa domáta

Spaghetti mit Tomatensauce ist nicht nur in Italien, sondern auch in Griechenland ein sehr beliebtes Gericht. Die Spaghetti werden mehr weich als bißfest gekocht.

4 reife Tomaten · 2 Knoblauchzehen oder 1 Zwiebel · 5 Eßl. Olivenöl · 2 Eßl. frisch gehackte Petersilie · 1 Teel. Tomatenmark · Salz · Pfeffer · ½ Teel. Zucker · 2 Stückchen Zimt · 1 Eßl. frisch gehackter Oregano · 400 g Spaghetti · Salz · 4 Eßl. Butter · 1 Tasse geriebener Kefalotiri-Käse oder Parmesan-Käse

Vorbereitungszeit: 20 Minuten
Garzeit: 45–60 Minuten

Für die Sauce die Tomaten waschen, kreuzweise einritzen und kurz in kochendes Wasser legen. Die Tomaten enthäuten und das Grüne am Stielende ausstechen. Die Tomaten achteln und durch ein Sieb passieren. Die Knoblauchzehen oder die Zwiebel kleinschneiden. • Das Olivenöl in einer Pfanne erhitzen. Die Knoblauchzehen oder die Zwiebel darin leicht anbraten und die Petersilie einstreuen. Die Tomaten zufügen. Das Tomatenmark in etwas Wasser auflösen und ebenfalls zufügen. Die Sauce aufkochen lassen und mit Salz, Pfeffer und dem Zucker würzen. Den Zimt und den Oregano zufügen. Die Sauce 45–60 Minuten bei schwacher Hitze köcheln lassen. • Für die Spaghetti 4 l Salzwasser zum Kochen bringen und die Spaghetti darin in 8–12 Minuten weich kochen. Die Spaghetti abtropfen lassen. • In einer Pfanne die Butter zerlassen und die Spaghetti darin bei schwacher Hitze vorsichtig wenden. Die Spaghetti auf eine Platte geben und mit dem Käse bestreuen. In die Mitte etwas von der Tomatensauce geben. Die restliche Tomatensauce separat reichen.

Tip: Wenn Sie für dieses Rezept eine Tomatensauce zubereiten, können Sie auch die dreifache Menge herstellen und die Sauce einfrieren. Bei der Wiederverwendung können Sie eine zerkleinerte frische Tomate zufügen.

Nudelquadrate mit Hackfleischsauce

Chilópittes mé kimá sáltsa

Man kann die »Chilópittes« in Griechenland und auch hierzulande im griechischen Spezialgeschäft fertig kaufen, sie werden aber von den Hausfrauen auch selbst gemacht. Wenn sie getrocknet sind, halten sie sich mehrere Monate.

Für die Nudeln: 50 g feiner Grieß · 3–5 Eßl. Milch · 250 g Mehl · 2 Eier · ½ Teel. Salz
Für die Sauce: 1 Knoblauchzehe · 1 Zwiebel · 1 Möhre · 1 Stange Staudensellerie · 4 Eßl. Olivenöl · 2 Eßl. frisch gehackte Petersilie · 400 g Hackfleisch vom Rind oder Kalb · 4 reife Tomaten · ½ Teel. Zucker · 1 Lorbeerblatt · Salz · Pfeffer · 2 Stückchen Zimt · 2 Eßl. Butter · 1 Tasse geriebener Kefalotiri-Käse oder Parmesan-Käse

Zubereitungszeit für die Nudeln: 2½ Stunden
Zeit zum Trocknen für die Nudeln: 6–8 Tage
Zubereitungszeit für das Nudelgericht mit Sauce: 1½ Stunden

Den Grieß in einem Schüsselchen mit der Milch vermischen und 1 Stunde quellen lassen. • Das Mehl in die Schüssel sieben und mit dem Grieß, den Eiern und dem Salz zu einem festen und elastischen Teig verarbeiten. Das dauert etwa 10 Minuten. Den Nudelteig zu einer Kugel formen, zurück in die Schüssel legen und mit einem Tuch bedecken. Den Teig 1 Stunde bei Raumtemperatur ruhen lassen. • Den Teig in pflaumengroße Kugeln teilen und diese auf einer bemehlten Arbeitsfläche nacheinander messerrückendünn ausrollen. Die Platten 15 Minuten trocknen lassen. • Die Platten am besten auf der Fläche, auf der die Nudeln später trocknen sollen, in 1 cm lange Streifen schneiden. Diese Streifen in kleine Quadrate schneiden. Die Quadrate ausgebreitet 6–8 Tage trocknen lassen. • Für die Sauce die Knoblauchzehe und die Zwiebel schälen und kleinschneiden. Die Möhre waschen, schaben und kleinschneiden. Den Staudensellerie waschen und in Scheibchen schneiden. • Das Olivenöl in einer Pfanne erhitzen und die Zwiebel darin glasig braten. Die Knoblauchzehe und das Gemüse darin mit anbraten und die Petersilie zufügen. Das Fleisch unter Rühren mit dem Gemüse 15 Minuten lang anbraten. • Die Tomaten waschen, an der Oberseite kreuzweise einritzen und kurz in kochendes Wasser legen. Die Tomaten enthäuten und das Grüne am Stielende ausstechen. Die Tomaten achteln und durch ein Sieb streichen. Das Tomatenpüree zum Fleisch geben und ½ Tasse Wasser zugießen. Den Zucker, das Lorbeerblatt, Salz, Pfeffer und den Zimt zufügen und alles 1 Stunde zugedeckt bei schwacher Hitze schmoren lassen. • Inzwischen die Nudeln kochen: Dazu 4 l Salzwasser zum Kochen bringen. Die Nudeln darin im offenen Topf unter häufigem Rühren 8–12 Minuten kochen, bis sie weich sind. Die Nudeln abgießen und auf einer Platte anrichten. • In einer Pfanne die Butter zerlassen und über die Nudeln gießen. Die Nudeln mit dem Käse bestreuen und von der Sauce etwas in der Mitte darübergeben und den Rest separat reichen.

Tip: Statt mit Zimt können Sie die Sauce mit Basilikum oder Thymian würzen.

◁ Überraschen Sie einmal Ihre Gäste mit selbstgemachten Nudelquadraten mit Hackfleischsauce »Chilópittes mé kimá sáltsa«! Die Nudeln stellen Sie schon Tage zuvor her und legen sie zum Trocknen aus; am Zubereitungstag sind sie im Nu gekocht und auf den Tisch gebracht.

Linsen mit Nudeln

Fakómatso

Dieses vegetarische Gericht ist ein herzhaftes Mahl aus der Alltagskücke.

Für die Nudeln: 200 g Mehl · 2 Eier · 1 Messersp. Salz · 1 Teel. Olivenöl
Für das Linsengericht: 250 g Linsen · 3 Zwiebeln · 1 Knoblauchzehe · 2 Tomaten · 7 Eßl. Olivenöl · Pfeffer · 1 Lorbeerblatt · Salz · 200 g von den selbstgemachten Bandnudeln oder 1 Tasse gekochter Reis

Zubereitungszeit für die Nudeln: 1 Stunde
Zubereitungszeit für das Linsengericht: 1 Stunde und 10 Minuten

Für die Nudeln das Mehl auf eine Arbeitsplatte sieben und eine Mulde hineindrücken. Die Eier in die Vertiefung geben und mit dem Salz und dem Olivenöl von der Mitte aus rührend mit dem Mehl verarbeiten. 15 Minuten lang kneten, bis ein glatter, elastischer Teig entsteht. Den Teig zu einer Kugel formen, in ein Tuch wickeln und in einer Schüssel zugedeckt 30 Minuten bei Raumtemperatur ruhen lassen. • Den Teig in 4 Kugeln teilen und jede Portion auf einer bemehlten Arbeitsfläche messerrückendick ausrollen. Die Teigplatten mit Mehl bestäuben und jede einzeln aufrollen. Etwa 1 cm breite Scheiben abschneiden und die Bandnudeln aufrollen. • Die Linsen in ¾ l kochendes Salzwasser geben und im geschlossenen Topf bei schwacher Hitze garen. • 1 Zwiebel schälen und würfeln. Die Knoblauchzehe schälen und feinschneiden. Die Tomaten waschen und kreuzweise einritzen. Die Tomaten kurz in kochendes Wasser legen und enthäuten. Das Grüne am Stielende ausstechen. Die Tomaten achteln und durch ein Sieb pressen. • 5 Eßlöffel Olivenöl in einem Topf erhitzen und die Zwiebel darin glasig dünsten. Die Knoblauchzehe kurz darin mit anbraten. Die Tomaten zufügen. Alles kurz aufkochen lassen und zu den Linsen geben. Pfeffer und das Lorbeerblatt zufügen und die Linsen bei schwacher Hitze in 1 Stunde weich kochen. • Inzwischen für die Nudeln 4 l Salzwasser zum Kochen bringen und die Nudeln darin 9–12 Minuten kochen. Dabei gelegentlich umrühren. Die Nudeln auf einem Sieb abtropfen lassen. Die Nudeln oder den Reis zu den Linsen geben. Das Linsengericht salzen. Das Ganze noch einige Minuten köcheln lassen. • Die übrigen Zwiebeln schälen und in kleine Würfel schneiden. In einer Pfanne 2 Eßlöffel Olivenöl erhitzen und die Zwiebelwürfel darin goldbraun rösten. Das Linsengericht mit den Zwiebeln übergießen.

Auf die Kunst des Reiskochens versteht man sich in der griechischen Küche. Der Reis wird bei den verschiedenartigsten Gerichten mit viel Geschick verwendet. Eine ausgesprochene Vorliebe besteht für Reisfüllungen –, man denke nur an die gefüllten Weinblätter (Rezept Seite 25). Häufig erhalten Gemüsegerichte durch die Zugabe von Reis ihren spezifischen Charakter wie etwa Spinatreis (Rezept Seite 65). Einen Hochgenuß besonderer Art aber versprechen die verschiedenen Pilaw-Gerichte. Es handelt sich um kleine Meisterwerke, für die Reis mit Muscheln, Garnelen, Geflügel oder Lammfleisch kombiniert wird. Sie können den Mittelpunkt einer Mahlzeit abgeben. Ähnliche Aufmerksamkeit wie dem Reis schenken die griechischen Hausfrauen beim Kochen auch den Eiern. Die Eier-Zitronen-Sauce, mit der viele Suppen, Gemüse- und Fleischgerichte aufs schönste verfeinert werden, zeigt dies ebenso deutlich wie die speziellen Eierspeisen in diesem Kapitel, die mit Sorgfalt und Liebe zubereitet werden.

Muschelpilaw

Mídia mé rísi

1½ kg Muscheln
Für den Sud: 1 Zwiebel ·
2 Knoblauchzehen · 2 Eßl. Olivenöl ·
1 Tasse herber Weißwein · 2 Zweige
Petersilie · 3 Pfefferkörner · Salz
Für den Pilaw: 2 Tassen Langkornreis ·
1 Zwiebel · 1 Knoblauchzehe · 4 reife
Tomaten · 5 Eßl. Butter · Salz · Pfeffer ·
½ Teel. Zucker · ½ Tasse Weißwein ·
2 Eßl. frisch gehackte Petersilie · 1 Eßl.
frisch gehackter Oregano · 1 Teel.
Tomatenmark

◁ In der Zeit zwischen September und Februar, wenn die Miesmuscheln auch hierzulande frisch auf dem Markt angeboten werden, sollte man Muschelpilaw »Mídia mé rísi« ausprobieren, ein Gericht, das an Ferien am Meer erinnert.

Vorbereitungszeit: 45 Minuten
Garzeit: 40 Minuten

Die Muscheln unter fließendem kaltem Wasser gründlich abbürsten und mit einem Messer den Bart abschneiden. Die Zwiebel und die Knoblauchzehen schälen und kleinschneiden. • Das Olivenöl in einem Topf erhitzen und die Zwiebel und die Knoblauchzehen darin glasig anbraten. Mit 2 Tassen Wasser und dem Weißwein aufgießen. Die Petersilienzweige, die Pfefferkörner und Salz zugeben und den Sud aufkochen lassen. Die Muscheln in den kochenden Sud schütten und im geschlossenen Topf bei starker Hitze 10 Minuten kochen lassen. Den Topf während der Kochzeit einige Male rütteln, damit alle Muscheln gleichmäßig gar werden. Die Muscheln mit dem Schaumlöffel aus dem Sud heben und alle Muscheln, die jetzt noch nicht geöffnet sind, wegwerfen; denn sie sind verdorben. Die Hälfte der Muscheln auslösen. Den Sud durch ein Sieb gießen und aufheben. • Den Reis mehrmals waschen, bis das Wasser klar ist. Die Zwiebel und die Knoblauchzehe schälen und kleinschneiden. Die Tomaten waschen, kreuzweise einritzen und kurz in kochendes Wasser legen. Die Tomaten enthäuten und das Grüne am Stielende ausstechen. Die Tomaten achteln und durch ein Sieb drücken. • Die Butter in einem Topf erhitzen. Die Zwiebel und die Knoblauchzehe darin glasig anbraten. Die Tomaten zufügen und mit Salz, Pfeffer und dem Zucker würzen. Mit dem Weißwein aufgießen und die Petersilie und den Oregano zufügen. Das Ganze 10 Minuten köcheln lassen. Das Tomatenmark in etwas Wasser auflösen und in die Sauce rühren. Mit dem Muschelsud auf 4 Tassen Flüssigkeit auffüllen und nochmals mit Salz und Pfeffer abschmecken. Den Reis in die kochende Sauce einrieseln lassen und einmal umrühren. Den Reis in 18 Minuten körnig ausquellen lassen. • Den Reis vom Herd nehmen und den Topfdeckel mit einem Tuch verbinden. Den Deckel auf den Reistopf legen und diesen ausdämpfen lassen. Die ausgelösten Muscheln unter den Reis mischen und den Pilaw mit den in der Schale befindlichen Muscheln dekorieren.

Reispilaw

Rísi piláfi

Aus Reis verstehen die griechischen Hausfrauen köstliche Gerichte zuzubereiten. Und auch auf den einfachen Reis, den sie als Beilage zu Geflügel und Fleisch servieren oder mit einer herzhaften Sauce auftragen, verwenden sie viel Sorgfalt. Sie kennen zwei Arten der Reisbereitung, die Ihnen in diesem Rezept und in dem nachfolgenden vorgeführt werden. Der Reis schmeckt besonders gut, wenn er in Hühnerbouillon statt in Wasser gegart wird.

2 Tassen Langkornreis · 4 Tassen
Hühnerbouillon · 3 Eßl. Butter · Salz

Vorbereitungszeit: 5 Minuten
Garzeit: 20 Minuten

Den Reis mehrere Male waschen, bis das Wasser klar ist. • Die Bouillon erhitzen. • 2 Eßlöffel Butter in einem Topf zerlassen, mit der Hühnerbrühe aufgießen und salzen. Wenn die Brühe kocht, den Reis einrieseln lassen und einmal umrühren. Den Reis bei schwacher Hitze zugedeckt 18 Minuten ausquellen lassen. • Den Topf vom Herd nehmen, den Topfdeckel in ein Tuch binden, zurück auf den Topf geben und den Reis etwa 10 Minuten lang ruhen und endgültig ausdämpfen lassen. • Die restliche Butter zerlassen, über den Reis gießen und mit einer Gabel vorsichtig untermischen. • Den Reis in eine Schüssel geben und bergartig auf eine Platte stürzen.

Tip: Waschen Sie den Reis wirklich gründlich. Um so besser quillt er beim Kochen auf, um so körniger wird er. Rühren Sie den Reis nur einmal um, nachdem Sie ihn in die kochende Brühe haben einrieseln lassen. Er gerät Ihnen dann locker und körnig. Wenn Sie das Küchengeheimnis der griechischen Hausfrauen ausprobieren wollen und ein Tuch zum Ausdämpfen zwischen Deckel und Topf geben möchten, dann achten Sie darauf, daß der Topf nicht mehr auf der Herdplatte steht. Der Reis soll nämlich nicht weiterkochen, es soll ihm vielmehr der letzte Rest an Flüssigkeit entzogen werden. Diese Methode ist zugleich auch ein Trick, um den Reis problemlos warm zu halten.

Reis mit Tomaten
Rísi mé domátes

Bei dieser Methode, den Reis zu garen, braten die griechischen Köchinnen den Reis erst glasig an. Zur Geschmacksintensivierung braten sie 1 Zwiebel und Tomaten mit.

2 Tassen Langkornreis · 1 Zwiebel · 2 Tomaten · 3 Eßl. Butter · 1 Teel. Tomatenmark · Salz · Pfeffer · 1 Prise Zucker · 3 Tassen Hühnerbrühe

Vorbereitungszeit: 10 Minuten
Garzeit: 30 Minuten
Ruhezeit: 10 Minuten

Den Reis mehrere Male waschen, bis das Wasser klar ist. Die Zwiebel schälen und feinreiben. Die Tomaten waschen, kreuzweise einschneiden und kurz in kochendes Wasser legen. Die Tomaten enthäuten, am Stielende kappen und die Kerne ausdrücken. Die Tomaten kleinschneiden. • Die Butter im Topf zerlassen und die Zwiebel darin glasig anbraten. Das Tomatenmark in etwas Wasser auflösen und zusammen mit den Tomaten zur Zwiebel geben. Mit Salz, Pfeffer und dem Zucker würzen. Das Ganze 10 Minuten im geschlossenen Topf garen. Die Hühnerbrühe erhitzen und zum Tomatenpüree geben. Das Ganze aufkochen lassen und den Reis einrieseln lassen. Den Reis 18 Minuten bei schwacher Hitze kochen. • Den Topf vom Herd nehmen, ein Tuch um den Deckel binden und diesen auf den Topf legen. Den Reis gut 10 Minuten ruhen lassen.

Garnelenpilaw
Garídes piláfi

Bei diesem Rezept garen die Griechinnen den Reis in der Brühe, die sie beim Vorkochen der fangfrischen Garnelen gewinnen. Wenn bei Ihnen eine solche Brühe nicht anfällt, weil Sie bereits vorgekochte Garnelen verwenden, kochen Sie den Reis in Wasser. Mit einem Trick können Sie dennoch eine Geschmacksintensivierung erreichen: Garen Sie mit dem Reis einige kleingeschnittene Garnelen mit.

500 g Garnelen/Krabben · 2 Zwiebeln · 1 Möhre · 2 Knoblauchzehen · 1 Stange Staudensellerie · 6 Pfefferkörner · 1 Lorbeerblatt · 1 Zweig Thymian · Salz · 1½ Tassen trockener Weißwein · 2 Tassen Langkornreis · 2 Eßl. Butter · 4 reife Tomaten · 5 Eßl. Olivenöl · 2 Eßl. frisch gehackte Petersilie · ½ Teel. Zucker · 1 Prise Nelkenpulver · 1 Prise Zimt

Vorbereitungszeit: 45 Minuten
Garzeit: 45 Minuten

Die Garnelen waschen und bürsten. Die Zwiebeln schälen; 1 Zwiebel ganz lassen und 1 Zwiebel sehr kleinschneiden. Die Möhre waschen, schaben und in Stücke schneiden. Die Knoblauchzehen schälen; 1 Knoblauchzehe halbieren, die andere sehr kleinschneiden. Den Staudensellerie waschen und in Scheiben schneiden. • Die ganze Zwiebel, die Pfefferkörner, die Möhre, die halbierte Knoblauchzehe, den Staudensellerie, das Lorbeerblatt und den Thymianzweig in 1 l Salzwasser geben und 1 Tasse Weißwein zugießen. Den Sud aufkochen lassen und bei schwacher Hitze im geschlossenen Topf kochen lassen. Dann den Sud bei starker Hitze aufsprudeln lassen und die Garnelen hineinschütten. Die Garnelen im Sud 10 Minuten kochen. Sie sind fertig, wenn sie sich rot gefärbt haben. Die Garnelen abtropfen und abkühlen lassen. Den Sud aufheben. Die Garnelen einzeln in die Hände nehmen und Kopf und Schwanz gegenläufig hin und her drehen, bis sich der Kopf löst. Ruckartig das Garnelenfleisch aus der Schale ziehen und beiseite stellen. Die Köpfe auskratzen und das Innere ebenfalls beiseite stellen. • Für den Pilaw den Reis gründlich mehrmals waschen, bis das Wasser klar ist. Vom Sud 4 Tassen abmessen, gegebenenfalls mit Wasser auffüllen. • Den Sud mit der Butter zum Kochen bringen und den Reis in die Brühe einrieseln lassen. Den Reis einmal umrühren und 18 Minuten ausquellen lassen. • Den Topf vom Herd nehmen und den Deckel in ein Tuch hüllen. Den Deckel zurück auf den Topf legen und den Reis 10 Minuten ruhen lassen. • Für die Sauce die Tomaten waschen und kreuzweise einritzen. Die Tomaten kurz in kochendes Wasser legen und enthäuten. Die Tomaten achteln und durch ein Sieb pressen. • Das Olivenöl in einem Topf erhitzen und die restliche Zwiebel darin glasig braten. Die restliche Knoblauchzehe zufügen und kurz mit anbraten. Das Innere der Garnelenköpfe zufügen. Die Petersilie und den restlichen Weißwein zugeben. Mit Salz und Pfeffer abschmecken und mit dem Zucker, dem Nelkenpulver und dem Zimt würzen. Alles aufkochen lassen und im geschlossenen Topf bei schwacher Hitze 10 Minuten köcheln lassen. • Die Garnelen 5 Minuten in der Sauce liegen, aber nicht mehr kochen lassen. • Den Reis in eine Schüssel geben und auf eine Platte stürzen. Die Sauce rundum gießen.

Wachtelpilaw
Ortíkia piláfi

Für die Zubereitung dieses köstlichen Reisgerichtes bedarf es nur weniger Zutaten. Man kann noch 4 pürierte Tomaten mit dem Wein zufügen.

4 Wachteln · 4 Eßl. Butter · 1 Zwiebel · 1 Tasse trockener Weißwein · Salz · Pfeffer · 2 Tassen Langkornreis

Vorbereitungszeit: 5 Minuten
Garzeit: 1 Stunde
Ruhezeit: 10 Minuten

Die Wachteln innen und außen waschen und trockentupfen. • 2 Eßlöffel Butter in einem Topf erhitzen und die Wachteln darin von allen Seiten goldgelb anbraten. • Inzwischen die Zwiebel schälen, kleinwürfeln und zu den Wachteln geben. Die Zwiebel Farbe nehmen lassen und mit dem Weißwein und ½ Tasse Wasser aufgießen. Das Ganze salzen und pfeffern und aufkochen lassen. Die Wachteln im geschlossenen Topf bei schwacher Hitze 30 Minuten garen. • Den Reis mehrmals waschen, bis das Wasser klar bleibt. Die Flüssigkeitsmenge im Topf mit heißem Wasser auf 4 Tassen aufgießen. Die restliche Butter und den Reis zufügen. Den Reis in 20 Minuten bei schwacher Hitze und im geschlossenen Topf garen. Den Topf vom Herd nehmen, ein Tuch zwischen Topf und Deckel legen und das Gericht 10 Minuten ruhen lassen.

Hühnerpilaw

Kotópoulo piláfi

Huhn und Reis ergänzen sich sehr gut. Auf Oregano und Thymian kann man, wenn man will, bei diesem Rezept auch verzichten. Man kann zu diesem Gericht geriebenen Käse servieren. Für die Zubereitung von Pilawgerichten verwenden die griechischen Hausfrauen gern halb Olivenöl und halb Butter oder ausschließlich Butter. Wenn sie Geflügelteile wie in diesem Rezept in Olivenöl anbraten, geben sie später die Butter mit der Flüssigkeit zu.

2 Tassen Langkornreis · 1 Poularde (zu 1200 g) · Salz · Pfeffer · 3 Eßl. Olivenöl · 2 Zwiebeln · 1 Knoblauchzehe · 4 reife Tomaten · je 1 Teel. frisch gehackter Oregano und Thymian · 2 Eßl. frisch gehackte Petersilie · 2 Eßl. Butter

Vorbereitungszeit: 30 Minuten
Garzeit: etwa 1 Stunde

Den Reis mehrere Male waschen, bis das Wasser klar ist. Die Poularde in 8 Teile zerlegen, waschen und trockentupfen. • Das Olivenöl in einer Pfanne erhitzen und die Geflügelteile darin von allen Seiten anbraten, salzen, pfeffern und beiseite stellen. • Die Zwiebeln und die Knoblauchzehe schälen und kleinschneiden. Die Tomaten waschen und kreuzweise einritzen. Die Tomaten kurz in kochendes Wasser legen und enthäuten. Die Tomaten am Stielende kappen und die Kerne sanft ausdrücken. Die Tomaten kleinschneiden. • Die Zwiebeln und die Knoblauchzehe in dem Bratfett der Poularde anbraten und die Tomaten, den Oregano, den Thymian und die Petersilie zufügen. Das Ganze mit heißem Wasser aufgießen, bis 4 Tassen Flüssigkeit im Topf sind. Mit Salz und Pfeffer abschmecken. Das Ganze aufkochen lassen, die Butter zufügen, die Geflügelteile in den Topf geben und 10 Minuten im geschlossenen Topf garen lassen. Den Reis zufügen und alles im geschlossenen Topf bei schwacher Hitze 18 Minuten lang garen. • Den Topf vom Herd nehmen und ein Tuch um den Deckel binden. Den Deckel zurück auf den Topf legen und den Hühnerpilaw vor dem Servieren gut 10 Minuten ruhen lassen.

Lammpilaw

Piláfi táskebáp

Lammpilaw ist ein köstliches Gericht der griechischen Küche, das auch denjenigen, die an Lammfleisch nicht gewöhnt sind, auf Anhieb schmeckt. Sie können den Reis separat kochen wie in diesem Rezept oder mit dem Fleisch zusammen garen (siehe Tip zu diesem Rezept).

800 g Lammkeule · 2 Zwiebeln · 1 Knoblauchzehe · 5 Tomaten · 6 Eßl. Olivenöl · Salz · Pfeffer · ½ Teel. Zucker · 1 Eßl. frisch gehackte Petersilie · ½ Tasse herber Weißwein · 2 Tassen Langkornreis · 4 Tassen Hühnerbouillon · 3 Eßl. Butter

Vorbereitungszeit: 30 Minuten
Garzeit: etwa 40 Minuten

Die Lammkeule waschen, trockentupfen und in 3 cm große Würfel schneiden. Die Zwiebeln und die Knoblauchzehe schälen und kleinschneiden. Die Tomaten waschen, kreuzweise einritzen und kurz in kochendes Wasser legen. Die Tomaten enthäuten und am Stielende kappen. Die Kerne ausdrücken und die Tomaten in kleine Stückchen schneiden. • Das Olivenöl in einem Topf erhitzen und die Zwiebeln darin glasig braten. Die Knoblauchzehe kurz mit anbraten. Das Lammfleisch darin anbräunen und das Ganze salzen und pfeffern. Die Tomaten, den Zucker und die Petersilie unterrühren. Mit dem Weißwein angießen und das Ganze 25–30 Minuten im geschlossenen Topf garen. • Inzwischen den Reis mehrmals waschen, bis das Wasser klar ist. Die Hühnerbouillon erhitzen. 2 Eßlöffel Butter in einem Topf zerlassen und mit der Hühnerbrühe aufgießen. Wenn die Hühnerbrühe kocht, den Reis einrieseln lassen und einmal umrühren. Den Reis bei schwacher Hitze im geschlossenen Topf 18 Minuten garen. • Den Topf vom Herd nehmen und den Deckel mit einem Tuch verbinden. Den Deckel zurück auf den Topf geben und den Reis etwa 10 Minuten ausdämpfen lassen. Den Reis in eine schmale Schüssel pressen, auf eine Platte stürzen und mit dem Lammfleisch umkränzen.

Tip: Man kann den Reis auch zusammen mit dem Fleisch garen. Wenn das Fleisch 10 Minuten lang geschmort hat, füllt man die Flüssigkeit auf 4 Tassen auf und gibt den Reis für die letzten 18 Garminuten zum Fleisch hinzu.

Rührei mit Tomatensauce

Awgá tiganitá mé sáltsa domátes

Rührei mit Tomaten schmeckt herzhaft. Statt der Peperone kann man eine Paprikaschote verwenden.

3 Frühlingszwiebeln mit Lauch · 1 Peperone · 2 reife Tomaten · 6 Eßl. Olivenöl · Salz · Pfeffer · 5 Eier · 2 Eßl. frisch gehackte Petersilie

Vorbereitungszeit: 20 Minuten
Garzeit: 20 Minuten

Die Frühlingszwiebeln schälen und samt dem Lauch kleinschneiden. Die Peperone waschen, halbieren, von den Kernen befreien und in feine Streifchen schneiden. Die Tomaten waschen, kreuzweise einritzen und kurz in kochendes Wasser legen. Die Tomaten enthäuten, am Stielende kappen und die Kerne ausdrücken. Die Tomaten in kleine Stückchen schneiden. • Das Olivenöl in einer Pfanne erhitzen, die Zwiebeln darin anbraten, die Peperone und die Tomaten zufügen, salzen, pfeffern und alles bei kleiner Hitze 7 Minuten in der geschlossenen Pfanne köcheln lassen; dann 3 Minuten bei geöffneter Pfanne die Flüssigkeit verdampfen lassen. Die Eier in einer Schüssel mit einem Schneebesen verquirlen und mit Salz und Pfeffer würzen. Die Petersilie unterrühren. Die Eier über das Gemüse schlagen und mit diesem verrühren. Die Eier stocken lassen und nach Belieben von beiden Seiten goldgelb braten. Das Rührei heiß auftragen und mit Gemüse oder Reis servieren.

Tip: Man kann die Eier auch über das Gemüse gießen und sie dann stocken lassen, ohne umzurühren; dann sollte man die Eier mit etwas zerlassener Butter begießen und das Ganze in der geschlossenen Pfanne stocken lassen.

Zucchiniomelette
Omelétta mé kolokithákia

Eier und Zucchini lassen sich geschmacklich sehr gut miteinander kombinieren. Ein gutes Beispiel hierfür ist das köstlich schmeckende Zucchiniomelette.

750 g Zucchini · 1 reife Tomate · 5 Eßl. Olivenöl · 2 Eßl. frisch gehackter Dill · Pfeffer · Salz · 6 Eier · ½ Tasse Kefalotiri- oder Parmesan-Käse

Vorbereitungszeit: 20 Minuten
Garzeit: 30 Minuten

Die Zucchini waschen, von Stiel und Blütenende befreien und leicht abschaben. Die Zucchini in 1 cm dicke Scheiben schneiden. Die Tomate waschen, kreuzweise einritzen und kurz in kochendes Wasser legen. Die Tomate enthäuten, am Stielende kappen und die Kerne ausdrücken. Die Tomate in kleine Würfel schneiden. • In einer Pfanne das Olivenöl erhitzen. Die Zucchinischeiben und die Tomaten hineingeben, kurz anbraten, den Dill, Pfeffer und Salz zufügen und das Gemüse bei geschlossener Pfanne 20 Minuten bei schwacher Hitze garen lassen. • Inzwischen die Eier in einer Schüssel schlagen und den Käse unterrühren. Die Eier-Käse-Masse zu dem Gemüse in die Pfanne geben und stokken lassen; dabei mit dem Gabelrücken das Ei hin und her bewegen. Die Omelette nach Belieben von einer oder von beiden Seiten goldgelb backen.

Käseomelette
Omelétta mé tirí

Die Käseomelette wird in Griechenland entweder mit Feta-Käse zubereitet, der zuvor in Scheiben geschnitten und angebraten wird, oder mit Kefalotiri-Käse, den man reibt und anschließend unter die Eier mischt.

500 g Feta-Käse · 6 Eier · 4 Eßl. Butter

Vorbereitungszeit: 10 Minuten
Garzeit: 10 Minuten

Den Käse in 1 cm dicke Scheiben schneiden. • Die Eier in einer Schüssel vermischen. In einer Pfanne die Butter erhitzen und den Käse darin goldbraun anbraten. Die Eier darüberschlagen und bei schwacher Hitze stocken lassen; dabei mit einem Gabelrücken die Eiermasse hin und her bewegen. Die Omelette von beiden Seiten goldgelb braten; mit Hilfe eines Tellers wenden. • Salat dazu reichen.

Kartoffelomelette
Frutália

Dieses Gericht hat von der Insel Andros aus ganz Griechenland erobert. Auf Andros wird es gerne mit hausgemachter Wurst bereitet. Außer Kartoffeln gibt man auch Zucchinischeiben bei.

4 mittelgroße Kartoffeln · 100 g durchwachsener geräucherter Speck · 1 Zwiebel · 1 Knoblauchzehe · 4 Eßl. Olivenöl · Salz · Pfeffer · ½ Teel. frisch gehackte Minze · 6 Eier

Vorbereitungszeit: 20 Minuten
Garzeit: 20 Minuten

Die Kartoffeln waschen, schälen und in dünne Scheiben schneiden. Den Speck in kleine Würfel schneiden. Die Zwiebel und die Knoblauchzehe schälen und kleinschneiden. • Das Olivenöl in einer Pfanne erhitzen und die Zwiebel darin glasig braten. Die Kartoffeln zufügen und goldgelb und knusprig braten. Den Speck mitbraten und alles von Zeit zu Zeit wenden. Die Knoblauchzehe zufügen, salzen, pfeffern und die Minze beigeben. • Die Eier in einer Schüssel schlagen. Die Eier über die Kartoffeln geben, die Hitze zurückschalten und die Eier mit dem Rücken der Gabel bewegen, bis sie zu stocken anfangen. Die Omelette bei schwacher Hitze von beiden Seiten goldgelb braten; mit Hilfe eines Tellers wenden. • Das Gericht heiß mit »Tzatzíki« servieren.

Omelette mit Dill
Awgá omelétta

Diese Omelette ist rasch zubereitet und schmeckt mit Salat sehr gut.

6 Eier · Salz · Pfeffer · 2 Eßl. frisch gehackter Dill · 2 Eßl. Butter

Zubereitungszeit: 30 Minuten

Die Omelettes in 2 Portionen backen. Die Eier in einer Schüssel mit dem Schneebesen schlagen, salzen und pfeffern und den Dill unterrühren. • Inzwischen in einer Pfanne je Portion 1 Eßlöffel Butter zerlassen und die Hälfte der Eiermasse darin stocken lassen. Dabei mit dem Gabelrücken leicht durch die Pfanne fahren und so die Eiermasse bewegen. Die Omelette ist fertig, wenn sie oben glänzend und unten goldgelb ist. • Die erste Omelette warm stellen, während die zweite zubereitet wird.

Tip: Bei dieser Omelette kann man auch noch 1 Zwiebel, die man sehr fein schneidet, zufügen. Man brät sie in der Butter goldgelb und gibt dann die Eiermasse darauf. Nach Belieben kann man die fertigen Omelettes noch mit frisch gehacktem Dill oder frisch gehackter Petersilie bestreuen.

Aus Kartoffeln werden in der griechischen Küche leckere Speisen gezaubert: Eine davon ist die Kartoffelomelette »Frutália« nach Art der Insel Andros, ein kräftiges und herzhaftes Gericht. Nachdem die Omelette auf der Unterseite fertig ist, wird sie gewendet und auch auf der Oberseite goldgelb gebraten. ▷

Die griechische Küche hat köstliche Aufläufe zu bieten. Die Aufläufe »Pastítsio« und die »Musaka« werden von Feinschmeckern in aller Welt hochgeschätzt. In Griechenland fehlen sie bei keinem Festessen. Sie werden sowohl als erster Gang wie auch als Hauptgericht in immer neuen Variationen aufgetragen. Aufläufe sind im allgemeinen Gerichte, die einer größeren Vorbereitung bedürfen. Hierin machen die griechischen Aufläufe keine Ausnahme. Dennoch sind sie gerade für Gästeessen empfehlenswert. Sind sie nämlich erst einmal im Backofen, benötigen sie keine weitere Überwachung mehr, so daß man beim Eintreffen der Gäste freie Zeit zur Verfügung hat. Nur bei den Soufflés muß man den Zeitpunkt des Servierens genau festlegen, da sie rasch zusammenfallen.

Musaka mit Auberginen

Mussakás mé melitsánes

Musaka ist das wohl berühmteste Gericht der griechischen Küche. Auberginen, aber auch Zucchini oder Kartoffeln werden mit Hackfleisch und Béchamelsauce zu einem kleinen geschmacklichen Wunderwerk vereint.

1 kg Auberginen · Salz · 2 Zwiebeln · 3 Tomaten · Olivenöl nach Bedarf · 600 g gehacktes Lammfleisch · 1 Tasse trockener Weißwein · Salz · Pfeffer · 1 Teel. Zucker · 2 Messersp. Zimt · 2 Teel. gerebelter Oregano · 2 Eßl. frisch gehackte Petersilie · ½ Tasse Semmelbrösel/Paniermehl · ½ Tasse Kefalotiri-Käse oder Parmesan-Käse · 3 Tassen Milch · 3 Eßl. Butter · 4 Eßl. Mehl · 1 Prise Muskatnuß · 3 Eier

◁ Eine besondere Köstlichkeit der griechischen Küche ist Musaka mit Auberginen »Mussakás mé melitsánes«. Bei der Zubereitung sollte man wie bei allen griechischen Gerichten auf die Qualität der Zutaten wert legen.

Zeit zum Ziehen: 30 Minuten
Vorbereitungszeit: 40 Minuten
Garzeit: 1½ Stunden

Die Auberginen waschen und die Stielansätze entfernen. Die Auberginen der Länge nach in ½ cm dicke Scheiben schneiden, auf eine Platte legen, mit Salz bestreuen und mit einer zweiten Platte beschweren. Die Auberginen 30 Minuten lang ziehen lassen, damit die Bitterstoffe ausgeschwemmt werden. Die Zwiebeln schälen und würfeln. Die Tomaten waschen, kreuzweise einritzen und kurz in kochendes Wasser legen. Die Tomaten häuten und das Grüne am Stielansatz ausstechen. Die Auberginen abtropfen lassen und trockentupfen. • Das Olivenöl in einer Pfanne erhitzen und die Auberginen darin portionsweise von beiden Seiten goldgelb braten und auf Küchenkrepp gut abtropfen lassen. • 2 Eßlöffel Olivenöl in einer Pfanne erhitzen und die Zwiebeln darin glasig braten. Das Lammfleisch zu den Zwiebeln geben und etwas Wasser zugießen. Das Fleisch nicht bräunen, sondern graue Farbe annehmen lassen. Den Weißwein zugießen. • Die Tomaten achteln, durch ein Sieb streichen und zum Fleisch geben. Das Ganze salzen und pfeffern und den Zucker, den Zimt, den Oregano und die Petersilie unterrühren. Alles 20 Minuten köcheln lassen. Die Semmelbrösel unterrühren und den Käse bis auf 2 Eßlöffel zufügen. Das Ganze vom Herd nehmen. • Inzwischen für die Béchamelsauce die Milch erhitzen, aber nicht kochen lassen, und beiseite stellen. • In einem Topf die Butter zerlassen und das Mehl zufügen und unter Rühren Farbe nehmen lassen. Das dauert etwa 5 Minuten. Die heiße Milch langsam zugießen und mit dem Schneebesen schlagen, bis eine glatte Sauce entsteht. Die Sauce 10 Minuten eindicken lassen. Sie verliert dabei auch den mehligen Geschmack. • Den Backofen auf 180° vorheizen. • Die Sauce vom Herd nehmen, salzen, pfeffern und mit Muskat würzen. 2 Eier verquirlen und in die Sauce rühren. Die restlichen 2 Eßlöffel Käse unterrühren. Die gebutterte und mit Semmelbröseln ausgestreute feuerfeste Form am Boden mit der Hälfte der Auberginenscheiben auslegen. Das restliche Ei verquirlen und unter die Hackfleischmasse mischen. Alles auf den Auberginenscheiben verteilen und mit den restlichen Auberginen abdecken. Das Ganze mit der Béchamelsauce begießen, im Backofen 1 Stunde backen und in Quadrate geschnitten servieren.

Variante: Musaka mit Kartoffeln · Mussakás mé patátes
Die Musaka mit 1 kg Kartoffeln statt mit Auberginen bereiten. Die Kartoffelscheiben werden wie die Auberginen roh in der Pfanne angebraten. Die Hackfleischsauce zur Abwechslung nicht mit Zimt und Oregano würzen, sondern 1 Lorbeerblatt zufügen. Die Musaka im übrigen bereiten wie im Rezept Musaka mit Auberginen beschrieben.

Variante: Musaka mit Zucchini · Mussakás mé kolokithákia
Die Musaka statt mit Auberginen mit 1 kg Zucchini bereiten, die wie die Auberginen längs in Scheiben geschnitten und angebraten werden. Die Hackfleischsauce nicht mit Zimt und Oregano würzen, sondern mit der Zwiebel 1 gehackte Knoblauchzehe mitbraten.

Nudelauflauf mit Feta-Käse

Pastítsio mé féta

Für Freunde von gebackenem Käse ist der Nudelauflauf mit Feta-Käse, der in Filloteig gefüllt wird, ein Hochgenuß.

400 g Makkaroni · Salz · Pfeffer · 125 g Butter · 5 Eier · ½ Tasse Milch · 350 g Feta-Käse · 400 g Strudelteig (4 fertige Teigblätter zu je etwa 40 × 43 cm) oder 300 g tiefgefrorener Blätterteig

Vorbereitungszeit: 20 Minuten
Garzeit: 1 Stunde

Die Makkaroni in sprudelnd kochendes Salzwasser werfen und in 15 Minuten garen. Die Makkaroni auf ein Sieb gießen und abtropfen lassen. Die Nudeln mit Salz und Pfeffer und mit der Hälfte der Butter vermengen. • In einer großen Schüssel die Eier verquirlen und die Milch unterrühren. Den Käse zerbrökkeln und mit den Eiern vermischen. Die Makkaroni zufügen. • Den Backofen auf 200° vorheizen. • Die zweite Hälfte der Butter zerlassen. Eine Springform von 25 cm Durchmesser buttern. • 2 Teigblätter vorsichtig auf je einem feuchten Tuch ausbreiten und mit zerlassener Butter bestreichen. 1 Teigblatt in die Springform legen und den überschüssigen Teig überlappen lassen. Das 2. Teigblatt darüberlegen und ebenfalls überlappen lassen. Die Makkaroni-Käse-Masse einfüllen und den Teig darüberklappen. • Die 2 restlichen Teigblätter nacheinander mit zerlassener Butter bestreichen, auf die Pastítsio legen und zurechtschneiden. Die Teigdeckel jeweils etwas andrücken. Den Deckel mehrmals mit einer Gabel einstechen und mit Wasser besprenkeln. • Die Pastítsio in den Backofen schieben und auf der zweiten Schiene von unten in 45 Minuten goldgelb backen. • Den Nudelauflauf in Stücke geschnitten servieren.

Zucchiniauflauf

Sfogáto (Rhodos)

Dieser so einfache wie wohlschmeckende Eierkuchen aus dem Backofen wird von den Hausfrauen von Rhodos aus Eiern, Hackfleisch und Zucchini bereitet, wobei sie je nach Geschmack die Zucchini in Würfelchen oder Scheibchen schneiden oder sie grobraspeln.

1 kg Zucchini · 1 Zwiebel · 6 Eßl. Öl · 400 g Hackfleisch vom Kalb oder Rind · Saft von ½ Zitrone · Salz · Pfeffer · 2 Eßl. frisch gehackte Petersilie · 2 Eßl. frisch gehackter Dill · 6 Eier · 2 Eßl. Milch · 100 g Kefalotiri-Käse oder Parmesan-Käse · 2 Eßl. Semmelbrösel/Paniermehl

Vorbereitungszeit: 30 Minuten
Garzeit: 1 Stunde

Die Zucchini waschen und leicht abschaben. Stiel- und Blütenansätze abschneiden. Die Zucchini in kleine Würfel schneiden. Die Zwiebel schälen und feinreiben. • Das Olivenöl in einer Pfanne erhitzen und die Zwiebel darin glasig braten. Das Hackfleisch zufügen und anbraten, bis es eine graue Farbe annimmt. Den Zitronensaft zugießen und verdampfen lassen. ½ Tasse Wasser zugießen, salzen und pfeffern und das Hackfleisch 10 Minuten köcheln lassen. Die Zucchini zufügen und alles im geschlossenen Topf bei schwacher Hitze 15 Minuten schmoren lassen. Ab und zu umrühren. Die Kräuter zufügen und das Ganze abkühlen lassen. • Die Eier mit der Milch verquirlen und mit Salz und Pfeffer würzen. Die Hälfte des Käses unter die Eier rühren und diese Eier-Käse-Mischung mit der Hackfleisch-Zucchini-Masse vermischen. • Den Backofen auf 180° vorheizen. • Eine feuerfeste Form buttern und mit 1 Eßlöffel Semmelbrösel ausstreuen. Die Hackfleisch-Zucchini-Masse hineinfüllen. Das Ganze glattstreichen und mit dem restlichen Käse und den restlichen Semmelbröseln bestreuen. • Den Auflauf im Backofen auf der zweiten Schiene von unten in 30 Minuten goldgelb backen.

Nudelauflauf

Pastítsio

Daß ein Nudelgericht mehr sein kann als eine einfache Alltagsspeise, beweist dieser Nudelauflauf aus der griechischen Küche. »Pastítsio« kann man mit gutem Recht als ein griechisches Nationalgericht bezeichnen. Es wird gerne als Hauptgericht, aber auch als Vorspeise serviert und hat seinen festen Platz in festlichen Menüs.

200 g Makkaroni · 1 Zwiebel · 5 Eßl. Butter · 600 g Rinderhackfleisch · 3 Tomaten · 2 Eßl. frisch gehackte Petersilie · Salz · Pfeffer · 1 Messersp. Zimt · 1 Tasse trockener Weißwein · 3 Tassen Milch · 4 Eßl. Mehl · 1 Prise Muskatnuß · 3 Eier · ½ Tasse geriebener Kefalotiri-Käse, ersatzweise Parmesan-Käse oder Greyerzer Käse

Vorbereitungszeit: 40 Minuten
Garzeit: 1 Stunde

Die Makkaroni in sprudelnd kochendem Salzwasser in 15 Minuten garen und abtropfen lassen. • Die Zwiebel schälen und kleinhacken. • 2 Eßlöffel Butter in einer Pfanne erhitzen und die Zwiebel darin glasig werden lassen. Das Hackfleisch zufügen und unter Rühren anbraten, bis es graue Farbe angenommen hat. • Die Tomaten waschen, kreuzweise einritzen, kurz in kochendes Wasser legen und häuten. Den grünen Stielansatz ausstechen. Die Tomaten achteln und durch ein Sieb streichen. • Die Tomaten zu dem Hackfleisch geben. Die Petersilie zufügen und mit Salz, Pfeffer und dem Zimt würzen. Den Weißwein zugießen und das Ganze in der Pfanne 15 Minuten ohne Deckel köcheln lassen. Dabei gelegentlich umrühren. • Inzwischen für die Sauce die Milch erhitzen, aber nicht kochen lassen. In einem Topf die restliche Butter zerlassen, das Mehl sieben und in der Butter Farbe annehmen lassen. Langsam und unter Rühren mit der Milch aufgießen. Die Sauce mit der Muskatnuß, Salz und Pfeffer würzen und 5–10 Minuten köcheln lassen. Die Sauce verliert dabei ihren mehligen Geschmack und dickt ein. • Die Sauce vom Herd nehmen. 2 Eier verquirlen und unter die Sauce geben. • Den Backofen auf 200° vorheizen. • Die Hälfte der Makkaroni in eine gebutterte feuerfeste Auflaufform geben und mit der Hälfte des Käses bestreuen. Das restliche Ei verquirlen und zum Hackfleisch geben. Die Hackfleischmasse auf die Makkaroni füllen und darüber die restlichen Makkaroni geben. Die Sauce mit dem restlichen Käse vermischen und über den Auflauf gießen. • Den Auflauf auf der zweiten Schiene von unten im Backofen in 35–45 Minuten goldgelb backen. • Den Auflauf in Quadrate schneiden und mit Salat auftragen.

Genau besehen macht – gemessen an dem herrlichen Ergebnis – der Nudelauflauf »Pastítsio« nicht viel Arbeit. Ist er erst einmal im Backofen, kann man ihn sich selbst überlassen. Grüne Erbsen in Tomaten-Öl-Sauce (Rezept Seite 66) passen gut dazu. ▷

Nudelauflauf aus dem Juwetschtopf

Makarónia mé kimá

Dieser herzhafte Makkaroni-Auflauf wird in verschiedenen Variationen zubereitet. Die Juwetschtopf-Gerichte, die in einem speziellen feuerfesten irdenen Topf zubereitet werden, kann man auch im Römertopf garen.

2 Zwiebeln · 1 Knoblauchzehe · 1 Stück Staudensellerie · 1 Möhre · 50 g Butter · 400 g Lamm- oder Kalbhackfleisch · 1 Lorbeerblatt · 2 Eßl. frisch gehackte Petersilie · Salz · Pfeffer · 1 Tasse herber Rotwein · 2 Tassen Fleischbrühe · 400 g Makkaroni · 4 Tomaten · 100 g geriebener Kefalotiri-Käse oder Parmesan-Käse

Vorbereitungszeit: 40 Minuten
Garzeit: 1½ Stunden

Die Zwiebeln und die Knoblauchzehe schälen und feinschneiden. Den Staudensellerie waschen und in Würfel schneiden. Die Möhre waschen, schaben und in Würfel schneiden. • Die Hälfte der Butter in einem Topf erhitzen und die Zwiebeln darin glasig braten. Den Staudensellerie und die Möhre darin anbraten und die Knoblauchzehe zufügen. Das Fleisch zugeben und anbraten, bis es eine graue Farbe angenommen hat. Das Lorbeerblatt und die Petersilie zufügen, mit Salz und Pfeffer würzen und mit dem Rotwein aufgießen. Die Flüssigkeit verdampfen lassen und 2 Tassen Fleischbrühe zugießen. Die Hackfleischsauce 30 Minuten bei schwacher Hitze köcheln lassen. • Die Makkaroni durchbrechen und in sprudelnd kochendes Salzwasser werfen. Die Nudeln 10–15 Minuten kochen und auf einem Sieb abtropfen lassen. • Inzwischen die Tomaten vorbereiten. Dazu die Tomaten waschen, kreuzweise einritzen und kurz in kochendes Wasser legen. Die Tomaten enthäuten und am Stielende kappen. Die Kerne ausdrücken und die Tomaten in kleine Stücke schneiden. Die Tomaten im Mixer pürieren oder durch ein Sieb streichen. • Den Backofen auf 220° vorheizen. • Die Hälfte der Makkaroni in eine gebutterte feuerfeste Form füllen und salzen und pfeffern. Die Hackfleischsauce darübergießen. Mit der zweiten Hälfte der Makkaroni abschließen, salzen und pfeffern und das Tomatenpüree darübergießen. ½ Tasse Wasser zufügen. Die 2. Hälfte der Butter in Flöckchen auf den Auflauf geben und Käse darüberstreuen. Den Auflauf in 30–40 Minuten auf der zweiten Schiene von unten goldbraun überbacken.

Variante: Makkaroni mit Tomaten · Makarónia mé domátes
Für diesen vegetarischen Auflauf die Hackfleischsauce weglassen und samt dem Käse 50 g Butter in Flöckchen auf die Nudeln geben. Wie beschrieben im Backofen goldbraun backen.

Variante: Makkaroni mit Auberginen · Makarónia mé melitsánes
500 g Auberginenscheiben in Olivenöl anbraten und zwischen die Makkaroni schichten. Die Hackfleischsauce weglassen. Den Käse mit 100 g Semmelbröseln vermischen und auf den Auflauf geben. Mit Butterflöckchen bestreuen und wie beschrieben im Backofen goldbraun backen.

Zucchinisoufflé

Kolokithákia soufflé

Während die Musaka und die Pitta flach bleiben sollen, muß das Soufflé hoch aufgehen. In ein Soufflé auf griechische Art gehört stets geriebener Käse hinein. Da es nach dem Backen sehr rasch wieder zusammenfällt, muß es sofort nach dem Servieren gegessen werden.

600 g Zucchini · Salz · Pfeffer · 1 Prise Muskatnuß · ½ l Milch · 4 Eßl. Butter · 4 Eßl. Mehl · 100 g Kefalotiri-Käse oder Parmesan-Käse · 4 Eier

Vorbereitungszeit: 30 Minuten
Garzeit: 1 Stunde

Die Zucchini waschen und leicht schaben. Stiel- und Blütenende abschneiden. Die Früchte in Scheiben schneiden und von Salzwasser bedeckt 15 Minuten kochen. Die Zucchini durch ein Sieb drükken oder im Mixer pürieren und abtropfen lassen. Das Zucchinipüree mit Salz und Pfeffer und dem Muskat würzen. • Für die Béchamelsauce die Milch erhitzen. Die Butter in einem Topf erhitzen und das Mehl darin Farbe nehmen lassen. Dabei kräftig umrühren. Mit der Milch unter Rühren langsam aufgießen und die Sauce 10 Minuten lang eindikken lassen. Die Sauce vom Herd nehmen und etwas abkühlen lassen. Den Käse in die Sauce rühren und die Sauce unter das Zucchinipüree mischen. • Den Backofen auf 200° vorheizen. • Die Eigelbe von den Eiweißen trennen. Die Eigelbe unter das Zucchinipüree rühren. Die Eiweiße zu festem Schnee schlagen und dann ebenfalls unter das Zucchinipüree heben. Das Ganze in eine gebutterte hohe Auflaufform geben und im Backofen auf der zweiten Schiene von unten in 40 Minuten goldbraun bakken. • Sofort auftragen.

Tip: Zucchini enthalten, je größer und älter sie werden, in der Schale Bitterstoffe. Aus diesem Grund werden die Schalen von den griechischen Hausfrauen abgeschabt oder abgekratzt. Bei kleinen jungen Früchten ist dies nicht notwendig, da hier die Bitterstoffe noch nicht zum Tragen kommen.

Variante: Auberginensoufflé · Melitsánes soufflé
Statt Zucchini verwendet man für dieses Rezept große Auberginen. Die Auberginen waschen, die Enden kappen und die Früchte mehrmals mit einer Gabel einstechen. Die Auberginen im Backofen bei 180° etwa 1 Stunde garen. Den Auberginen die Haut abziehen und das Auberginenfleisch pürieren. Im übrigen so verfahren wie im Rezept für Zucchinisoufflé beschrieben.

Gemüse wird in Griechenland viel und gerne gegessen. Es wird auf den Märkten in großer Fülle und bester Qualität angeboten. Gemüse wird nicht nur als wohlschmeckende Beilage, etwa zu Fleischspeisen, auf den Tisch gebracht, sondern auch zu köstlichen Hauptgerichten verarbeitet. Die griechischen Hausfrauen lieben es, das Gemüse so zuzubereiten, daß sein spezifischer Eigengeschmack zur Geltung kommt. Ein Beispiel hierfür sind die in Olivenöl gebratenen Auberginen- oder Zucchinischeiben, die ein schönes sommerliches Mahl abgeben. Das Geheimnis für den Wohlgeschmack der griechischen Gemüsegerichte beruht nicht zuletzt auch in der wohlausgewogenen Kombination der Hauptzutaten. Hiervon zeugt der so einfache wie edle Spinatreis (»Spanakóriso«). Eine besondere Spezialität der griechischen Gemüseküche sind aber zweifelsohne die Augen und Gaumen erfreuenden gefüllten Gemüse. Dabei sind diese kleinen Meisterwerke mit so klingenden Namen wie »Kleine Schuhe« oder »Den Imam hat's umgehauen« gar nicht so schwer zuzubereiten.

»Kleine Schuhe« aus Auberginen

Melitsánes papoutsákia

Die »Kleinen Schuhe« werden meist mit Hackfleischfüllung zubereitet, doch findet man gelegentlich auch eine vegetarische Variante, bei der man auf Hackfleisch verzichtet und statt dessen die doppelte Menge Zwiebeln nimmt.

4 mittelgroße längliche Auberginen · Salz · 3 Tassen Milch · 10 Eßl. Butter · 4 Eßl. Mehl · Pfeffer · 1 Prise Muskatnuß · 2 Eier · 100 g Kefalotiri-Käse oder Parmesan-Käse · 2 Zwiebeln · 2 Tomaten · ½ Tasse Olivenöl · 500 g Hackfleisch · 2 Eßl. frisch gehackte Petersilie · 2 Eßl. Semmelbrösel/Paniermehl · 1 Eßl. Tomatenmark

Vorbereitungszeit: 30 Minuten
Ruhezeit: 30 Minuten
Garzeit: 1 Stunde

Die Auberginen waschen, abtrocknen und die Stielenden kappen. Die Auberginen längs in 2 Hälften schneiden, mit Salz bestreuen und 30 Minuten ruhen lassen. • Inzwischen für die Béchamelsauce die Milch erhitzen, aber nicht kochen lassen, und beiseite stellen. 3 Eßlöffel Butter in einem Topf bei schwacher Hitze zerlassen und das Mehl zufügen. Das Mehl unter ständigem Rühren Farbe nehmen lassen. Die heiße Milch langsam zugießen und mit dem Schneebesen schlagen, bis eine glatte Sauce entsteht. Die Sauce 10 Minuten eindicken lassen. Die Sauce mit Salz, Pfeffer und der Muskatnuß würzen und 1 verquirltes Ei unterrühren. Die Hälfte des Käses unterheben. • Für die Füllung die Zwiebeln schälen und kleinwürfeln. Die Tomaten waschen, kreuzweise einritzen und kurz in kochendes Wasser legen. Die Tomaten enthäuten und am Stielende kappen. Die Kerne sanft ausdrükken und die Tomaten kleinschneiden. Die Auberginen abbrausen und trockentupfen. Das Fruchtfleisch so aushöhlen, daß ein Rand von 1 cm Dicke stehen bleibt. • Das Olivenöl in einer Pfanne erhitzen. Die Auberginen in dem Öl etwa 5 Minuten lang anbraten. • Die Auberginen nebeneinander in eine gebutterte Backform setzen. • Den Backofen auf 180° vorheizen. • 3 Eßlöffel Butter in einer Pfanne zerlassen, die Zwiebeln darin glasig werden lassen und das Hackfleisch darin graue Farbe annehmen lassen. Das Auberginen-Fruchtfleisch zerkleinern und mit den Tomaten zufügen. Das Ganze salzen und pfeffern und 15 Minuten bei schwacher Hitze zugedeckt garen lassen. • Die Füllung vom Herd nehmen. Die Petersilie, den restlichen Käse, 1 verquirltes Ei und die Semmelbrösel zufügen und alles vermengen. • Die Auberginen mit dieser Mischung füllen. Die Béchamelsauce auf die Auberginen geben. Butterflöckchen aus der restlichen Butter obenauf verteilen. • Das Tomatenmark mit ½ Tasse Wasser verrühren, mit Salz und Pfeffer würzen und rund um die Auberginen gießen. • Die Auberginen im Backofen auf der mittleren Schiene in 30–40 Minuten goldbraun backen.

Variante: »Kleine Schuhe« aus Zucchini · Kolokithákia papoutsákia
4 Zucchini (etwa 1 kg) waschen, schaben und in Salzwasser 10 Minuten garen. Die Zucchini abtropfen lassen und längs in 2 Hälften schneiden. Die Zucchini so aushöhlen, daß ein Rand von 1 cm Dikke stehen bleibt. Das Fruchtfleisch zerkleinern und für die Füllung verwenden. Die Zucchini füllen und im Backofen garen wie in dem Rezept für »Kleine Schuhe« aus Auberginen beschrieben.

»Den Imam hat's umgehauen« auf griechische Art

Imám bayildí

Von diesem Gericht, das Anklänge an die türkische Küche zeigt, heißt es, habe ein Imam nicht lassen können, weil es ihm so gut geschmeckt habe. Er habe gegessen, bis er umfiel.

4 mittelgroße längliche Auberginen · Salz · 4 Zwiebeln · 3 Knoblauchzehen · 4 Tomaten · 1 Tasse Olivenöl · 2 Eßl. frisch gehackte Petersilie · Salz · Pfeffer

Vorbereitungszeit: 30 Minuten
Ruhezeit: 30 Minuten
Garzeit: etwa 1 Stunde

Die Auberginen waschen, abtrocknen und das Stielende abschneiden. Die Auberginen an einer Seite mit einem scharfen Messer so einschneiden, daß ein länglicher tiefer Schlitz entsteht. In den Schlitz Salz streuen und die Auberginen 30 Minuten lang stehen lassen. • Die Füllung bereiten. Dafür die Zwiebeln und die Knoblauchzehen schälen und sehr fein schneiden. Die Tomaten waschen, kreuzweise einritzen und kurz in kochendes Wasser legen. Die Tomaten enthäuten, das Stielende kappen und die Kerne sanft ausdrücken. Die Tomaten in kleine Würfel schneiden. • Das Olivenöl in einer Pfanne erhitzen. Die Auberginen abbrausen, trockentupfen und einige Male einstechen, damit sie das Öl besser aufnehmen. Die Auberginen in dem Olivenöl von allen Seiten etwa 3 Minuten anbraten. Die Auberginen herausnehmen und beiseite stellen. In dem Bratfett die Zwiebeln glasig braten, die Knoblauchzehen und die Petersilie zufügen, die Tomaten zugeben und alles umrühren. Das Ganze salzen und pfeffern.

Einmal aufkochen lassen und im geschlossenen Topf bei schwacher Hitze 10 Minuten garen. • Den Backofen auf 180° vorheizen. • Die Auberginen mit der Schnittseite nach oben in eine gebutterte feuerfeste Form stellen und die Füllung in die Schlitze geben. Die Auberginen mit dem Rest der Füllung belegen, ½ Tasse Wasser umgießen und im Backofen auf der mittleren Schiene 40–50 Minuten backen. • Die Auberginen warm oder kalt servieren.

Gefüllte Tomaten und Paprikaschoten mit Reis

Domátes ké piperiés jemistés mé rísi

Diese vegetarische Art, Tomaten und Paprikaschoten zu füllen, ergibt ein leichtes und wohlschmeckendes sommerliches Essen.

4 feste große Tomaten · 4 mittelgroße Paprikaschoten · Salz · Pfeffer · ½ Tasse Korinthen · 1½ Tassen Reis · 1 Zwiebel · 1 Tasse Olivenöl · 1 Eßl. frisch gehackte Minze oder frisch gehackte Petersilie · 30 g gehackte Pinienkerne

Vorbereitungszeit: 20 Minuten
Garzeit: 1¼ Stunden

Die Tomaten waschen, abtrocknen, die Stielenden entfernen und oben jeweils einen Deckel abschneiden. Die Tomaten mit einem Löffel aushöhlen und die Kerne entfernen. Das Tomatenfleisch durch ein Sieb geben und aufheben. Die Tomaten in eine geölte Auflaufform stellen. Dann die Paprikaschoten in der Mitte durchschneiden. Die Rippen und Kerne entfernen und die Paprikaschoten waschen. Die Paprikaschoten zu den Tomaten in die Auflaufform stellen und salzen und pfeffern. • Für die Füllung die Korinthen in warmem Wasser einweichen. Den Reis waschen und mit einem Tuch trocknen. Die Zwiebel schälen und kleinschneiden. • Das Olivenöl in einer Pfanne erhitzen und die Zwiebel darin glasig braten. Den Reis zu den Zwiebeln geben und 3 Minuten anbraten. Die Hälfte des Tomateninneren, die Minze oder die Petersilie zufügen. Die Korinthen abtropfen lassen und mit den Pinienkernen zum Reis in die Pfanne geben. Mit ½ Tasse Wasser auffüllen. Mit Salz und Pfeffer abschmecken und das Ganze 15 Minuten in der geschlossenen Pfanne garen lassen. • Den Backofen auf 180° vorheizen. • Die Tomaten und 4 Paprikaschotenhälften mit der Reismischung füllen und die Deckel aufsetzen. Das Gemüse mit dem restlichen Olivenöl begießen und mit dem restlichen Tomateninneren und ½ Tasse Wasser begießen. Die gefüllten Gemüse in 40–50 Minuten im Backofen auf der mittleren Schiene garen.

◁ Tomaten und Paprikaschoten werden in der griechischen Küche gerne mit Reis oder auch mit Hackfleisch gefüllt. Bei dieser festlich wirkenden Füllung mischt man Pinienkerne und Korinthen unter den Reis.

Gefüllte Tomaten und Paprikaschoten mit Hackfleisch

Domátes ké piperiés jemistés mé kimá

Mit Hackfleisch und Reis gefüllte Tomaten und Paprikaschoten werden gerne zusammen im Backofen gebacken. Diese Kombination sieht nicht nur farblich dekorativ aus, sie hebt auch die geschmackliche Qualität des Gerichtes.

4 große Tomaten · 1 Teel. Zucker · 4 grüne Paprikaschoten · Salz · Pfeffer · 1 Zwiebel · ½ Tasse Reis · 1 Tasse Olivenöl · 400 g Hackfleisch · 2 Eßl. frisch gehackte Petersilie · 1 Prise Muskatnuß · 2 Eßl. Semmelbrösel/Paniermehl · 3 Kartoffeln

Vorbereitungszeit: 20 Minuten
Garzeit: 1 Stunde und 20 Minuten

Die Tomaten waschen, abtrocknen, die Stielenden entfernen und oben jeweils einen Deckel abschneiden. Die Tomaten mit einem Löffel aushöhlen, die Kerne entfernen. Das Tomatenfleisch durch ein Sieb geben und aufheben. Die Tomaten in eine geölte Backform stellen und mit dem Zucker bestreuen. Bei den Paprikaschoten am Stielende eine Kappe abschneiden. Die Rippen und Kerne entfernen und die Paprikaschoten waschen. Die Paprikaschoten zu den Tomaten in die Form stellen und mit Salz und Pfeffer ausstreuen. • Für die Füllung die Zwiebel schälen und feinschneiden. Den Reis waschen und mit einem Tuch abtrocknen. • Die Hälfte des Olivenöls in einer Pfanne erhitzen. Die Zwiebel darin glasig braten. Das Hackfleisch zufügen und darin graue Farbe annehmen lassen. Den Reis, die Hälfte des Tomateninneren, die Petersilie, die Muskatnuß und ½ Tasse Wasser zufügen. Mit Salz und Pfeffer abschmecken und alles 15 Minuten garen. • Den Backofen auf 180° vorheizen. • Die Hackfleischfüllung in die Tomaten und die Paprikaschoten füllen und die Füllung mit den Semmelbröseln bestreuen. Das Gemüse mit den Deckeln verschließen. Die Kartoffeln schälen, waschen, in dünne Scheiben schneiden und zwischen die gefüllten Gemüse stekken. Das gefüllte Gemüse mit der zweiten Hälfte des Öls begießen, den restlichen Tomatensaft mit ½ Tasse Wasser vermischen und über das Gemüse gießen. Das gefüllte Gemüse im Backofen auf der mittleren Schiene 1 Stunde lang garen.

Variante: Gefüllte Auberginen mit Hackfleisch · Melitsánes jemistés mé kimá
Auf dieselbe Weise wie die Tomaten und Paprikaschoten kann man auch Auberginen füllen. 1 kg runde kleine Auberginen waschen und am schmalen Ende jeweils eine Kappe abschneiden. Die Auberginen mit einem Löffel aushöhlen und dabei das Fruchtfleisch bis auf eine schmale Schicht entfernen. Die Auberginen mit Salz bestreuen und 30 Minuten stehen lassen. Das Fruchtfleisch zerkleinern und für die Füllung verwenden. • Den Saft von 3 Zitronen zur Hälfte für die Füllung verwenden und zur zweiten Hälfte in die Backform gießen. Die Auberginen kalt abbrausen, trockentupfen und in Olivenöl anbraten. Wie die Tomaten und die Paprikaschoten füllen und im Backofen garen.

Gefüllte Zucchini mit Eier-Zitronen-Sauce

Kolokithákia jemistá awgolémono

Die Zucchini auszuhöhlen, ist eine Geduldsarbeit. In der griechischen Küche werden die Zucchini nämlich ganz gelassen und von einem Ende her ausgehöhlt. Große Zucchini werden vor dem Aushöhlen in der Mitte quer durchteilt.

8 kleinere Zucchini · 4 Tomaten · 1 Zwiebel · 2 Knoblauchzehen · 6 Eßl. Olivenöl · 250 g Hackfleisch · 1 Eßl. frisch gehackte Petersilie · 1 Teel. frisch gehackte Minze · 1 Teel. frisch gehackter Dill · Salz · Pfeffer · 1 Tasse Reis · 1 Tasse Fleischbrühe oder Wasser · 3 Eigelbe · Saft von 1 Zitrone

Vorbereitungszeit: 40 Minuten
Garzeit: 1 Stunde

Die Zucchini mit dem Messer etwas abschaben und an beiden Enden ein wenig abschneiden. Die Zucchini waschen und am Stielende eine 2 cm dicke Kappe abschneiden und beiseite legen. Die Zucchini vorsichtig mit einem langen Messer mit kreisenden Bewegungen aushöhlen. Das Innere beiseite stellen. Die Tomaten waschen, kreuzweise einritzen und kurz in kochendes Wasser legen. Die Tomaten häuten und das Grüne am Stielende ausstechen. Die Tomaten achteln und durch ein Sieb streichen. Die Zwiebel schälen und in kleine Würfel schneiden. Die Knoblauchzehen schälen und kleinschneiden. • 4 Eßlöffel Olivenöl in einem Topf erhitzen und die Zwiebel darin glasig braten. Die Knoblauchzehen kurz mitbraten. Das Hackfleisch zugeben und graue Farbe nehmen lassen. Die Kräuter und das Tomatenpüree zufügen. Die Hälfte des Zucchini-Fruchtfleisches unterrühren. Das Ganze salzen und pfeffern und aufkochen lassen. Den Reis waschen und zum Gemüse geben. Alles 15 Minuten im geschlossenen Topf und bei schwacher Hitze köcheln lassen. • Den Backofen auf 180° vorheizen. • Die Zucchini mit der Reis-Hackfleisch-Masse füllen und mit den Zucchinideckeln verschließen. • Die Zucchini in eine gebutterte Auflaufform legen und das restliche Fruchtfleisch rundherum verteilen. Mit der Fleischbrühe oder dem Wasser aufgießen und die restlichen 2 Eßlöffel Olivenöl zufügen. Die Zucchini im Backofen auf der mittleren Schiene etwa 40 Minuten backen. • Die Zucchini mit einem Deckel festhalten und die Flüssigkeit in einen Saucentopf gießen. Die Eigelbe verquirlen und den Zitronensaft nach und nach unterrühren. ½ Tasse der etwas abgekühlten Garflüssigkeit eßlöffelweise unterrühren. Diese Mischung in die Sauce rühren und diese über die Zucchini gießen.

Gefüllte Weinblätter mit Eier-Zitronen-Sauce

Dolmádes awgolémono

Gefüllte Weinblätter werden, wenn sie mit einer Hackfleisch-Reis-Füllung heiß serviert werden, traditionsgemäß mit einer Eier-Zitronen-Sauce als Hauptgericht gegessen. Die Weinblätter mit Reisfüllung dagegen zieren stets die Vorspeisentafel.

200 g Weinblätter · Salz · 1 Zwiebel · 500 g Hackfleisch (vom Kalb) · 1 Eßl. frisch gehackte Petersilie · 2 Eßl. frisch gehackter Dill · 1 Eßl. frisch gehackte Minze · 1 Tasse Reis · Salz · Pfeffer · 2 Eier · ½ Tasse Olivenöl · 1 Eßl. Butter · 1 Eßl. Mehl · Saft von 1 Zitrone

Vorbereitungszeit: 1 Stunde
Garzeit: 50 Minuten

Von frischen Weinblättern die Stiele abschneiden und die Blätter 5 Minuten in kochendem Salzwasser überbrühen; auf ein Sieb geben und abtropfen lassen. Eingelegte Weinblätter gründlich waschen und 1 Minute in kochendem Wasser überbrühen; dann in einem Sieb abtropfen lassen. • Die Zwiebel schälen und feinschneiden. Das Hackfleisch mit der Zwiebel, den Kräutern, dem Reis, Salz und Pfeffer vermischen. Die Eier trennen. Die Eiweiße zu steifem Schnee schlagen und unter die Füllung mischen. • Die Weinblätter mit der glänzenden Seite nach unten auf einer Arbeitsfläche ausbreiten. Auf jedes Weinblatt 1 Eßlöffel Füllung geben. Jeweils die Blattränder über die Füllung klappen und jedes Blatt in Richtung Blattspitze aufrollen. Die Blätter nicht zu eng um die Füllung rollen, da der Reis beim Garen noch aufquillt. Einen großen Topf mit Weinblättern auslegen und die gefüllten Weinblätter hineinschichten. Dabei jede Schicht salzen und pfeffern. Die Weinblätter mit einem umgekehrten Deckel beschweren, damit sich die Rollen beim Garen nicht öffnen. Das Olivenöl über die Weinblätterröllchen gießen und mit so viel heißem Wasser aufgießen, daß die Weinblätter knapp bedeckt sind. Alles zugedeckt bei schwacher Hitze 50–60 Minuten garen. • Die fertigen gefüllten Weinblätter mit einem Deckel festhalten und die Garflüssigkeit in einen Topf gießen. Für die Sauce in einem Topf die Butter zerlassen und das Mehl darin bei schwacher Hitze 2–3 Minuten Farbe nehmen lassen. Die Garflüssigkeit, falls nötig, auf 2 Tassen auffüllen und unter ständigem Rühren langsam zum Mehl in den Topf geben. Die Sauce kurz aufkochen lassen und vom Herd nehmen. ½ Tasse Sauce abmessen. Die Eigelbe schaumig schlagen und den Zitronensaft nach und nach unterrühren. Dann eßlöffelweise die abgemessene Sauce unterrühren. Diese Mischung in die Sauce rühren und mit Salz und Pfeffer abschmecken. Die Sauce über die gefüllten Weinblätter gießen. Die Sauce im Topf bei schwächster Hitze für 2–3 Minuten eindicken lassen. Die Sauce darf auf keinen Fall kochen. Während des Eindickens den Topf immer wieder schütteln.

Variante: Kohlröllchen · Lachanodolmádes
Auf dieselbe Art wie die Weinblätter kann man auch Kohlblätter füllen. 1 mittelgroßen Weißkohl von den welken Blättern befreien und den Kohl von Salzwasser bedeckt 10 Minuten bei geschlossenem Topf kochen. Den Weißkohl abtropfen lassen und die Blätter ablösen. Die Blätter halbieren und die Rippen wegschneiden. Für die Füllung am besten gehacktes Schweinefleisch verwenden. Die Blätter so füllen und garen wie bei den Weinblättern beschrieben. Die Kohlröllchen wie die gefüllten Weinblätter mit einer Eier-Zitronen-Sauce heiß servieren.

Artischocken auf Konstantinopler Art

Anginàres a la polìta

Mit jungen Artischocken, neuen Kartoffeln und kleinen frischen Zwiebelchen gelingt dieses Gericht besonders gut. Es kann sowohl als Vorspeise wie auch als Hauptgericht serviert werden. Die so zubereiteten Artischocken werden von den Griechen am liebsten kalt gegessen und gelegentlich auch mit anderen Gemüsegerichten kombiniert.

4 Artischocken · Saft von ½ Zitrone · 8 kleine neue Kartoffeln · 4 Frühlingszwiebeln · 8 kleine Zwiebeln oder Schalotten · 1 Möhre · ½ Tasse Olivenöl · Salz · Pfeffer · 2 Eßl. frisch gehackter Dill · 1 Eßl. frisch gehackte Petersilie · 1 Teel. Speisestärke

Vorbereitungszeit: 30 Minuten
Garzeit: 1 Stunde

Die Artischocken waschen. Die Blattspitzen abschneiden, die äußeren Blätter entfernen und nur die zarten Blätter stehen lassen. Den Stiel bis auf 2 cm kürzen und die größeren Fasern entfernen. Das »Heu« mit einem Löffel aus der Mitte der Artischocken herauskratzen. Die Artischocken mit etwas Zitronensaft einreiben und in Zitronenwasser legen, damit sich die Früchte nicht dunkel verfärben. Die Kartoffeln schaben und waschen. Die Frühlingszwiebeln schälen und samt dem Lauch kleinschneiden. Die Zwiebeln schälen. Die Möhre schaben, waschen und in Scheiben schneiden. • Das Olivenöl in einem Topf erhitzen. Die kleingeschnittenen Zwiebeln und die ganzen Zwiebelchen hineingeben und kurz anbraten. Dann die Artischocken, die Kartoffeln und die Möhre zufügen und mit so viel Wasser aufgießen, daß das Gemüse bedeckt ist. Das Ganze salzen, pfeffern, den restlichen Zitronensaft zufügen und die Kräuter einstreuen. Das Gericht aufkochen lassen und im geschlossenen Topf 1 Stunde bei schwacher Hitze garen lassen. • Die Artischokken auf eine Platte legen und die übrigen Gemüse rundum anrichten. • Die Speisestärke mit etwas Wasser verrühren und in den Gemüsesud einrühren. Die Sauce nochmals aufkochen lassen und mit Zitronensaft abschmecken. Die Sauce über die Artischocken gießen und alles erkalten lassen. Vor dem Servieren nach Belieben mit Dill bestreuen.

Tip: Es ist sehr wichtig, daß die Artischocken sofort nach der Vorbereitung mit Zitronensaft eingerieben und dann in Zitronenwasser gegeben werden, da sie sich sonst schwarz färben. Doch soll man sie nur kurz ins Wasser legen.

Artischocken mit dicken Bohnen

Anginàres mé kukiá

Dicke Bohnen waren bis vor kurzer Zeit hierzulande eigentlich nur im Norden hochgeschätzt. Neuerdings sind sie aber immer häufiger auch im Süden – frisch oder tiefgefroren – erhältlich, so daß die Zutaten für dieses schöne griechische Gericht überall zu bekommen sind.

600 g dicke Bohnen · 4 Artischocken · Saft von ½ Zitrone · 3 Frühlingszwiebeln · ½ Tasse Olivenöl · Salz · Pfeffer · 1 Eßl. frisch gehackter Dill · 1 Eßl. frisch gehackte Petersilie

Vorbereitungszeit: 30 Minuten
Garzeit: 1 Stunde
Ruhezeit: 30 Minuten

Die Bohnen aus den Schoten lösen. Die Artischocken waschen. Die Blattspitzen abschneiden, die äußeren Blätter entfernen und nur die zarten Blätter stehen lassen. Den Stiel bis auf 2 cm kürzen und die größeren Fasern entfernen. Das »Heu« mit einem Löffel aus der Mitte der Artischocken herauskratzen. Die Artischocken mit Zitronensaft einreiben und in Zitronenwasser legen, damit sich die Früchte nicht dunkel verfärben. Die Frühlingszwiebeln schälen und samt Lauch sehr fein schneiden. • Das Olivenöl in einem Topf erhitzen. Die Zwiebeln darin glasig werden lassen. Mit 1 Tasse Wasser aufgießen und die Artischocken und die Bohnen hineinlegen. Den restlichen Zitronensaft zufügen und mit Salz und Pfeffer abschmecken. Die Kräuter einstreuen. Das Ganze aufkochen lassen und das Gemüse im geschlossenen Topf und bei schwacher Hitze 1 Stunde garen lassen. Das Gemüse vor dem Servieren 30 Minuten ruhen lassen.

Tip: Die griechischen Hausfrauen verwenden die dicken Bohnen, wenn sie ganz jung und ganz frisch sind, auch mit der Schote.

Spinatreis

Spanakóriso

In diesem Gericht, das im Sommer gern kalt und im Winter heiß gegessen wird, gehen Reis und Spinat eine edle Geschmacksverbindung ein. Der Reis nimmt dem Spinat die spröde Herbheit, der Spinat gibt dem Reis eine feine Würze. Einen raffinierten Akzent setzt der Dill.

750 g Spinat · 2 Zwiebeln · 1 Tasse Reis · 6 Eßl. Olivenöl · Salz · Pfeffer · 2 Eßl. frisch gehackter Dill · 2 Eßl. frisch gehackte Petersilie · Saft von ½ Zitrone

Vorbereitungszeit: 15 Minuten
Garzeit: 25 Minuten

Den Spinat verlesen und gründlich waschen. Die Stiele abschneiden und nicht mitverwenden. Die Blätter 2- bis 3mal durchschneiden. Die Zwiebeln schälen und feinhacken. Den Reis gründlich waschen. • Die Zwiebeln in 4 Eßlöffel Olivenöl glasig braten. Den Spinat zu den Zwiebeln geben und kurz anschmoren. Den Spinat salzen und pfeffern und die Kräuter zufügen. Den Reis zum Spinat geben und mit dem restlichen Olivenöl und 1½ Tassen Wasser aufgießen. Den Spinatreis bei schwacher Hitze im geschlossenen Topf 20 Minuten garen lassen. Immer wieder rühren, damit nichts anklebt. Den Spinat mit Zitronensaft servieren.

Tip: Vor allem Kindern schmeckt dieses Gericht gut, wenn man 1 Prise Zucker und 2 Teelöffel Tomatenmark zugibt. Man löst das Tomatenmark in etwas Wasser auf und rührt es ein, wenn man den Reis zum Spinat gegeben hat.

Okra in Tomaten-Öl-Sauce

Bámies mé ládi

Die fingerlangen grünen Okra, die auch Ladyfinger, Gumbo oder Bamia genannt werden, sind hierzulande immer häufiger auf dem Markt frisch erhältlich, so daß man dieses wohlschmeckende griechische Gericht ausprobieren kann.

750 g Okra · 2–3 Eßl. Essig · Salz · 1 Zwiebel · 3 Knoblauchzehen · 750 g Tomaten · ½ Tasse Olivenöl · Pfeffer · 1 Teel. Zucker · 2 Eßl. frisch gehackte Petersilie

Vorbereitungszeit: 30 Minuten
Ruhezeit: 30 Minuten
Garzeit: 45 Minuten

Die Okra waschen, Stielansatz und Spitze vorsichtig abschneiden, ohne bis zum Fruchtfleisch vorzudringen, damit der klebrige Saft nicht ausläuft. Die Früchte in eine Schüssel legen, mit Essig besprenkeln und mit Salz bestreuen und 30 Minuten lang ruhen lassen. • Die Zwiebel und die Knoblauchzehen schälen und feinhacken. Die Tomaten waschen, kreuzweise einritzen und kurz in kochendes Wasser legen. Die Tomaten enthäuten, am Stielende kappen und entkernen. Die Tomaten im Mixer pürieren. • Das Olivenöl in einem Topf erhitzen und die Zwiebeln darin glasig braten. Den Knoblauch kurz mit anbraten, das Tomatenpüree, Salz, Pfeffer, den Zucker und die Petersilie zufügen. Die Okra in Reihen nebeneinander in den Topf geben und nach Bedarf mit Wasser aufgießen, bis die Okra knapp bedeckt sind, und mit einem Teller beschweren. Das Ganze aufkochen lassen und die Okra im geschlossenen Topf bei schwacher Hitze in 30–40 Minuten weich kochen. Nicht umrühren, sonst werden sie klebrig. • Sollte zum Schluß noch reichlich Garflüssigkeit im Topf sein, diese einkochen. Dazu die Okra mit dem Schaumlöffel aus dem Topf nehmen und die Sauce bei starker Hitze im geöffneten Topf bis auf die gewünschte Menge einkochen. • Die Sauce über die Okra gießen und das Gericht erkalten lassen. Kalt servieren.

Tip: Okra wollen schonend behandelt werden. Sie dürfen beim Vorbereiten nicht verletzt werden, da sonst die Flüssigkeit aus ihrem Inneren ausläuft. Die griechischen Hausfrauen stellen die Okra nach dem Waschen und Putzen mit Salz bestreut und mit Essig besprenkelt für ½–1 Stunde in die südliche Sonne. Diese Vorbehandlung bewirkt, daß die Früchte den Saft besser behalten und nicht so leicht aufspringen.

Variante: Grüne Bohnen in Tomaten-Öl-Sauce · Fassólia fréska mé domátes
In Griechenland werden gerne die flachen breiten Bohnen verwendet. 750 g grüne Bohnen abziehen und halbieren. Die Bohnen waschen und wie die Okra in der Tomaten-Öl-Sauce 30 Minuten garen. Dieses sommerliche Hauptgericht kalt servieren. Es paßt auch als Beilage zu Fleischgerichten.

Variante: Grüne Erbsen in Tomaten-Öl-Sauce · Arakás laderós
1½ kg Erbsen aus den Schoten lösen. • Die Tomaten-Öl-Sauce zusätzlich mit 2 Eßlöffeln frisch gehacktem Dill würzen und 25 Minuten garen. • Als Hauptgericht kalt mit Feta-Käse servieren.

Weiße Bohnen in Tomaten-Öl-Sauce

Fassoláda jachní

Dieses Gericht aus der griechischen Alltagsküche schmeckt um so besser, je jünger die getrockneten weißen Bohnen sind. Man erkennt dies an der glänzenden Schale. Die Bohnen werden als Hauptgericht serviert.

750 g weiße getrocknete Bohnen · 2 Zwiebeln · 1 Knoblauchzehe · 2 Möhren · 2 Stangen Staudensellerie · 750 g Tomaten · ½ Tasse Olivenöl · 1 Teel. frisch gehackte Petersilie · 1 Teel. Zucker · Pfeffer · Salz

Zeit zum Weichen: 12 Stunden
Garzeit: 2 Stunden

Die Bohnen über Nacht in Wasser einweichen. • Am nächsten Tag die Bohnen abtropfen und von Wasser bedeckt – aber ohne Salz – aufkochen lassen. Die Bohnen 1 Stunde lang kochen lassen. • Inzwischen die Zwiebeln schälen und kleinwürfeln. Die Knoblauchzehe schälen und kleinschneiden. Die Möhren waschen, schaben und in kleine Würfel schneiden. Den Staudensellerie waschen und in kleine Scheiben schneiden. Die Tomaten waschen, kreuzweise einritzen und kurz in kochendes Wasser legen. Die Tomaten enthäuten und am Stielende kappen. Die Tomaten entkernen und im Mixer pürieren. • Das Olivenöl in einem Topf erhitzen. Die Zwiebeln darin glasig braten. Den Knoblauch zufügen, die Möhre, den Sellerie und die Tomaten hinzugeben. Die Petersilie einstreuen und mit dem Zucker, Pfeffer und Salz würzen. Die Bohnen zufügen und knapp von Flüssigkeit bedeckt 30 Minuten köcheln lassen.

Blumenkohl auf Kalamata-Art

Kounoupídi kapamás kalamatianós

Der auf Kalamata-Art zubereitete Blumenkohl schmeckt ausgesprochen herzhaft. Er paßt gut zu gegrilltem Fleisch.

1 mittelgroßer Blumenkohl · Salz · Saft von ½ Zitrone · 1 Zwiebel · 3 reife Tomaten · ½ Tasse Olivenöl · Salz · Pfeffer · 1 Eßl. frisch gehackte Petersilie

Vorbereitungszeit: 20 Minuten
Garzeit: 20 Minuten

Vom Blumenkohl die äußeren Blätter entfernen und den Strunk abschneiden. Den Blumenkohl für 10 Minuten in Salzwasser legen, waschen und in 8 Teile schneiden. Mit dem Zitronensaft die Schnittflächen einreiben und die Röschen beträufeln. Die Zwiebel schälen

Weiße Bohnen sind in Griechenland recht beliebt. Man bereitet daraus Pürees, Suppen oder Salate und gart sie bei Fleischgerichten mit. Die weißen Bohnen in Tomaten-Öl-Sauce »Fassoláda jachní« geben ein feines Gemüsegericht ab. ▷

und kleinwürfeln. Die Tomaten waschen, kreuzweise einritzen und kurz in kochendes Wasser legen. Die Tomaten enthäuten, achteln und durch ein Sieb streichen. • Das Öl in einem Topf erhitzen und den Blumenkohl darin von allen Seiten anbraten, ohne ihn bräunen zu lassen. Dann den Blumenkohl warm stellen. • Die Zwiebel im Blumenkohlöl glasig braten und die Tomaten zufügen. Den Blumenkohl in den Topf legen und mit so viel Wasser aufgießen, daß das Gemüse ¾ bedeckt ist. Das Ganze salzen, pfeffern und aufkochen lassen. Den Blumenkohl im geschlossenen Topf bei schwacher Hitze 15 Minuten garen. • Mit der Petersilie bestreut servieren.

Zucchini mit Tomaten

Kolokithákia jachní

Besonders gut gelingt dieses Gericht mit sehr kleinen jungen Zucchini, die man im Ganzen verwendet. Größere Exemplare zerteilt man 2- bis 3mal.

750 g sehr kleine Zucchini · 1 Zwiebel · 3 Knoblauchzehen · Salz · ½ Tasse Olivenöl · 1 Eßl. Tomatenmark · Pfeffer · 2 Eßl. frisch gehackte Petersilie

Vorbereitungszeit: 20 Minuten
Garzeit: 30 Minuten

Von den Zucchini die beiden Enden kappen, die Früchte abschaben. Die Zucchini waschen. Die Zwiebel schälen und kleinschneiden. Die Knoblauchzehen schälen, in Scheibchen schneiden und mit Salz vermischt mit dem Messer zerdrücken. • Das Öl in einem Topf erhitzen und die Zucchini darin von allen Seiten leicht anbraten. Die Zucchini warm stellen. • Die Zwiebel im Zucchini-Öl glasig braten. Das Tomatenmark mit etwas Wasser verrühren und zu der Zwiebel geben. Die Knoblauchzehen zufügen. Die Zucchini in die Sauce legen und mit Wasser aufgießen, so daß die Zucchini ¾ bedeckt sind. Mit Salz und Pfeffer abschmecken und die Petersilie zufügen. Alles einmal aufkochen lassen und im geschlossenen Topf bei schwacher Hitze 20 Minuten garen. • Die Zucchini heiß oder lauwarm servieren.

Sommergemüse-Topf

Briámi

Sommergemüse aus dem Backofen schmeckt warm und kalt ausgezeichnet. Man kann diese köstliche vegetarische Mahlzeit mit Feta-Käse servieren.

2 Zwiebeln · 2 grüne Peperoni · 750 g Tomaten · 500 g Zucchini · 500 g Kartoffeln · 500 g Auberginen · Salz · Pfeffer · 2 Eßl. frisch gehackte Petersilie · 2 Eßl. frisch gehackter Dill · 1½ Tassen Olivenöl

Vorbereitungszeit: 30 Minuten
Garzeit: 1½–2 Stunden

Die Zwiebeln schälen und feinhacken. Die Peperoni waschen und feinschneiden. Die Tomaten waschen, kreuzweise einritzen und kurz in kochendes Wasser legen. Die Tomaten enthäuten und das Grüne am Stielende ausstechen. Die Tomaten in Scheiben schneiden. Die Zucchini waschen und schaben. Die Kartoffeln schälen. Die Auberginen waschen, den Stiel entfernen und die Früchte in Scheiben schneiden. Diese für 1 Stunde in viel Salzwasser legen. Dann aus dem Wasser nehmen, abbrausen, mit dem Handballen auspressen und trockentupfen. • Den Backofen auf 180° vorheizen. • Die Hälfte der Tomaten in eine geölte feuerfeste Form schichten und salzen und pfeffern. Die Zucchini, die Kartoffeln, die Auberginen, die Zwiebeln und die Peperoni mit Salz und Pfeffer vermischen und auf die Tomaten geben. Mit den Kräutern bestreuen. Mit einer Tomatenlage abschließen. Den Gemüsetopf mit dem Olivenöl und 1 Tasse Wasser übergießen und das Gemüse in der geschlossenen Form – gegebenenfalls mit Alufolie abdecken – im Backofen auf der mittleren Schiene 1½–2 Stunden garen. In den letzten 30 Minuten den Deckel abnehmen. • Den Gemüsetopf heiß oder kalt servieren.

Tip: Diesem wohlschmeckenden Eintopf kann man auch noch 1 Tasse andere Sommergemüse wie Okra, grüne Bohnen oder Paprikaschoten zufügen. Man nimmt dann von den Kartoffeln, Zucchini und Auberginen entsprechend weniger.

Auberginen mit Tomaten

Melitsánes jachní

Auberginen mit Tomaten schmecken heiß und kalt ausgezeichnet. Man kann dieses Gericht auch mit 3 zerkleinerten Tomaten statt mit Tomatenmark bereiten.

4 mittelgroße Auberginen · Salz · 1 Zwiebel · 3 Knoblauchzehen · Olivenöl nach Bedarf · 1 Eßl. Tomatenmark · Pfeffer · 1 Prise Zucker · Mehl nach Bedarf · 2 Eßl. frisch gehackte Petersilie

Vorbereitungszeit: 20 Minuten
Zeit zum Ziehen: 30 Minuten
Garzeit: 40 Minuten

Die Auberginen waschen und den Stiel abschneiden. Die Auberginen der Länge nach in Scheiben schneiden, mit Salz bestreuen und 30 Minuten ziehen lassen. • Die Zwiebel schälen und kleinschneiden. Die Knoblauchzehen schälen, in Scheiben schneiden und zusammen mit etwas Salz mit einem Messer zerdrükken. • In einem Topf 2 Eßlöffel Olivenöl erhitzen und die Zwiebel darin glasig braten. Das Tomatenmark mit etwas Wasser verrühren und zu den Zwiebeln geben. Die Knoblauchzehen zufügen und mit 1 Tasse Wasser aufgießen. Mit Salz, Pfeffer und dem Zucker abschmekken. • Die Sauce aufkochen lassen und im geschlossenen Topf bei schwacher Hitze köcheln lassen. • Inzwischen die Auberginen abbrausen und trockentupfen. In einer Pfanne Olivenöl erhitzen. Die Auberginenscheiben in Mehl wenden und das überschüssige Mehl abklopfen. Die Auberginenscheiben im Öl von beiden Seiten goldgelb braten. Das dauert pro Portion etwa 10 Minuten. Die gebratenen Auberginen in die Tomatensauce legen und im geschlossenen Topf bei schwacher Hitze 20 Minuten köcheln lassen. Vor dem Servieren mit der Petersilie bestreuen.

Der Sommergemüse-Topf »Briámi« braucht bei mäßiger Hitze eine lange Garzeit im Backofen, um eben jenen feinen Geschmack zu bekommen, den Kenner schätzen. ▷

Gemüsegerichte

Kartoffeln mit Zitrone
Patátes lemonátes

Die in der griechischen Küche so reichlich verwendete Zitrone gibt diesem Kartoffelgericht den besonderen Pfiff.

1 kg Kartoffeln · 1 Knoblauchzehe · Saft von 1 Zitrone · Salz · Pfeffer · 1 Lorbeerblatt · 2 Eßl. frisch gehackte Petersilie

Vorbereitungszeit: 10 Minuten
Garzeit: 25–30 Minuten

Die Kartoffeln waschen, schälen und nochmals waschen. Die Knoblauchzehe schälen. • Die Kartoffeln knapp mit Wasser bedecken und erhitzen. Den Zitronensaft zufügen und mit Salz und Pfeffer abschmecken. Das Lorbeerblatt und die Knoblauchzehe zufügen und die Kartoffeln nach dem Aufkochen im geschlossenen Topf und bei schwacher Hitze 25–30 Minuten kochen lassen. Die Kartoffeln abgießen und vor dem Servieren mit der Petersilie bestreuen.

Kartoffelbällchen
Patatokeftédes

Kartoffelbällchen kann man in der Friteuse oder in der Pfanne backen.

750 g Kartoffeln · Salz · 2 Eßl. Butter · 1 Tasse geriebener Kefalotiri-Käse oder Parmesan-Käse · 2 Eier · 2 Eßl. frisch gehackte Petersilie · Pfeffer · 1 Prise Muskatnuß · Mehl nach Bedarf · Olivenöl nach Bedarf

Vorbereitungszeit: 40 Minuten
Garzeit: je Portion 6 Minuten
Ruhezeit: 30 Minuten

Die Kartoffeln von Salzwasser bedeckt aufkochen lassen und bei schwacher Hitze in 25–30 Minuten garen. • Die Butter zerlassen. • Die Kartoffeln pellen und mit einer Gabel zerdrücken. Die Butter unterarbeiten. Den Käse untermischen. Die Eier verquirlen und zu den Kartoffeln und dem Käse geben. Die Petersilie unterrühren und mit Salz, Pfeffer und der Muskatnuß würzen. Aus dem Ganzen einen Kartoffelteig kneten. Sollte er nicht fest genug sein, etwas Mehl zufügen. • Aus dem Kartoffelteig eigroße Bällchen formen und etwas platt drücken. Die Bällchen 30 Minuten kühl stellen, dann in Mehl wälzen. • Olivenöl in einer Pfanne erhitzen und die Bällchen darin von beiden Seiten je Portion in 6 Minuten goldbraun braten.

Zucchini-Frikadellen
Kolokithokeftédes

Zucchini-Frikadellen haben einen feinen Geschmack. Sie finden auch bei Kindern großen Zuspruch.

750 g Zucchini · Salz · 1 Zwiebel · Olivenöl nach Bedarf · 1 Tasse Semmelbrösel/Paniermehl · 1 Eßl. frisch gehackte Petersilie · 1 Messersp. Minze · 1 Tasse Kefalotiri-Käse oder Parmesan-Käse · 1 Eßl. zerlassene Butter · Pfeffer · 2 Eier · Mehl nach Bedarf · Olivenöl

Vorbereitungszeit: 30 Minuten
Ruhezeit: 1 Stunde
Garzeit je Portion: 6 Minuten

Die Zucchini leicht schaben und an Stiel- und Blütenenden kappen. Die Zucchini waschen, in Scheiben schneiden und von Salzwasser bedeckt im geschlossenen Topf in 10 Minuten bei schwacher Hitze weich kochen. • Die Zwiebel schälen und in kleine Würfel schneiden. Olivenöl erhitzen und die Zwiebel darin glasig braten. • Die Zucchini abtropfen lassen, ausdrücken und im Mixer pürieren. Die Zucchini mit der Zwiebel in eine große Schüssel geben. Die Semmelbrösel, die Kräuter, den Käse, die zerlassene Butter, Salz, Pfeffer und die Eier untermengen. Es soll ein gut formbarer Teig entstehen. Je nach Bedarf etwas Mehl zufügen. • Den Teig 1 Stunde ruhen lassen. • Olivenöl in einer Pfanne erhitzen. Aus dem Teig Frikadellen formen, diese in Mehl wälzen und portionsweise von beiden Seiten in je 3 Minuten goldbraun braten. Die Zucchini-Frikadellen auf Küchenkrepp abtropfen lassen und heiß servieren.

Gebratene Zucchinischeiben
Kolokithákia tiganitá

Dieses sommerliche Gericht ist so leicht zuzubereiten, daß es auch dem Ungeübten auf Anhieb gelingt. In Griechenland wird es gerne mit Kartoffel-Knoblauch-Püree (Rezept Seite 26) als Vorspeise oder auch als Hauptgericht gegessen.

1 kg Zucchini · Salz · Pfeffer · Mehl nach Bedarf · Olivenöl zum Braten

Vorbereitungszeit: 10 Minuten
Bratzeit je Portion: 10 Minuten

Die Zucchini leicht abschaben, waschen, abtrocknen und Stiel- und Blütenenden kappen. Die Zucchini entweder in dünne runde Scheiben oder der Länge nach in dünne lange Scheiben schneiden. Die Scheiben salzen und pfeffern und in dem Mehl wenden. Überschüssiges Mehl abklopfen. • In einer Pfanne das Olivenöl erhitzen und die Zucchinischeiben darin portionsweise auf beiden Seiten goldbraun braten. • Die Zucchinischeiben auf Küchenkrepp abtropfen lassen und heiß auf einer vorgewärmten Platte servieren.

Variante: Gebratene Auberginenscheiben · Melitsánes tiganités
Auf dieselbe Weise wie gebratene Zucchinischeiben kann man auch gebratene Auberginenscheiben zubereiten. Vor dem Braten die Auberginenscheiben mit Salz bestreuen und 30 Minuten ziehen lassen. Die Auberginenscheiben mit Wasser abbrausen und trockentupfen. Wie die gebratenen Zucchinischeiben kann man auch die Auberginenscheiben gut als Vorspeise servieren und Kartoffel-Knoblauch-Püree dazu reichen.

Gebratene Zucchinischeiben »Kolokithákia tiganitá« sind rasch zubereitet und schmekken köstlich. Außer Kartoffel-Knoblauch-Püree paßt auch sehr gut Joghurt mit Gurke (Rezepte Seite 26) dazu. ▷

Fisch wird in Griechenland gern und viel auf den Tisch gebracht. Kein Wunder - ist doch das Angebot an herrlichen Mittelmeerfischen, das täglich frisch zur Verfügung steht, verlockend. Auch wenn es hierzulande nicht immer möglich ist, die entsprechenden Fische frisch zu bekommen, so gibt es doch eine große Auswahl an tiefgefrorenem Fisch. Man kann aber auch ohne weiteres einen frisch erhältlichen Fisch von ähnlicher Beschaffenheit für die meisten Rezepte verwenden. Die Rezepte bieten Interessantes für die Festtagsküche: Ein appetitlich dekorierter Fisch auf Athener Art oder marinierte Seezungenfilets geben jedem kalten Buffet einen besonderen Akzent. Mit Rotbarben vom Grill oder in der Pfanne gebraten läßt sich ein Gästeessen aufs beste gestalten. Aber auch Fischtöpfe wie Bourdeto mit Zwiebelchen oder auch Fisch aus dem Backofen ergeben eine köstliche Mahlzeit. Kurzum: Die griechische Fischküche macht Lust, Fisch häufiger zu alltäglichen wie zu besonderen Gelegenheiten auf den Tisch zu bringen.

Gegrillte Rotbarben

Barboúnia stí skára

Nach diesem Rezept kann man auch andere Fische wie Makrelen, Meerbarben, Doraden und Sardinen zubereiten.
Die Fische können klein oder groß sein. In Griechenland grillt man sie über dem Holzkohlenfeuer. Die Fische werden während des Grillens mit einer Zitronen-Öl-Sauce bestrichen und gelegentlich auch mit Oregano gewürzt.

1 kg Rotbarben · Saft von 1 Zitrone · Salz · Pfeffer · 6 Eßl. Olivenöl · 1 Teel. gerebelter Oregano · 1 Eßl. frisch gehackte Petersilie · 1 Zitrone

Vorbereitungszeit: 10 Minuten
Grillzeit: 10-15 Minuten

◁ Gegrillte Rotbarben »Barboúnia stí skára« schmecken um so besser, je mehr man sie bei Tisch mit Zitronensaft beträufelt.

Die Fische schuppen, ausnehmen und waschen; Kopf und Schwanz am Fisch belassen. • Für die Zitronen-Olivenöl-Sauce den Zitronensaft mit Salz und Pfeffer vermischen und im Mixer mit dem Olivenöl verrühren. Die Rotbarben salzen und mit etwas Zitronen-Olivenöl-Sauce einreiben und mit Oregano bestreuen. • Die Stäbe des Grillrostes mit Olivenöl einpinseln und die Fische auf dem Rost des heißen Grills braten. Das dauert je nach Größe der Fische 10-15 Minuten. Nach der Hälfte der Grillzeit den Fisch mit Zitronen-Olivenöl-Sauce bestreichen und wenden. Die Zitronen-Olivenöl-Sauce mit der Petersilie vermischen und den gegrillten Fisch damit begießen. Mit Zitronenachteln servieren. Den Grillfisch heiß oder, wie es die Griechen lieben, auch lauwarm servieren.

Gebratene Rotbarben

Barboúnia tiganitá

Gebraten werden am liebsten kleine Fische, die man in Mehl wendet und in viel Olivenöl brät. Neben Rotbarben sind auch Makrelen und Sardinen, aber auch Fischkoteletts und -filets für dieses Rezept geeignet.

1 kg kleine Rotbarben · Mehl nach Bedarf · Salz · Pfeffer · Olivenöl nach Bedarf · 1 Zitrone

Vorbereitungszeit: 10 Minuten
Bratzeit: 10-15 Minuten

Die Fische schuppen und ausnehmen. Kopf und Schwanz am Fisch belassen. Die Fische waschen und trockentupfen. Das Mehl mit Salz und Pfeffer vermischen. • Reichlich Öl in einer Pfanne erhitzen. Die Fische im gewürzten Mehl wenden und abklopfen. Die Fische im heißen Olivenöl von beiden Seiten braten. Das dauert je nach Größe der Fische zwischen 10 und 15 Minuten. • Den Fisch auf Küchenkrepp abtropfen lassen und heiß mit Zitronenachteln servieren. Mayonnaise oder Kartoffel-Knoblauch-Püree (Rezept Seite 26) und Gemüsesalat dazu reichen.

Meerbrasse à la Spetsä

Sinagrída a la spetsióta

Die für die Insel Spetsä typische Art, Fisch im Backofen goldgelb zu überbakken, ist in ganz Griechenland beliebt. Man verwendet für dieses Rezept in der Regel einen großen Fisch mit festem Fleisch, den man ganz läßt oder auch in Scheiben schneidet. Man kann also auch Fischkoteletts für dieses Rezept verwenden. Außer Meerbrasse eignen sich Meeräsche, Heilbutt, Steinbutt, Rotbarsch, Schellfisch oder Zander.

1 kg Meerbrasse · 3 reife Tomaten · 1 Knoblauchzehe · 4 Eßl. Olivenöl · 1 Eßl. frisch gehackte Petersilie · ⅔ Tasse trockener Weißwein · Salz · Pfeffer · Saft von 1 Zitrone · ½ Tasse Semmelbrösel/Paniermehl

Vorbereitungszeit: 20 Minuten
Garzeit: 55 Minuten

Den Fisch schuppen, ausnehmen und waschen. Kopf, Flossen und Schwanz entfernen und den Fisch in 2 cm dicke Scheiben schneiden. Die Tomaten waschen, kreuzweise einritzen und kurz in kochendes Wasser legen. Die Tomaten enthäuten, am Stielende kappen und die Kerne ausdrücken. Die Tomaten in Stükke schneiden und durch ein Sieb geben. Die Knoblauchzehe schälen und feinschneiden. • Das Olivenöl in einem Topf erhitzen. Die Knoblauchzehe darin kurz anbraten, die Petersilie zufügen und mit dem Tomatenpüree und dem Weißwein aufgießen. Das Ganze salzen und pfeffern. Alles 15 Minuten im geschlossenen Topf bei schwacher Hitze schmoren lassen. • Den Backofen auf 220° vorheizen. • Den Fisch mit Salz, Pfeffer und Zitronensaft einreiben und in eine Bratform legen. Den Fisch mit einem Teil der Sauce begießen, den Rest der Sauce rund um den Fisch in die Form gießen. Den Fisch mit der Hälfte der Semmelbrösel bestreuen und 45 Minuten lang im Backofen garen. Nach der Hälfte der Bratzeit den Fisch wenden und mit den restlichen Semmelbröseln bestreuen. • Den Fisch heiß oder kalt servieren und je nach Geschmack mit Zitronensaft begießen.

Seezungenfilet aus dem Backofen

Glósses stó fúrno

Für dieses Gericht kann man auch Rotbarsch, Heilbutt, Meeräsche, Scholle oder Kabeljau verwenden.

1 kg Seezungenfilets · 1 unbehandelte Zitrone · 5 Tomaten · 4 Eßl. Olivenöl · 1 Eßl. frisch gehackte Petersilie · Salz · Pfeffer · 2 Eßl. Butter

Vorbereitungszeit: 15 Minuten
Garzeit: 20–30 Minuten

Die Seezungenfilets waschen und trockentupfen. Vorhandene Gräten entfernen. Die Zitrone waschen und in feine Scheiben schneiden. Die Tomaten waschen, am Stielende das Grüne ausstechen und die Tomaten in Scheiben schneiden. • Die Fischfilets in eine geölte Bratform legen und mit dem Olivenöl beträufeln. • Den Backofen auf 220° vorheizen. • Den Fisch mit der Petersilie bestreuen. Darauf die Tomatenscheiben legen und alles salzen und pfeffern. Auf die Tomaten wiederum die Zitronenscheiben legen und mit ¾ Tasse Wasser angießen. Die Zitronenscheiben mit Butterflöckchen belegen. Den Fisch auf der zweiten Schiene von unten 20–30 Minuten im Backofen garen.

Fischtopf Bourdeto mit Zwiebelchen

Bourdéto (Korfu)

Dieses Fischgericht von der Insel Korfu wird mit viel Cayennepfeffer zubereitet. Man verwendet dafür kleine verschiedene Fische. Wer aber die vielen lästigen Gräten scheut, braucht auf dieses Rezept nicht zu verzichten: Man kann größere Fische, Filets oder Fischkoteletts verwenden.

1½ kg kleine verschiedene Fische (Stinte, Sprotten, Hering, Seehecht) · 400 g kleine Zwiebeln · 1 Tasse Olivenöl · Salz · Pfeffer · Paprikapulver · Cayennepfeffer

Vorbereitungszeit: 20 Minuten
Garzeit: 35–40 Minuten

Die Fische schuppen und ausnehmen. Die Flossen und die Schwänze entfernen. Die Fische waschen und trockentupfen. Die Zwiebeln schälen und halbieren oder vierteln. • Das Olivenöl in einem Topf erhitzen und die Zwiebeln darin glasig braten. Mit 2 Tassen Wasser aufgießen und mit Salz und Pfeffer, Paprikapulver und Cayennepfeffer würzen. Alles aufkochen lassen und die Zwiebeln im zugedeckten Topf bei schwacher Hitze 20 Minuten lang garen. Den Fisch in den Sud geben und darin 15–20 Minuten ziehen lassen. • Abseits vom Herd 10 Minuten ruhen lassen. Dann servieren.

Mariniertes Seezungenfilet

Glósses marinátes

Für dieses pikante Fischgericht, das sich im Kühlschrank etwa ½ Woche lang aufbewahren läßt, kann man auch Rotbarbe, Hering oder Makrele verwenden. Man kann bei der Sauce, in der der Fisch mariniert wird, auch auf Tomaten und Weißwein verzichten und statt dessen nur mit Wasser aufgießen.

1 kg Seezungenfilet · Saft von ½ Zitrone · Salz · Pfeffer · 1 Knoblauchzehe · 3 Tomaten · 1 Tasse Olivenöl · 1 Eßl. Mehl · 4 Eßl. Essig · ½ Tasse herber Weißwein · 3 Teel. gerebelter Rosmarin · 2 Lorbeerblätter · 1 Zweig Petersilie

Vorbereitungszeit: 20 Minuten
Garzeit: 35 Minuten

Die Seezungenfilets waschen und trockentupfen. Die Filets mit etwas Zitronensaft beträufeln und mit Salz und Pfeffer einreiben. Die Knoblauchzehe schälen und feinschneiden. Die Tomaten waschen, kreuzweise einritzen und kurz in kochendes Wasser legen. Die Tomaten enthäuten und am Stielende kappen. Die Kerne ausdrücken und die Tomaten im Mixer pürieren. • Das Olivenöl in einer Pfanne erhitzen und die Seezungenfilets darin von beiden Seiten in je etwa 5 Minuten goldgelb braten. Das Bratfett durch ein Sieb gießen und aufheben. Die Seezungenfilets warm stellen. Die Pfanne säubern. • Das Bratfett zurück in die Pfanne geben und erhitzen. Den Knoblauch in der Pfanne anbraten, das Mehl braun rösten und mit dem Essig, dem Weißwein und dem Tomatenpüree aufgießen. ½ Tasse Wasser zufügen. Das Ganze salzen und pfeffern und den Rosmarin, die Lorbeerblätter und die Petersilie zufügen. Die Sauce einmal aufkochen lassen und bei schwacher Hitze im geschlossenen Topf 15 Minuten köcheln lassen. • Die Sauce durch ein Sieb auf die Seezungenfilets gießen und diese in der Sauce nochmals 5 Minuten schmoren lassen. • Die Seezungenfilets vom Herd nehmen und in der Sauce erkalten lassen. Kalt servieren.

Kabeljau aus dem Backofen

Bakaliáros plakí

Diese in Griechenland sehr verbreitete Zubereitungsart empfiehlt sich auch für Schellfisch oder Heilbutt. Man schneidet die größeren Fische in Scheiben. Kleinere Fische wie etwa dünne Sardinen läßt man im Ganzen.

1 kg Kabeljauscheiben · Saft von 1 Zitrone · ½ Tasse Olivenöl · 3 Tomaten · 3 Zwiebeln · 1 Knoblauchzehe · Salz · Pfeffer · 1 Tasse herber Weißwein · 1 Eßl. Butter

Vorbereitungszeit: 20 Minuten
Garzeit: etwa 1 Stunde

Die Kabeljauscheiben waschen und abtrocknen. Die Kabeljauscheiben mit etwas Zitronensaft begießen und mit etwas Olivenöl beträufeln. Die Tomaten waschen, kreuzweise einritzen und kurz

Seezungenfilet aus dem Backofen »Glósses stó fúrno« besticht durch die Einfachheit der Zutaten. Die mitgebackenen Zitronenscheiben geben dem Ganzen eine feine Note. ▷

in kochendes Wasser legen. Die Tomaten enthäuten und am Stielende kappen. Die Kerne ausdrücken und die Tomaten in Stücke schneiden. Die Zwiebeln schälen und kleinwürfeln. Die Knoblauchzehe schälen und feinschneiden. • Das restliche Olivenöl in einem Topf erhitzen. Die Zwiebeln darin glasig braten und die Knoblauchzehe kurz mit anbraten. Die Tomatenstückchen zufügen, salzen und pfeffern und mit dem Weißwein aufgießen. Alles einmal aufkochen lassen und im geschlossenen Topf bei schwacher Hitze 30 Minuten lang garen. • Den Backofen auf 180° vorheizen. • Den Fisch in eine Bratform legen, mit Salz und Pfeffer bestreuen und mit der Sauce begießen. Den Fisch mit Butterflöckchen belegen und im Backofen auf der zweiten Schiene von unten 15–20 Minuten in geöffneter Form bakken.

Fisch mit Mayonnaise auf Athener Art

Psari Athinaikó

Für dieses exzellente Fischgericht wählt man einen 1½–2 kg schweren Kochfisch mit festem Fleisch. Der Fisch wird mit Kopf und Schwanz benötigt. Lassen Sie ihn sich beim Fischhändler schuppen und ausnehmen. Aus dem Sud bereitet man gerne eine Fischsuppe mit Eier-Zitronen-Sauce (Rezept Seite 39) und reicht diese vor dem Fischgericht.

1 küchenfertiger Kochfisch von 1½–2 kg (Meerbrasse, Seehecht, Streifenbarsch) · Saft von 1 Zitrone · Salz · 4 kleine Zwiebeln · 2 Möhren · 2 Stangen Staudensellerie mit Sellerieblättern · 2 Tomaten · 6 kleine Kartoffeln · Salz · ½ Tasse Olivenöl · 125 g selbstgemachte Mayonnaise (siehe nebenstehendes Rezept) · 2 Gewürzgurken · ½ Tasse grüne Oliven · ½ Salatgurke

Vorbereitungszeit: 40 Minuten
Garzeit: etwa 1 Stunde

Den Fisch außen und innen waschen und mit etwas Zitronensaft und Salz einreiben. • Für den Sud die Zwiebeln schälen und halbieren. Die Möhren schaben, waschen und in Scheibchen schneiden. Den Staudensellerie waschen und in Scheiben schneiden. Die Sellerieblätter waschen und kleinschneiden. Die Tomaten waschen, kreuzweise einritzen und kurz in kochendes Wasser legen. Die Tomaten enthäuten und am Stielende kappen. Die Tomaten entkernen, achteln und im Mixer pürieren. Die Kartoffeln schälen, waschen und halbieren. • Das Gemüse in einen Topf geben und mit Wasser bedecken. Das Ganze salzen, aufkochen lassen und mit dem Olivenöl übergießen. Das Gemüse bei schwacher Hitze und im geschlossenen Topf etwa 30 Minuten weich garen. • Den Fisch abbrausen und in einen genügend großen Topf legen. Wenn kein großer Topf vorhanden ist, gegebenenfalls den Fisch quer in 2–3 Stücke teilen, aber Kopf und Schwanz mitgaren. Den Sud durch ein Sieb zum Fisch gießen und das Gemüse beiseite stellen. Den Fisch im Sud ziehen, nicht kochen lassen. Das dauert 15–20 Minuten. • Den Fisch vorsichtig aus dem Sud heben und folgendermaßen anrichten: Kopf und Schwanz erhalten. Vom übrigen Fisch die Haut entfernen und den Fisch entgräten. Den Fisch in kleine Portionsstücke teilen und diese mit dem Gemüse aus dem Sud vermischen. Nun den Fisch auf einer Platte so anrichten, daß er seine ursprüngliche Form wieder erhält. Den Fisch mit der Mayonnaise bestreichen; dabei Kopf und Schwanz freilassen. Den Fisch mit den Gewürzgurken, den Oliven und der Salatgurke dekorieren. • Den Fisch warm oder kalt servieren.

Hummer mit Mayonnaise

Astakós mé majionésa

Nach diesem Rezept können Sie Hummer oder Languste zubereiten. Zu diesem Gericht schmeckt auf griechische Art selbstgemachte Mayonnaise sehr gut.

1 Hummer (500–600 g) · 1 Möhre · 1 Zwiebel · 1 Stange Lauch · 1 Stange Staudensellerie · Salz · 1 Zitrone · 2 Tassen trockener Weißwein

Für die Mayonnaise: 2 Eigelbe · je ½ Teel. Salz und Zucker · 1 Messersp. weißer Pfeffer · 1 Teel. Senfpulver · 2 Eßl. Zitronensaft · ¼ l Öl

Zum Garnieren:
hartgekochte Eischeiben, saure Gurken, Kapern, Salatblättchen oder Petersiliensträußchen

Vorbereitungszeit: 45 Minuten
Garzeit: etwa 20 Minuten
Zubereitungszeit für die Mayonnaise: 15 Minuten

Den Hummer gründlich waschen. Dabei die beim Kauf festgebundenen Scheren nicht lösen. Die Möhre schälen und kleinschneiden. Die Zwiebel schälen und vierteln. Vom Lauch nur das Weiße verwenden, längs aufschneiden und waschen. Den Staudensellerie waschen. Lauch und Staudensellerie kleinschneiden. • In einem großen Topf 6 l Salzwasser zum Kochen bringen und das Gemüse hineingeben. Den Zitronensaft und den Weißwein zugießen. Den Hummer mit dem Kopf voran in das sprudelnd kochende Wasser geben und den Körper ganz untertauchen. Mit einem Schaumlöffel den Hummer 5 Minuten ins wirklich sprudelnd kochende Wasser drükken. Dann den Hummer im geschlossenen Topf in 20 Minuten bei schwacher Hitze garen. Der Hummer färbt sich dabei rot. Die Kochzeit je 100 g Mehrgewicht um 5 Minuten verlängern. Den Hummer im Sud abkühlen lassen. • Den Hummer aus dem Sud nehmen und das Fleisch auslösen. Dazu die Scheren samt Armen vom Körper abtrennen. Die Scheren abbrechen und mit einer Hummerschere aufbrechen. Das Fleisch mit einem Messer herausholen. Den Hummer gestreckt auf eine Arbeitsfläche drücken und den Schwanz des Hummers mit einem Messer der Länge nach durchschneiden – und zwar vom Nakken zum Schwanzende hin. Den Hummer umdrehen und einen Längsschnitt an der Brustseite durchführen. Aus dem Kopfstück den Beutel entfernen, aus dem Schwanzstück den Darm. Das Fleisch aus der Schale lösen. • Für die Mayonnaise die zimmerwarmen Zutaten wie folgt verarbeiten: Die Eigelbe mit dem Salz, dem Zucker, dem Pfeffer, dem Senfpulver und ½ Teelöffel Zitronensaft schaumig rühren. Unter ständigem Rühren das Olivenöl tropfenweise zufügen. Wenn die Mayonnaise dicklich und hellgelb geworden ist, den restlichen Zitronensaft tropfenweise abwechselnd mit dem Öl zufügen. Zum Schluß mit Salz, Zucker, Pfeffer und Zitronensaft abschmecken. Den Hummer auf eine Platte legen und mit hartgekochten Eischeiben, kleingeschnittenen Gurken, Kapern und Salatblättchen oder Petersiliensträußchen garnieren. Die Mayonnaise separat reichen oder in der Mitte über das Hummerfleisch geben.

Garnelen in Tomatensauce

Garídes mé sáltsa

Dieses Gericht, das auch dem Ungeübten leicht gelingt, schmeckt sowohl heiß als auch kalt sehr gut.

3 reife Tomaten · 3 Zwiebeln · 6 Eßl. Olivenöl · 1 Teel. Tomatenmark · Salz · Pfeffer · 2 Eßl. frisch gehackte Petersilie · ½ Teel. gerebelter Oregano · 1 Tasse herber Weißwein · 500 g geschälte Garnelen · Saft von ½ Zitrone · 1 Prise Cayennepfeffer · 1 Prise Zucker

Vorbereitungszeit: 20 Minuten
Garzeit: 20 Minuten

Die Tomaten waschen, kreuzweise einritzen und kurz in kochendes Wasser legen. Die Tomaten enthäuten und am Stielansatz kappen. Die Kerne ausdrükken und die Tomaten kleinschneiden. Die Zwiebeln schälen und sehr fein schneiden. • Das Olivenöl erhitzen und die Zwiebeln darin glasig braten. Das Tomatenmark in etwas Wasser auflösen und die Tomaten und das Tomatenmark zu den Zwiebeln geben. Das Ganze mit Salz und Pfeffer abschmecken, aufkochen lassen und die Petersilie und den Oregano zufügen. Mit dem Weißwein aufgießen und die Sauce aufkochen lassen. Die Sauce im geschlossenen Topf bei schwacher Hitze 10 Minuten garen lassen. In diese Sauce die Garnelen geben und sie darin erwärmen, aber nicht mehr kochen lassen. Die Sauce nach Belieben noch mit dem Zitronensaft, dem Cayennepfeffer und dem Zucker abschmecken.

Tip: Wenn Sie fangfrische Garnelen küchenfertig machen wollen, gehen Sie wie folgt vor: Sie waschen und bürsten die Tiere, um sie von dem Sand zu befreien. Dann geben Sie die lebenden Tiere in einen großen Topf mit sprudelnd kochendem Essigwasser. Man rechnet für 500 g Garnelen 1 l Salzwasser, dem 5 Eßlöffel Essig beigegeben werden. Wichtig ist, daß das Wasser wirklich sprudelnd kocht, damit die Tiere sofort getötet werden. Die Garnelen sind gar, wenn sie eine rote Farbe angenommen haben. Das dauert je nach Größe der Tiere zwischen 8 und 12 Minuten. Die Garnelen auf einem Sieb abtropfen und abkühlen lassen. Die auf diese Weise vorgekochten Garnelen müssen nun noch für die meisten Rezepte aus ihrer Schale befreit werden. Fassen Sie dazu eine Garnele mit einer Hand am Kopf und mit der anderen am Schwanz. Biegen Sie das Tier gerade und trennen Sie Kopf und Schwanz durch gegenläufige Bewegungen. Den Kopf entfernen. Fassen Sie dann das Schwanzfleisch und ziehen es ruckartig aus der Schale heraus. Entfernen Sie nun mit einem spitzen Messer den Darmstrang, der am Rücken entlang läuft. Hierzulande sind die Garnelen, wenn man sie kauft, in der Regel bereits vorgekocht. Man kann sie mit und ohne Schale erwerben. – Sie können dieses Gericht auch mit tiefgefrorenen Scampi bereiten. Lassen Sie die unaufgetauten Scampi in Salzwasser aufkochen und 10 Minuten auftauen, während Sie die Sauce bereiten. Geben Sie dann die Scampi in die Sauce und lassen Sie sie nochmals 10 Minuten darin ziehen.

Variante: Garnelen mit Feta-Käse und Tomaten · Garídes mé tirí ké domáta
Bei diesem Gericht aus Lesbos richtet man sich mit dem Salzen nach dem Salzgehalt des Feta-Käses. In die Tomatensauce zusammen mit den Tomaten 1–2 kleingeschnittene Paprikaschoten und 1–2 kleingeschnittene Knoblauchzehen mitgaren. Das Oreganogewürz weglassen. 125 g Feta-Käse zerdrücken und gleichzeitig mit den Garnelen in die Sauce geben. Nach Belieben kann man die Garnelen auch erst fritieren und dann in die Sauce geben.

Meeräsche im Gemüsebett

Kéfalos mé lachánika

Dieses mit Meeräsche zubereitete Gericht schmeckt ganz vorzüglich. Man kann dafür auch Dorade, Heilbutt, Kabeljau oder Schellfisch verwenden.

1 Meeräsche von 1 kg · Saft von 1 Zitrone · 2 Zwiebeln · 2 Knoblauchzehen · 4 Tomaten · 3 Kartoffeln · 2 Stangen Staudensellerie · 2 Möhren · ½ Tasse Olivenöl · Salz · Pfeffer · 2 Eßl. frisch gehackte Petersilie

Vorbereitungszeit: 30 Minuten
Garzeit: 55 Minuten

Den Fisch säubern, an der Bauchseite aufschneiden, ausnehmen und gründlich waschen. Den Fisch in Scheiben schneiden und mit etwas Zitronensaft beträufeln. Die Zwiebeln schälen und kleinwürfeln. Den Knoblauch schälen und feinschneiden. Die Tomaten waschen, kreuzweise einritzen und kurz in kochendes Wasser legen. Die Tomaten häuten, am Stielende kappen, die Kerne ausdrücken und die Tomaten kleinschneiden. Die Kartoffeln waschen, schälen und in dickere Scheiben schneiden. Den Staudensellerie waschen und in Scheiben schneiden. Die Möhren schaben, waschen und in Scheiben schneiden. • Das Olivenöl in einem Topf erhitzen und die Zwiebeln darin glasig braten. Den Knoblauch kurz mit anbraten und die Tomaten zugeben. Mit 1 l heißem Wasser aufgießen, salzen und pfeffern. Die Kartoffeln, die Möhren und den Sellerie zufügen und alles einmal aufkochen lassen. Das Gemüse im geschlossenen Topf und bei schwacher Hitze 30 Minuten garen. • Den Fisch auf das Gemüsebett legen. Die Petersilie über den Fisch streuen und Zitronensaft darübergießen. Den Fisch-Gemüse-Topf bei schwacher Hitze und im geschlossenen Topf 15–20 Minuten garen.

Tip: Dieses Gericht läßt sich auch im Backofen bei 180° zubereiten. Gießen Sie nur mit 1 Tasse Wasser auf und geben Sie dann Butterflöckchen auf den Fisch.

Gerichte vom Lamm, Kalb und Schwein

Die griechische Küche versteht sich auf die Zubereitung von köstlichen Fleischgerichten. Viele dieser Spezialitäten gehören der Festtagsküche an wie etwa das gegrillte Osterlamm, das nach alter Tradition von den Männern über dem Holzkohlenfeuer an langen Spießen gegrillt wird. Wenn sich dies hierzulande in der heimischen Küche auch nicht nachvollziehen läßt, braucht man doch auf den Duft und den Genuß griechisch gewürzter Lammspießchen vom Grill oder Spanferkel aus dem Backofen nicht zu verzichten. Ebenso lassen sich die herrlichen Fleischtöpfe, in denen Lamm-, Kalb- oder Schweinefleisch mit Gemüse wie Bohnen, Okra, Zucchini, Auberginen oder Kartoffeln zusammen gegart wird, leicht nachkochen. Wie exquisit solche Gerichte sein können, zeigt das weltberühmt gewordene »Stifado«, ein Fleischtopf mit Zwiebelchen. Ausgesprochen raffiniert sind auch Kombinationen von Fleisch mit Kastanien oder Quitten. Die Griechen lieben das Fleisch gut durchgegart, woraus sich die oft langen Schmorzeiten erklären. Auch teilen sie das Fleisch oft bereits vor dem Braten in Portionsstücke, braten diese rundum an und schmoren sie dann durch und durch. Bevorzugt wird in der griechischen Küche das Fleisch junger Tiere: Hammelfleisch sucht man vergeblich, die Griechen verwenden nur Lammfleisch. Nicht anders verhält es sich mit dem Kalb- und Rindfleisch. Geschätzt wird das Fleisch sehr junger Rinder, der »Moscári«. Man bereitet daher die entsprechenden Gerichte am besten aus Kalbfleisch oder wirklich jungem Rindfleisch zu. Junges Rindfleisch erkennt man an seiner Feinfaserigkeit und der kräftigen roten Farbe – es darf nicht dunkelrot oder dunkelbraun sein. Die griechischen Köchinnen zeigen ihre Meisterschaft aber auch bei der Verwendung von Hackfleisch. Sie bereiten daraus raffinierte Hackfleischbällchen und Hackfleischröllchen.

◁ Gegrillte Lammkoteletts »Kotelétes arnioú skáras« sind immer willkommen – ob zum Picknick, zur Grillparty oder zum festlichen Essen. Bauernsalat (Seite 35) paßt gut dazu.

Gegrillte Lammkoteletts

Kotelétes arnioú skáras

In Griechenland bestreicht man die Grilladen gerne mit einer Zitronen-Öl-Sauce, die mit Oregano gewürzt wird.

4 Eßl. Olivenöl · 1 Eßl. frisch gehackter Oregano oder ½ Teel. getrockneter Oregano · Saft von ½–1 Zitrone · 8–12 Lammkoteletts · Salz · Pfeffer · 1 Zitrone

Vorbereitungszeit: 5 Minuten
Grillzeit: 15 Minuten

Die Koteletts waschen und trockentupfen. Die Fettschicht einige Male einschneiden und die Knochen bis zum Fleischansatz sorgfältig abschaben. • Für die Grillsauce das Öl, den Oregano und den Zitronensaft vermischen. Die Koteletts mit einem Teil der Zitronen-Öl-Sauce bestreichen und mit Salz und Pfeffer würzen. • Die Koteletts auf dem Grillrost oder im Elektrogrill auf beiden Seiten grillen; das dauert etwa 15 Minuten. Die Koteletts während des Grillens mit der restlichen Zitronen-Öl-Sauce bestreichen. • Die Zitrone in Achtel schneiden. Die Knochenenden der Koteletts in Pergamentpapierrosetten stekken (damit man die Koteletts bei Tisch in die Hand nehmen kann). Die Koteletts mit den Zitronenachteln und Petersiliensträußchen garnieren. Die Stielkoteletts heiß servieren.

Lammspießchen

Suvlákia arniú

»Suvlákia« werden in Griechenland überall im Straßenverkauf angeboten. Die würzig nach Oregano duftenden Spießchen schmecken am besten, wenn man sie frisch vom Holzkohlengrill auf den Tisch bringt.

800 g Lammkeule · 1 Tasse Olivenöl · ½ Tasse trockener Rotwein · Saft von 1 Zitrone · 1 Teel. gerebelter Oregano · Pfeffer · Lorbeerblätter nach Bedarf · 8 Holzspießchen · Salz

Vorbereitungszeit: 15 Minuten
Marinierzeit: 12 Stunden
Grillzeit: 10 Minuten

Die Lammkeule in 2–3 cm große Würfel schneiden. Für die Marinade das Olivenöl mit dem Rotwein, dem Zitronensaft, dem Oregano und dem Pfeffer zu einer Sauce rühren. Das Fleisch darin über Nacht im Kühlschrank marinieren lassen. Das Fleisch dann trockentupfen. Jeweils ein Fleischstück abwechselnd mit einem Lorbeerblatt auf die Spießchen stecken. Die beiden Enden der Spießchen zum Auflegen auf den Grill frei lassen. • Die Spießchen etwa 10 Minuten auf dem Holzkohlengrill von allen Seiten grillen. • Die Spieße salzen und mit Salat servieren.

Lammragout

Arní kapamá

Dieses herzhafte und aromatische Lammragout ist eine Spezialität aus Kalamata, die in ganz Griechenland beliebt ist und vor allem in der Karnevalszeit mit Spaghetti oder Makkaroni gegessen wird. Die Würzzutaten variieren. Gelegentlich wird auf Zimt, Nelke, Zucker oder auch Wein verzichtet.

800 g Lammfleisch aus der Keule oder Schulter · 1 Zwiebel · 1 Knoblauchzehe · 3 Tomaten · 4 Eßl. Butter oder Olivenöl · Salz · Pfeffer · 1 Eßl. frisch gehackte Petersilie · ½ Teel. Zucker · 1 Tasse trockener Weißwein · 1 Stück Zimt · 1 Nelke

Vorbereitungszeit: 30 Minuten
Garzeit: 2 Stunden

Das Fleisch waschen, abtrocknen und in 4 Portionen schneiden. Die Zwiebel und die Knoblauchzehe schälen und feinschneiden. Die Tomaten waschen, kreuzweise einritzen, kurz in kochendes Wasser legen, enthäuten und am Stielende kappen. Die Kerne ausdrücken und die Tomaten im Mixer pürieren. • Die Butter oder das Olivenöl in einer Pfanne erhitzen, das Fleisch in der Pfanne von allen Seiten bei mittlerer Hitze anbraten und dabei salzen und pfeffern. Das dauert etwa 10 Minuten. • Inzwischen in einem Topf die 2 restlichen Eßlöffel Butter oder Olivenöl erhitzen und die Zwiebel darin glasig braten. Die Knoblauchzehe zufügen und kurz mitbraten. Das Tomatenpüree zugeben, salzen, pfeffern und die Petersilie sowie den Zucker zufügen. Mit dem Wein aufgießen und die Tomatensauce im geschlossenen Topf bei schwacher Hitze 10 Minuten köcheln lassen. Dann das Fleisch in die Tomatensauce geben und mit ½ Tasse heißem Wasser aufgießen. Mit Salz und Pfeffer abschmecken und das Stück Zimt und die Nelke zufügen. Alles einmal aufkochen lassen und das Ragout bei schwacher Hitze in geschlossenem Topf 1½ Stunden garen. Falls nötig gelegentlich etwas heißes Wasser zugießen. • Mit Kartoffeln servieren.

Tip: Die Sauce soll beim Servieren dick sein. Je nach Bedarf zum Schluß 1 Eßlöffel Speisestärke, die in etwas Wasser angerührt worden ist, unterrühren und die Sauce aufkochen und etwas durchkochen lassen.

Lammfrikassee mit Salat

Arní frikasé mé marúli

Lammfleisch mit Salat und einer Eier-Zitronen-Sauce ist eine Köstlichkeit der griechischen Küche. Man kann das Frikassee auch mit Kalb- oder Rindfleisch oder mit Schweinefleisch zubereiten. Der griechische Salat »marúli« ist etwas fester als der hierzulande übliche Kopfsalat und etwas zarter als der Römische Salat. Sie können für dieses Gericht den einen wie den anderen verwenden.

800 g Lammfleisch (Schulter) · 1 Zwiebel · 2 Eßl. Butter · Salz · Pfeffer · 1 kleiner Kopfsalat oder Römischer Salat · 2 Eßl. frisch gehackter Dill · 2 Eigelbe · Saft von 1 Zitrone

Vorbereitungszeit: 20 Minuten
Garzeit: 1½ Stunden

Das Fleisch in große Würfel schneiden. Die Zwiebel schälen und kleinschneiden. • Die Butter in einem Topf zerlassen und die Zwiebel darin glasig braten. Die Fleischwürfel zufügen und anbraten. Das Fleisch mit Salz und Pfeffer bestreuen. 1 Tasse Wasser angießen und das Fleisch 1 Stunde bei schwacher Hitze zugedeckt garen. • Den Salat von den äußeren Blättern befreien, waschen, abtropfen lassen und in dünne Streifen schneiden. Den Salat und den Dill zum Fleisch in den Topf geben und mit ½ Tasse Wasser aufgießen. Mit Salz abschmecken und das Ganze nochmals zugedeckt 30 Minuten bei schwacher Hitze garen. • Das Frikassee von der Kochplatte nehmen. ½ Tasse Garflüssigkeit abnehmen. Die Eigelbe mit 1 Eßlöffel Wasser verquirlen und den Zitronensaft nach und nach unterschlagen. Die Garflüssigkeit eßlöffelweise langsam unter die Eier-Zitronen-Sauce rühren und die Sauce dann unter kräftigem Rühren unter das Frikassee mischen.

Variante: Lammfrikassee mit Spinat · Arní frikasé mé spanáki
Das Frikassee wie im Rezept für Lammfrikassee mit Salat beschrieben zubereiten und statt Salat frischen Spinat verwenden.

Tip: Das Frikassee soll nicht zuviel Garflüssigkeit enthalten. Wenn dies der Fall ist, heben Sie mit einem Schaumlöffel das Fleisch am Ende der Garzeit aus der Flüssigkeit und kochen Sie diese bei starker Hitze auf etwa 1 Tasse ein.

Lammfleisch mit Pflaumen und Mandeln

Arní mé damáskina ké amígdala

Eine Spezialität aus Thessalien ist dieses Gericht, bei dem Lammfleisch auf das Beste mit Pflaumen und Mandeln kombiniert wird.

1 kg Lammfleisch (Schulter) · 1 Zwiebel · Salz · Pfeffer · 1 Zitrone · 4 Eßl. Butter · 1 Eßl. Mehl · 750 g Pflaumen · 300 g Mandeln · 2½ Eßl. Zucker

Vorbereitungszeit: 20 Minuten
Marinierzeit: 1 Stunde
Garzeit: 1½ Stunden

Das Fleisch waschen, trockentupfen und in Portionsstücke schneiden. Die Zwiebel schälen und feinschneiden. Das Fleisch mit Salz, Pfeffer, dem Saft ½ Zitrone und der Zwiebel einreiben und 1 Stunde im Kühlschrank marinieren lassen. • Die Butter in einem Topf zerlassen. Das Fleisch aus der Marinade nehmen und in der Butter von allen Seiten anbraten. Das dauert etwa 15 Minuten. Das Fleisch mit dem Mehl bestäuben. Die restliche Marinade und 1 Tasse heißes Wasser zugießen. Alles aufkochen lassen und das Ganze im geschlossenen Topf bei schwacher Hitze 45 Minuten garen lassen. • Inzwischen die Pflaumen waschen und entsteinen. Die Mandeln 5 Minuten in kochendes Wasser legen, auf ein Sieb schütten und von der braunen Schale befreien. • Die Pflaumen und die Mandeln zum Fleisch geben und das Ganze weitere 45 Minuten bei schwacher Hitze und im geschlossenen Topf garen. Das Gericht mit dem Saft der restlichen ½ Zitrone und dem Zucker abschmecken und nochmals 5 Minuten kochen lassen. Heiß servieren.

Lammschulter mit Joghurt aus dem Backofen

Giaourtáva

Lammbraten wird in Griechenland gerne mit Reis serviert. In diesem Rezept aus Mazedonien wird der fertige Braten mit dem Reis umlegt, mit einer Joghurt-Eier-Mischung übergossen und nochmals in den Backofen geschoben, bis der Reis gar und die Joghurt-Mischung dick und rosig ist.

4–5 Eßl. Butter · 1 Lammschulter · Salz · Pfeffer · 2 Tassen Reis · 1500 g Joghurt · 500 g Sahnequark · 6–8 Eier

Vorbereitungszeit: 15 Minuten
Garzeit: 2½ Stunden

Den Backofen auf 190° vorheizen. • Die Butter zerlassen. Die Lammschulter waschen und trockentupfen. Die Lammschulter mit Salz und Pfeffer einreiben, in eine Bratform legen und mit der Butter begießen. ½ Tasse heißes Wasser zugießen. Die Lammschulter auf der mittleren Schiene im Backofen etwa 2 Stunden schmoren lassen. Während der Bratzeit immer wieder mit Bratensaft begießen. Bei Bedarf etwas heißes Wasser zugießen. Den fertigen Braten aus der Form nehmen und warm stellen. • Den Reis gründlich waschen und in der Bratform 4–5 Minuten im Backofen schmoren lassen. Den Joghurt mit den Eiern gleichmäßig vermischen, jedoch nicht verquirlen. • Den Reis in der Bratform an den Rand schieben und den Braten zurück in die Mitte legen. Das Ganze mit der Joghurt-Eier-Mischung bedecken und im Backofen etwa 20–30 Minuten überbacken, bis der Reis gar und die Joghurtschicht dick und rosig geworden ist. Die Flüssigkeit wird vom Reis aufgesogen.

Lammfrikassee mit Artischocken

Arní frikasé mé angináres

Lammfrikassee mit frischen Artischokken wird in Griechenland mit Eier-Zitronen-Sauce gebunden. Man kann für dieses Gericht die Artischocken entweder in Salzwasser vorkochen und sie in den letzten 10–20 Minuten im Frikassee mitschmoren oder aber auch auf dem Fleisch von Anfang an mitgaren. Dann darf man nicht mehr umrühren; denn dies würde die Artischocken zerstören.

800 g Lammfleisch (Schulter) · 1 Zwiebel · 4–6 frische Artischocken · Salz · 4 Eßl. Butter · Pfeffer · Saft von 1 Zitrone · 2 Eigelbe

Vorbereitungszeit: 40 Minuten
Garzeit: 1½ Stunden

Das Fleisch in große Stücke schneiden. Die Zwiebel schälen und kleinschneiden. Die Artischocken waschen. Den Strunk bis auf 2 cm abschneiden, die Blätter am besten mit einer Schere um ⅓ kürzen. Die äußeren harten Blätter entfernen. Die Artischocken der Länge nach halbieren und das »Heu« herausschaben. • Die Artischocken mit etwas Zitronensaft einreiben, damit sie sich nicht verfärben. Die Artischocken in kaltes Salzwasser legen. • In einem Topf die Butter zerlassen und die Zwiebel darin glasig braten. Die Fleischwürfel zufügen und anbraten. Mit 2 Tassen heißem Wasser aufgießen, salzen und pfeffern und das Ganze aufkochen lassen. Die Artischocken abtropfen lassen und auf das Fleisch legen. Wenn die Artischocken noch nicht von Flüssigkeit bedeckt sind, etwas heißes Wasser zugießen. 1 Teelöffel Zitronensaft zufügen. Das Ganze 1½ Stunden bei schwacher Hitze und im geschlossenen Topf kochen lassen. Die Garflüssigkeit zum Schluß falls nötig auf 1 Tasse reduzieren, indem man das Fleisch und die Artischocken heraushebt und die Sauce bei starker Hitze im geöffneten Topf kochen läßt. • Das Frikassee von der Kochplatte nehmen und ½ Tasse Garflüssigkeit abnehmen. Die Eigelbe mit 1 Eßlöffel Wasser verquirlen und den Zitronensaft unterrühren. Die Garflüssigkeit eßlöffelweise langsam unterrühren und die Eier-Zitronen-Sauce unter Rühren in das Frikassee geben.

Lamm mit Nudeln aus dem Juwetschtopf

Arní mé kritharáki giouvétsi

Für dieses Gericht werden die Nudeln gerne im Backofen in der Bratensauce gegart. Man verwendet dafür sehr kleine Nüdelchen, die nicht größer als Reiskörner oder Melonenkerne sind, aber auch »Chilópittes« (Nudelquadrate, Rezept Seite 49) oder zerbrochene Spaghetti.

1 kg Lammfleisch (Keule) · 3 Tomaten · Salz · Pfeffer · 3 Eßl. Butter · 1 Eßl. Tomatenmark · 450 g kleine Nudeln oder zerkleinerte Spaghetti · 2 Eßl. geriebener Kefalotiri-Käse oder Parmesan-Käse

Vorbereitungszeit: 15 Minuten
Garzeit: 1½ Stunden

Den Backofen auf 200° vorheizen. • Das Fleisch waschen, abtrocknen und in 4 oder 5 Portionen teilen. Die Tomaten waschen, kreuzweise einritzen, kurz in kochendes Wasser legen und enthäuten. Die Tomaten am Stielende kappen, die Kerne sanft ausdrücken und die Tomaten kleinschneiden. • Die Fleischstücke salzen und pfeffern. 2 Eßlöffel Butter in einer Pfanne erhitzen und das Fleisch darin kurz anbraten. • Das Fleisch in eine Bratform legen. Die Tomaten zufügen und die restliche Butter darauf verteilen. Das Tomatenmark mit 1 Tasse Wasser verrühren und über das Fleisch gießen. Das Fleisch im Backofen auf der mittleren Schiene 1 Stunde braten. • Das Fleisch aus dem Topf nehmen und warm stellen. Den Bratenfond mit 5 Tassen kochendem Wasser aufgießen und mit Salz abschmecken. Die Nudeln in den Topf geben und im Backofen 30 Minuten garen. Dann das Fleisch zurück in den Topf legen und gegebenenfalls etwas Wasser zufügen, da die Nudeln beim Garen Flüssigkeit aufsaugen. Zum Schluß soll nur noch wenig Flüssigkeit im Topf vorhanden sein. • Das Lamm mit Nudeln und geriebenem Käse servieren.

Tip: Für dieses sehr beliebte Gericht wird die Lammkeule beim Braten auch im Ganzen gelassen. Die Teigwaren werden oft einfach um das Fleisch herum arrangiert und in den letzten 20–30 Minuten mitgegart.

Variante: Rind- oder Kalbfleisch aus dem Juwetschtopf · Moscári giouvétsi
Das Rind- oder Kalbfleisch auf dieselbe Weise wie das Lammfleisch mit Nudeln bereiten. In den letzten 5 Minuten der Garzeit nach Belieben 100 g Kefalotiri-Käse oder Parmesan-Käse über die Nudeln streuen und Butterflöckchen obenauf verteilen.

Gebratene Lammkeule

Arní stó fúrno

In Griechenland liebt man den Lammbraten durchgegart. Das Spicken mit Knoblauchzehen ist kein Muß bei diesem Gericht. Wer dem Ganzen nur einen Hauch von Knoblauch geben will, reibt den Lammbraten damit nur etwas ein, doch schmeckt das Gericht auch ohne Knoblauch ganz hervorragend.

Für 6 Personen:
1500 g Lammkeule · Saft von 1–2 Zitronen · 1–2 Knoblauchzehen · Salz · Pfeffer · 1 kg kleine Kartoffeln · 125 g Butter

Vorbereitungszeit: 30 Minuten
Bratzeit: 1½ Stunden

Die Lammkeule waschen, abtrocknen und alles Fett entfernen. Die Lammkeule mit Zitronensaft einreiben. Die Knoblauchzehen schälen und zu Stiften schneiden. Die Stifte in Salz und Pfeffer wälzen und in die Lammkeule Einschnitte mit einem scharfen spitzen Messer machen. Die Knoblauchstifte in diese Einschnitte stecken und die Lammkeule auf diese Weise spicken. • Den Backofen auf 200° vorheizen. • Die Kartoffeln schälen, waschen und abtrocknen. (Größere Kartoffeln vierteln.) Die Butter zerlassen. • Die Lammkeule in eine Bratform legen, die Kartoffeln rund um das Fleisch anordnen. Die Kartoffeln mit Salz und Pfeffer bestreuen und mit Zitronensaft beträufeln. Die Butter über das Fleisch und die Kartoffeln gießen. Mit 1 Tasse Wasser aufgießen. Die Lammkeule im Backofen auf der mittleren Schiene 1½ Stunden lang braten. Während des Bratens bei Bedarf noch etwas Wasser zugießen.

Gefüllte Lammschulter

Arní jemistó

Gefüllte Lammschulter gibt einen feinen österlichen Braten ab. Gelegentlich wird die Füllung aus Hackfleisch und Reis noch mit je 50 g Pinienkernen und geschälten Mandeln angereichert, die man in einer Pfanne goldgelb anröstet.

Für 6 Personen:
1 Lammschulter · 1 Zwiebel · ½ Tasse Reis · 4 Eßl. Butter · 200 g Hackfleisch (Kalb- oder Rindfleisch) · Salz · Pfeffer · 1 Eßl. frisch gehackte Petersilie · 1 Eßl. frisch gehackte Minze

Vorbereitungszeit: 30 Minuten
Garzeit: 2½ Stunden

Das Fleisch waschen und trockentupfen. Die Zwiebel schälen und kleinschneiden. Den Reis waschen und in einem Tuch trockenreiben. • 2 Eßlöffel Butter in einer Pfanne erhitzen und die Zwiebel darin glasig braten. Den Reis zufügen und 4–5 Minuten glasig braten. Das Hackfleisch zufügen und graue Farbe nehmen lassen. Alles salzen und pfeffern und die Kräuter zufügen. Mit ½ Tasse heißem Wasser aufgießen, alles aufkochen lassen und in der geschlossenen Pfanne bei schwacher Hitze 10 Minuten köcheln lassen. • Den Backofen auf 200° vorheizen. • In die Lammschulter eine Tasche einschneiden und den Schulterknochen entfernen. Das Fleisch salzen und pfeffern und mit der Hackfleisch-Reis-Farce füllen. Die Tasche mit Küchengarn zunähen. Die Lammschulter mit den restlichen 2 Eßlöffeln Butter einreiben und in eine Bratform legen. Mit 1 Tasse heißem Wasser begießen. • Die Lammschulter auf der mittleren Schiene im Backofen etwa 2 Stunden braten. Dabei immer wieder mit Bratensaft begießen.

Kalbfleischstifado

Stifádo

Stifado, dieses herrlich duftende Gericht aus ganzen Zwiebeln und Fleisch vom Kalb, Rind oder Hasen, das meist in einem feuerfesten irdenen Topf gekocht wird, ist ein gutes Beispiel für die besondere Kunst der griechischen Küche, durch verblüffend einfache Zutatenkombination feine geschmackliche Ergebnisse zu erzielen.

800 g Kalb- oder Rindfleisch (Schulter, Nacken) · 1 große Zwiebel · 1 Knoblauchzehe · 2 reife Tomaten · 5 Eßl. Olivenöl · 2 Lorbeerblätter · 1 Prise Kreuzkümmel · 1 Stückchen Zimt · 1 Tasse herber Rotwein · Salz · Pfeffer · 800 g kleine weiße Zwiebeln oder Schalotten · 2 Eßl. frisch gehackte Petersilie · 1 Eßl. Rotweinessig

Vorbereitungszeit: 30 Minuten
Garzeit: 2¼ Stunden

Das Fleisch waschen, abtrocknen und in 2 cm große Stücke schneiden. • Die Zwiebel schälen und in Würfel schneiden. Die Knoblauchzehe schälen und feinschneiden. Die Tomaten waschen, kreuzweise einschneiden und kurz in kochendes Wasser legen. Die Tomaten häuten und das Grüne am Stielansatz ausstechen. Die Tomaten achteln und durch ein Sieb streichen. • Das Olivenöl in einem Topf erhitzen und das Fleisch darin anbraten. Die Zwiebel, den Knoblauch, die Tomaten, die Lorbeerblätter, den Kreuzkümmel und das Stück Zimt zufügen. Den Rotwein zugießen und mit Wasser auffüllen, bis das Fleisch knapp bedeckt ist. Mit Salz und Pfeffer würzen und das Fleisch in 2 Stunden bei schwacher Hitze weich kochen. • Inzwischen die kleinen Zwiebeln schälen, von den Wurzeln befreien und mit einem feuchten Tuch bedecken, damit sie sich nicht verfärben. Die Zwiebeln in einen Topf legen und mit 1 Tasse heißem Wasser aufgießen. Mit Salz und Pfeffer würzen und die Zwiebeln zugedeckt 10 Minuten köcheln lassen. • Die Zwiebeln abgießen und in den letzten 20 Kochminuten zum Fleisch geben. Die Petersilie zufügen. • Zum Schluß mit Essig abschmecken. Das Ragout mit Reis servieren.

Schmorfleisch mit grünen Bohnen

Kréas mé fasólia

Lamm-, Kalb- oder Rindfleisch wird in der griechischen Küche gerne mit verschiedenen Gemüsen zusammen gegart. Die langen Garzeiten, aber auch die wohlausgewogene Mischung der Hauptzutaten tragen zu einer hervorragenden geschmacklichen Verschmelzung bei.

800 g Lamm-, Kalb- oder Rindfleisch (Keule oder Schulter) · 3 reife Tomaten · 1 Zwiebel · 1 Knoblauchzehe · 4 Eßl. Butter oder Olivenöl · Salz · Pfeffer · ½ Teel. Zucker · 500 g grüne Bohnen

Vorbereitungszeit: 40 Minuten
Garzeit: 2 Stunden

Das Fleisch waschen, abtrocknen und in große Würfel schneiden. Die Tomaten waschen, kreuzweise einritzen und kurz in kochendes Wasser legen. Die Toma-

Kalbfleischstifado ist nicht nur in Griechenland, sondern überall in der Welt bei Feinschmeckern beliebt Die kleinen Zwiebeln gehen mit dem Ragout eine köstliche Verbindung ein. ▷

ten enthäuten, am Stielende kappen und entkernen. Die Tomaten im Mixer pürieren. Die Zwiebel und die Knoblauchzehe schälen und feinschneiden. • 2 Eßlöffel Butter oder Olivenöl in einer Pfanne erhitzen. Die Fleischwürfel darin anbraten und dabei salzen und pfeffern. Das dauert etwa 10 Minuten. • Inzwischen die restlichen 2 Eßlöffel Butter oder Olivenöl in einem Topf erhitzen und die Zwiebel darin glasig braten. Die Knoblauchzehe kurz mitbraten und das Tomatenpüree zufügen. 3 Eßlöffel Wasser zugeben, alles salzen und pfeffern und mit dem Zucker würzen. Die Tomatensauce aufkochen lassen und im geschlossenen Topf bei schwacher Hitze 10 Minuten köcheln lassen. • Dann die Fleischwürfel in die Sauce geben und mit etwa ½ Tasse Wasser aufgießen, bis das Fleisch knapp bedeckt ist. Nochmals abschmecken, alles aufkochen lassen und das Fleisch 1 Stunde bei geschlossenem Topf und schwacher Hitze schmoren. Wenn nötig während des Garens etwas heißes Wasser zugießen. • Inzwischen die Bohnen vorbereiten. Die Bohnen waschen, abtropfen lassen, die Stielenden und die Spitzen abschneiden und die Fäden abziehen. Die Bohnen je nach Größe halbieren. • Die Bohnen mit ½ Tasse Salzwasser in einen Topf geben, aufkochen und bei geschlossenem Topf 10 Minuten kochen. Die Bohnen mit der Garflüssigkeit zum Fleisch geben und das Ganze weitere 30 Minuten bei schwacher Hitze und geschlossenem Topf schmoren lassen. • Feta-Käse dazu reichen.

Tip: Die mit dem Fleisch gegarten Gemüse dienen als Beilage, so daß kein weiteres zusätzliches Gericht dazu serviert wird. Soll die Beilage etwas sättigender sein, kann man auch 3 geviertelte Kartoffeln mitgaren.

Variante: Schmorfleisch mit Erbsen · Kréas mé aráka
Das Fleisch vom Lamm, Kalb oder Rind wie im Rezept für Schmorfleisch mit grünen Bohnen beschrieben in Tomatensauce schmoren lassen. • 1½ kg junge Erbsen (500–600 g enthülste Erbsen) aus den Schoten streifen und mit ½ Tasse Salzwasser 5 Minuten kochen. Die Erbsen mit der Garflüssigkeit zum Fleisch geben und in den letzten 20 Minuten mitschmoren.

Variante: Schmorfleisch mit Kartoffeln · Kréas mé patátes
Das Fleisch vom Lamm, Kalb oder Rind wie im Rezept für Schmorfleisch mit grünen Bohnen beschrieben in Tomatensauce schmoren lassen. • 500 g Kartoffeln schälen, waschen, vierteln und in der Pfanne kurz anbraten. Die Kartoffeln in den letzten 20 Garminuten in den Fleischtopf geben und mit ½ Tasse heißem Salzwasser aufgießen.

Kalbfleisch mit Tomaten und Wein

Moscári taskebáp

Diesem Gericht werden auch gerne Zimt und Gewürznelken beigegeben. Man bereitet es auch mit Lammfleisch zu.

1 kg Kalbfleisch (Keule oder Lende) · 3 Zwiebeln · 3 Tomaten · 100 g Butter · Salz · Pfeffer · 2 Eßl. frisch gehackte Petersilie · ½ Tasse trockener Weißwein · ½ Teel. Zucker

Vorbereitungszeit: 10 Minuten
Garzeit: 1 Stunde

Das Kalbfleisch waschen und trockentupfen. Das Fleisch in gulaschgroße Stücke schneiden. Die Zwiebeln schälen und feinhacken. Die Tomaten waschen, kreuzweise einritzen und kurz in kochendes Wasser legen. Die Tomaten enthäuten und am Stielende kappen. Die Kerne ausdrücken und die Tomaten im Mixer pürieren. • Die Hälfte der Butter in einer Pfanne erhitzen und das Fleisch darin von allen Seiten anbraten, dabei salzen und pfeffern. Das Anbraten dauert etwa 10 Minuten. • Inzwischen die restliche Hälfte der Butter in einem Topf erhitzen und die Zwiebeln darin Farbe nehmen lassen. Das Tomatenpüree zufügen, salzen und pfeffern und die Petersilie einstreuen. Mit dem Weißwein aufgießen und das Ganze 5 Minuten bei mittlerer Hitze kochen lassen. Wenn der Weißwein verdampft ist, das Fleisch in die Tomatensauce geben und mit Wasser aufgießen, bis das Fleisch knapp bedeckt ist. Das Ganze aufkochen lassen und mit dem Zucker abschmecken. Alles zugedeckt bei schwacher Hitze 1 Stunde schmoren lassen.

Kalbsragout Pastitsada

Pastitsáda (Korfu)

Herzhaft und würzig ist dieses Ragout, das man nicht nur auf der Insel Korfu gern mit Spaghetti oder Makkaroni serviert.

1 kg Kalbfleisch (Lende) · 2 Zwiebeln · 2 Knoblauchzehen · ½ Tasse Olivenöl · Salz · Pfeffer · 2 Teel. Tomatenmark · 1 Prise Zimt · 1 Lorbeerblatt · ¾ Tasse herber Weißwein · 400 g Makkaroni · 2 Eßl. Butter · 150 g geriebener Kefalotiri-Käse oder Parmesan-Käse

Vorbereitungszeit: 10 Minuten
Garzeit: 1 Stunde

Das Fleisch waschen und abtrocknen. Das Fleisch in etwa 3 cm große Würfel schneiden. Die Zwiebeln und die Knoblauchzehen schälen und feinschneiden. • In einem Topf das Olivenöl erhitzen und das Fleisch darin anbraten. Das dauert etwa 10 Minuten. Das Fleisch dabei salzen und pfeffern und die Zwiebeln und die Knoblauchzehen zufügen. Das Tomatenmark mit ½ Tasse Wasser verrühren und zu dem Fleisch und den Zwiebeln geben. Das Ganze etwas köcheln lassen. Den Zimt und das Lorbeerblatt zugeben. ½ Tasse Wasser und den Weißwein zufügen. Alles aufkochen lassen und mit Salz und Pfeffer abschmekken. Das Fleisch im geschlossenen Topf bei schwacher Hitze 1 Stunde lang schmoren lassen. • In der Zwischenzeit die Makkaroni kochen. Dafür 4 l Salzwasser zum Kochen bringen, die Makkaroni einmal durchbrechen und in das Wasser werfen. Die Makkaroni in 10–15 Minuten weich kochen und dabei ab und zu umrühren. • Inzwischen die Butter in der Pfanne zerlassen. Die Makkaroni auf ein Sieb geben und abtropfen lassen, dann auf einer Platte anrichten, mit der zerlassenen Butter begießen und mit dem geriebenen Käse bestreuen. Das Fleisch in der Mitte auf den Makkaroni anrichten und das Ganze mit Sauce übergießen.

Gerichte vom Lamm, Kalb und Schwein

Rinderlende Sofrito

Sofríto (Korfu)

Dieses Gericht, eine Spezialität der Insel Korfu, schmeckt mit Knoblauch sehr gut. Man kann statt Lende auch Filet verwenden und Sofrito selbstverständlich auch mit Kalbfleisch zubereiten.

800 g Rinderlende oder Filet · 2 Knoblauchzehen · 3 Eßl. Olivenöl · Mehl nach Bedarf · Salz · Pfeffer · 1 Eßl. frisch gehackte Petersilie · 1 Eßl. Essig · ½ Tasse herber Weißwein

Vorbereitungszeit: 10 Minuten
Garzeit: 1 Stunde

Das Fleisch in 1 cm dicke Scheiben und diese in Portionsstücke schneiden. Die Stücke klopfen und mehrere Male am Rand einschneiden. Die Knoblauchzehen schälen und kleinschneiden. • Das Olivenöl in einem Topf erhitzen. Das Fleisch in Mehl wenden und auf jeder Seite etwa 4 Minuten braun anbraten. Nach dem Wenden salzen und pfeffern und die Knoblauchzehen mit anbraten. Die Petersilie, den Essig und den Wein zufügen und mit ½ Tasse Wasser aufgießen. Mit Salz und Pfeffer abschmecken, alles aufkochen lassen und bei schwacher Hitze 50–60 Minuten im geschlossenen Topf garen. • Das Fleisch auf einer Platte anrichten und mit der Sauce übergießen.

Steaks mit Oregano

Vodinó filléto riganáto

Wenn man den Oreganogeschmack bei diesen Steaks noch unterstreichen möchte, kann man vor dem Servieren die Steaks mit einem Scheibchen Butter belegen, das mit Oregano gewürzt worden ist.

4 Filetsteaks vom Kalb oder Rind · 4 Eßl. Butter · Saft von 1–2 Zitronen · 1 Eßl. frisch gehackter Oregano oder ½ Teel. getrockneter Oregano · Salz · Pfeffer · Zitronenachtel

Vorbereitungszeit: 10 Minuten
Grillzeit: je Steak 10 Minuten

Die Steaks waschen und trockentupfen. Alle weißen Häutchen von den Steaks abschneiden. • Die Butter in einer Pfanne zerlassen. Die Steaks mit der Butter bepinseln und mit Zitronensaft beträufeln. Den Oregano über die Steaks streuen. • Die Steaks auf dem Grillrost oder im Elektrogrill auf jeder Seite 4–5 Minuten grillen. Die Steaks nach dem Wenden salzen und pfeffern. • Die Steaks mit Zitronenachteln servieren.

Filetspießchen vom Kalb (Schwein)

Suvlákia mé moscarísio kréas

Diese Filetspießchen vom Rind oder Kalb geraten durch die Zugabe von Zwiebeln, Tomaten und Peperoni herzhaft und saftig.

800 g Filet vom Kalb oder Rind · 8 Eßl. Olivenöl · Saft von 1 Zitrone · 1 Eßl. frisch gehackter Oregano · Pfeffer · 8 kleine Zwiebeln · 2 Tomaten · 2 grüne Paprikaschoten · 8 Holzspießchen · Salz

Vorbereitungszeit: 20 Minuten
Marinierzeit: 12 Stunden
Grillzeit: 10 Minuten

Das Fleisch in 2–3 cm große Würfel schneiden. • Für die Marinade das Öl mit dem Zitronensaft kräftig schlagen und den Oregano und Pfeffer unterrühren. Das Fleisch damit überziehen und über Nacht im Kühlschrank marinieren lassen. • Am Tag der Zubereitung die Zwiebeln schälen und halbieren. Die Tomaten waschen und das Grüne am Stielende ausstechen. Die Tomaten achteln. Die Paprikaschoten waschen, halbieren und von den Kernen und Rippen befreien. Die Paprikaschoten in 2–3 cm große Stücke schneiden. Das Fleisch aus der Marinade nehmen, trockentupfen und abwechselnd mit den Zwiebeln, den Tomaten und den Paprikaschoten auf die Spießchen stecken. • Die Spießchen mit der Marinade bestreichen und unter häufigem Wenden bei starker Hitze grillen. • Die Spieße salzen und sofort heiß servieren.

Schmorfleisch mit Okra

Kréas mé bámies

Dieser Fleischtopf mit Okra wird gerne mit Kalb- oder Rindfleisch oder auch mit Lammfleisch zubereitet. Am besten verwenden Sie für dieses Gericht frische Okra, die es hierzulande auf dem Markt und im Gemüsegeschäft immer häufiger zu kaufen gibt.

1 kg Lamm-, Kalb- oder Rindfleisch (Schulter) · 6 Eßl. Olivenöl · Salz · Pfeffer · 300 g Okra · 2 Eßl. Essig · 1 Eßl. Tomatenmark

Vorbereitungszeit: 45 Minuten
Ruhezeit: 30 Minuten
Garzeit: 1¼ Stunden

Das Fleisch waschen, trockentupfen und in Portionsstücke schneiden. • Das Fleisch mit 1 Tasse Wasser in einem Topf aufsetzen und aufkochen lassen. Das Fleisch 15 Minuten lang kochen lassen und dabei den Schaum abschöpfen. Die Hälfte des Öls zugießen und das Ganze salzen und pfeffern. Das Fleisch im geschlossenen Topf bei schwacher Hitze garen. • Inzwischen die Okra waschen und die Kappe mit dem Stielansatz abschneiden, ohne das Fruchtfleisch zu verletzen. Es soll kein Saft auslaufen. Die Okra in eine breite Schüssel legen und mit Salz bestreuen und dem Essig beträufeln. Die Okra 30 Minuten lang ruhen lassen. • In einer Pfanne das restliche Olivenöl erhitzen und die Okra darin vorsichtig anbraten. Das dauert etwa 10 Minuten. • In den letzten 20 Garminuten die Okra zum Fleisch geben. Dafür das Fleisch in die Mitte des Topfes schieben und die Okra behutsam außen herum arrangieren. Den Fleischtopf mit ½ Tasse heißem Wasser aufgießen, nochmals mit Salz und Pfeffer abschmecken. • Das Tomatenmark mit etwas Wasser verrühren und in den Fleischtopf geben und das Fleisch zusammen mit dem Gemüse im geschlossenen Topf bei schwacher Hitze 20 Minuten garen.

Kalbfleisch auf ländliche Art

Moscári exochikó

In diesem Gericht, das ebenso gerne mit Lammfleisch zubereitet wird, vereinen sich Fleisch, Erbsen, Kartoffeln, Tomaten und Käse zu einem festlichen Gericht. Es wird in der griechischen Küche zum Teil in kleinen Tonformen von etwa 15 cm Durchmesser im Backofen gegart, zum Teil wird es aber auch wie in diesem Rezept in gebuttertem Pergamentpapier zubereitet oder in Filloteig.

800 g Kalbfleisch (Keule) · 250 g Erbsen (mit Schote) · Salz · 8 kleine Kartoffeln · 4 kleine Tomaten · 5 Eßl. Butter · Pfeffer · 4 Scheiben Kasseri-Käse oder Greyerzer-Käse · 1 Eßl. frisch gehackte Petersilie · Pergamentpapier

Vorbereitungszeit: 30 Minuten
Garzeit: 1¼ Stunden

Das Fleisch waschen, abtrocknen und in 1 cm dicke Scheiben schneiden. Die Scheiben in größere Stücke teilen und klopfen. Die Erbsen aus den Schoten lösen und von Salzwasser bedeckt aufkochen lassen. Die Erbsen 15 Minuten lang bei geschlossenem Topf und schwacher Hitze garen. Inzwischen die Kartoffeln schälen. Sehr kleine Kartoffeln im Ganzen lassen, größere in walnußgroße Stücke schneiden. Die Tomaten waschen, kreuzweise einritzen und kurz in kochendes Wasser legen. Die Tomaten enthäuten, am Stielende kappen und die Kerne sanft ausdrücken. • In einer Pfanne 2 Eßlöffel Butter zerlassen und die Fleischstücke darin von beiden Seiten je 4 Minuten braun braten. • In einer zweiten Pfanne inzwischen ebenfalls 2 Eßlöffel Butter zerlassen und die Kartoffeln darin anbraten. Die Tomaten zufügen. Das Fleisch wie auch die Kartoffeln und die Tomaten salzen und pfeffern. • Den Backofen auf 180° vorheizen. • Die restliche Butter zerlassen. Die Erbsen abgießen. • Das Pergamentpapier in 4 Teile teilen und mit etwas Butter bepinseln. Auf jedes Pergamentpapier je 1 Portion Fleisch, Erbsen, Tomaten und Kartoffeln legen. Obenauf eine quadratische Scheibe Käse legen und das Ganze mit Petersilie, etwas Salz und Pfeffer bestreuen und mit kleinen Butterflöckchen belegen. Das Papier sorgfältig um jede Portion hüllen und mit einer Doppelfalte verschließen. Das Pergamentpapier mit Butter bepinseln und die Pakete auf ein gebuttertes Backblech legen. Das Lammfleisch etwa 1 Stunde im Backofen backen.

Tip: Wenn Sie dieses Gericht mit Teigblättern zubereiten wollen, haben Sie 3 Möglichkeiten. Sie können 1. Filloteig verwenden, den Sie nach dem Rezept auf S. 45 selbst herstellen oder in Form von fertigen Teigblättern aus dem griechischen Spezialgeschäft beziehen. Sie können aber auch 2. fertige Strudelteigblätter verwenden oder 3. tiefgekühlten Blätterteig verwenden (300 g), den Sie hauchdünn ausrollen müssen. Bepinseln Sie die Teigblätter jeweils mit zerlassener Butter und besprenkeln Sie die Teigpakete mit Wasser, bevor Sie das Gericht im Ofen garen.

Kalbfleisch mit Zucchini

Moscári mé kolokithákia

Solch ein Gemüsefleischtopf gelingt auch sehr gut, wenn man Zucchini und Auberginen zu gleichen Teilen und 2–3 feingehackte Knoblauchzehen dafür verwendet.

800 g Kalb- oder Rindfleisch (Keule) · 2 Zwiebeln · 4 Tomaten · ¾ Tasse Olivenöl · Salz · Pfeffer · 1 kg Zucchini

Vorbereitungszeit: 20 Minuten
Garzeit: 1 Stunde und 50 Minuten

Das Fleisch waschen, abtrocknen und in große Würfel schneiden. Die Zwiebeln schälen und kleinwürfeln. Die Tomaten waschen, kreuzweise einritzen, kurz in kochendes Wasser legen und enthäuten. Die Tomaten am Stielende kappen und durch einen sanften Druck entkernen. Die Tomaten im Mixer pürieren. • Das Fleisch in der Hälfte des Olivenöls anbraten, die Zwiebeln zufügen und mit anbraten. Die Tomaten zufügen und mit 1 Tasse heißem Wasser aufgießen. Salzen und pfeffern, alles aufkochen lassen und dann zugedeckt 1 Stunde bei schwacher Hitze garen. • Die Zucchini waschen, leicht beschaben und an beiden Enden abschneiden. Die Zucchini abtrocknen und in 3 cm dicke Scheiben schneiden. • Das restliche Öl in einer Pfanne erhitzen und die Zucchini darin anbraten. Das dauert etwa 10 Minuten. Die Zucchini zum Fleisch geben und den Fleisch-Gemüse-Topf zugedeckt 30 Minuten bei schwacher Hitze schmoren lassen.

Variante: Kalbfleisch mit Auberginen · Moscári mé melitsánes
1 kg Auberginen waschen, in 4–5 cm dikke Würfel schneiden und mit Salz bestreuen. Die Auberginenwürfel 30 Minuten stehen lassen und dabei mit einem Teller beschweren. Die Würfel kalt abbrausen und trockentupfen. Die Auberginen wie die Zucchini in Olivenöl anbraten und zum Fleisch geben und mitschmoren.

Kalbfleisch mit Kastanien

Moscári mé kástana

Welche Überraschungen die griechische Küche zu bieten hat, zeigt dieser Winter-Fleischtopf, für den Kastanien und Kalb- oder Rindfleisch miteinander kombiniert werden.

400 g Kastanien/Maroni · 1 Zwiebel · 800 g Kalb- oder Rindfleisch (Keule) · 40 g Butter · Salz · Pfeffer

Vorbereitungszeit: 30 Minuten
Garzeit: etwa 1½ Stunden

Die Kastanien kreuzweise einschneiden und in 2–2½ l kochendes Wasser legen, bis die Schalen aufspringen. Das dauert etwa 15–20 Minuten. Den Topf vom Herd nehmen und die Kastanien im

Bei dem raffiniert zubereiteten Kalbfleisch auf ländliche Art »Moscári exochikó« wird für jeden Teilnehmer der Mahlzeit eine eigene Portion in Pergamentpapier gewickelt und im Backofen gegart. ▷

Wasser liegen lassen. Immer nur eine Hand voll Kastanien aus dem Wasser nehmen und zunächst von der dicken Schale und dann von der dünnen Haut befreien. Die Zwiebel schälen und kleinschneiden. Das Fleisch waschen, trockentupfen und in 4 cm große Würfel schneiden. • Die Butter in einem Topf erhitzen und das Fleisch darin anbraten. Die Zwiebelwürfel zugeben und mit anbraten. Mit 2 Tassen kochendem Wasser aufgießen und mit Salz und Pfeffer würzen. Alles einmal aufkochen lassen und das Fleisch bei schwacher Hitze im geschlossenen Topf 1 Stunde garen. Dann die Kastanien zum Fleisch geben und den Fleisch-Kastanien-Topf nochmals bei schwacher Hitze und geschlossenem Topf etwa 30 Minuten garen.

Kalbfleischragout mit Zitrone

Moscári lemonáto

Dieses Gericht läßt sich rasch zubereiten und schmeckt köstlich.

1 kg Gulaschfleisch vom Kalb · 1 Zwiebel · 2 Knoblauchzehen · 3 Eßl. Butter · Saft von 1 Zitrone · 1 Eßl. frisch gehackter Oregano · Salz · Pfeffer · 1 Lorbeerblatt · 1 Eßl. Stärkemehl · 1 Eßl. frisch gehackte Petersilie

Vorbereitungszeit: 15 Minuten
Garzeit: 1¼ Stunden

Das Fleisch waschen, trockentupfen und in gulaschgroße Stücke schneiden. Die Zwiebel schälen und in Würfel schneiden. Die Knoblauchzehen schälen und feinschneiden. • Die Butter in einem Topf zerlassen. Das Gulaschfleisch darin – gegebenenfalls portionsweise – rundum anbraten. Das dauert etwa 10 Minuten. Die Zwiebel zufügen und mit anbraten. Mit heißem Wasser aufgießen, bis das Fleisch gerade von Flüssigkeit umgeben ist. Mit dem Zitronensaft, dem Oregano und Salz und Pfeffer würzen. Das Lorbeerblatt zufügen und alles aufkochen lassen. Das Ragout dann im geschlossenen Topf bei schwacher Hitze gut 1 Stunde schmoren lassen. Das Mehl mit etwas Wasser vermischen und unter das Ragout rühren. Das Ragout aufkochen lassen und bei schwacher Hitze einige Minuten eindicken lassen. • Das Ragout vor dem Servieren mit der Petersilie bestreuen.

Gegrillte Schweinekoteletts

Chirinés kotolétes skáras

Schweinekoteletts sind in Griechenland ebenso beliebt wie gegrillte Lammkoteletts. Statt Oregano, wie in diesem Rezept, kann man auch 5 frische Salbeiblätter verwenden.

4 Schweinekoteletts · 6 Eßl. Olivenöl · Saft von 1 Zitrone · Pfeffer · 1 Eßl. frisch gehackter Oregano · 2 Knoblauchzehen · Salz

Vorbereitungszeit: 15 Minuten
Marinierzeit: 1 Stunde
Grillzeit: etwa 16 Minuten

Die Koteletts waschen und trockentupfen. • Das Olivenöl mit dem Zitronensaft und Pfeffer verschlagen. Den Oregano unter die Zitronen-Öl-Sauce mischen. Die Knoblauchzehen schälen und mit der Knoblauchpresse auspressen. Den Knoblauch in die Sauce geben. • Die Koteletts mit der Sauce bestreichen und 1 Stunde im Kühlschrank marinieren lassen. • Dann die Koteletts trockentupfen und die Ränder alle 2 cm einschneiden, damit die Koteletts beim Grillen gerade bleiben. • Die Koteletts auf dem heißen Grill von jeder Seite etwa 8 Minuten garen. • Die Koteletts salzen und heiß servieren.

Gebratene Schweinekoteletts

Brisóles chirinés

Die gebratenen Schweinekoteletts werden zum Schluß noch in wenig Wein geschmort, was ihnen einen guten Geschmack verleiht. Man kann statt des Weins auch den Saft von 2 Zitronen verwenden.

4 magere Schweinekoteletts · Salz · Pfeffer · 2 Eßl. Butter · ½ Tasse trockener Weißwein oder Rotwein

Vorbereitungszeit: 5 Minuten
Garzeit: 20 Minuten

Die Koteletts waschen, trockentupfen und flachklopfen. Die Koteletts von allen Fetträndern befreien. Die Koteletts salzen und pfeffern und zunächst ohne Zugabe von Fett in einer Pfanne mit 3 Eßlöffeln Wasser bei starker Hitze garen. Die dabei auftretenden schaumähnlichen Absonderungen mit einem Löffel vom Fleisch kratzen. Die Koteletts wenden. Wenn alles Wasser verdampft ist, die Butter zufügen und die Koteletts von beiden Seiten goldgelb braten. Den Wein zugießen und die Koteletts etwa 6 Minuten in der geschlossenen Pfanne schmoren lassen.

Gebratenes Spanferkel

Gourounópoulo psitó

Ein Spanferkel von 5–6 kg ergibt, wenn es bratfertig gekauft wird, rund 4 kg Fleisch. Man kann dieses Gericht auch mit ½ Spanferkel zubereiten.

Für 16 Personen:
1 Spanferkel von etwa 5 kg · Salz · Pfeffer · ¾ Tasse Olivenöl · Saft von 1–2 Zitronen

Vorbereitungszeit: 30 Minuten
Garzeit: 3 Stunden

Den Backofen auf 200° vorheizen. • Das Spanferkel innen und außen waschen und trockentupfen. Salz, Pfeffer, das Olivenöl und den Zitronensaft verrühren und das Spanferkel innen und außen damit einreiben. Die restliche Zitronen-Öl-Sauce zurückbehalten. Die Ohren mit geölter Alufolie umwickeln. Das Spanferkel mit dem Bauch nach unten auf eine große Bratenpfanne legen und mit einem Holzstäbchen das Maul offen halten. Das Spanferkel im Ofen 3 Stunden braten. Das Fleisch muß goldgelb und weich sein. Nach den ersten 20 Minuten ½ l heißes Wasser über das Ferkel gießen. Während des Bratens alle 20 Minuten das Ferkel mit dem Bratensaft begießen und mit der Zitronen-Öl-Sauce bepinseln. Das Ferkel mit Alufolie abdekken, wenn es zu bräunen beginnt. In den letzten 30 Minuten die Folie entfernen und das Ferkel braun braten. Das Fleisch muß zart und weich sein. Gegebenenfalls die Bratzeit um weitere 30 Minuten verlängern.

Variante: Spanferkel mit Kartoffeln · Gourounópoulo mé patátes
¼ Spanferkel zubereiten wie im Rezept für gebratenes Spanferkel beschrieben und in den letzten 1½ Stunden 750 g sehr kleine geschälte Kartoffeln rund um das Spanferkel anordnen. Die Kartoffeln abtrocknen und mit zerlassener Butter beträufeln. 1–2 zermuste Knoblauchzehen mit Zitronensaft vermischen und über die Kartoffeln geben. Das Ganze mit ½ Tasse Wasser begießen und salzen und pfeffern.

Schweinefleisch-Spießchen

Suvlákia mé chirinó kréas

Schweinefleisch-Spießchen werden besonders gut, wenn man die Fleischstücke dicker schneidet als für Lamm- und Kalbfleisch-Spießchen. Das Fleisch selbst sollte mager sein.

800 g Schweinefilet · 8 Eßl. Olivenöl · Saft von 1 Zitrone · 1 Eßl. frisch gehackter Oregano · Pfeffer · 8 Holzspießchen · Salz

Vorbereitungszeit: 15 Minuten
Marinierzeit: 4 Stunden
Grillzeit: 15 Minuten

Das Schweinefilet in 4 cm große Würfel schneiden. • Für die Marinade das Olivenöl mit dem Zitronensaft verrühren und den Oregano und Pfeffer zufügen. Die Fleischstücke in dieser Marinade 4 Stunden im Kühlschrank ziehen lassen. • Das Fleisch aus der Marinade nehmen und trockentupfen. • Das Fleisch auf die geölten Holzspießchen ziehen und auf dem Grill von allen Seiten grillen. Dabei mit der Marinade bestreichen. • Die Spießchen nach dem Grillen salzen und heiß servieren. Die restliche Marinade separat dazu reichen.

Schweinefrikassee mit Sellerie

Frikasé chirinó mé sélino

Für dieses Gericht wird die Sellerieknolle mit ihrem Grün verwendet. Das verleiht dem Ganzen einen feinen Geschmack und ein schönes Aussehen. Das Schweinefrikassee wird in der griechischen Küche gerne mit Eier-Zitronen-Sauce gebunden.

1 kg Schweinefleisch (Schulter oder Lende) · 1 Zwiebel · 3–4 Eßl. Butter · Salz · Pfeffer · 1 Sellerieknolle mit Grün · 1 Eßl. Mehl · 2 Eier · Saft von 1 Zitrone

Vorbereitungszeit: 20 Minuten
Garzeit: 1½ Stunden

Das Fleisch waschen und trockentupfen und in größere Stücke schneiden. Die Zwiebel schälen und kleinschneiden. • Die Butter in einem Topf erhitzen und das Fleisch darin anbraten. Die Zwiebel zufügen und ebenfalls darin anbraten. Mit heißem Wasser aufgießen, bis das Fleisch knapp bedeckt ist, salzen und pfeffern und alles einmal aufkochen lassen. Das Fleisch zugedeckt 45 Minuten garen. • Inzwischen die Sellerieknolle waschen, schälen und in größere Würfel schneiden. Von dem Selleriegrün nur die frischen Blätter verwenden, waschen und kleinschneiden. Den Sellerie mit ½ Tasse Salzwasser in einen Topf geben, aufkochen lassen und 15 Minuten lang kochen. • Den Sellerie mit der Garflüssigkeit zum Fleisch geben und alles zusammen weitere 45 Minuten garen. • Das Mehl mit etwas Wasser verrühren und die Sauce im Fleischtopf unter Rühren damit andicken. Das Ganze nach dem Aufkochen noch einige Minuten köcheln lassen, damit sich der Mehlgeschmack verliert. Dann den Fleischtopf vom Herd nehmen. • Die Eier mit dem Zitronensaft verquirlen und von der Garflüssigkeit ½ Tasse abmessen. Diese etwas abgekühlte Garflüssigkeit eßlöffelweise unter das Eigemisch rühren. Die Eier-Zitronen-Sauce in das Frikassee einrühren.

Schweinefleisch mit Quitten

Chirinó mé kidónia

Dieses raffinierte Gericht der Spätherbst- und Frühwinterzeit kann man auch mit Lamm-, Kalb- oder Rindfleisch zubereiten.

1 kg Schweinefleisch (Schulter oder Lende) · 3 reife Tomaten · 1 Zwiebel · 3 Eßl. Butter · 1 Prise Zimt · Salz · Pfeffer · 1½ kg Quitten · 125 g Zucker

Vorbereitungszeit: 30 Minuten
Garzeit: 2 Stunden

Das Fleisch in Portionsstücke teilen. Die Tomaten waschen, kreuzweise einritzen und kurz in kochendes Wasser legen. Die Tomaten enthäuten, am Stielende kappen und die Kerne sanft ausdrücken. Die Tomaten vierteln. Die Zwiebel schälen und feinschneiden. • In einem Topf die Butter zerlassen und das Fleisch darin anbraten. Die Zwiebel zufügen und mitbraten. Die Tomaten ebenfalls mit anbraten. Mit dem Zimt würzen und mit Wasser bedecken. Das Ganze aufkochen lassen, salzen und pfeffern und im geschlossenen Topf bei schwacher Hitze 1 Stunde lang garen. • Inzwischen die Quitten vorbereiten. Die Früchte schälen und in dicke Scheiben schneiden. Die Quitten mit dem Zucker bestreuen, in ein Sieb legen und 20 Minuten lang Saft ziehen lassen. Die Quitten mit dem Saft und dem Zucker zum Fleisch geben, nachdem dieses 1 Stunde gegart hat. Alles nochmals mit Salz und Pfeffer abschmecken und den Quitten-Fleisch-Topf bei schwacher Hitze und im geschlossenen Topf 1 weitere Stunde schmoren.

Schweinefleisch mit weißen Riesenbohnen

Chirinó mé gigantes

Dieser herzhafte Fleischtopf mit weißen Bohnen ist ein beliebtes Gericht der Alltagsküche. Man bereitet es auch gerne mit Kalb-, Rind- oder Lammfleisch zu.

200 g große weiße Bohnenkerne · 800 g Schweinefleisch (Halsgrat oder Schulter) · 1 Zwiebel · 3–4 Eßl. Butter · 2 Teel. Tomatenmark · Salz · Pfeffer · 2 Eßl. frisch gehackte Petersilie

Zeit zum Weichen: 12 Stunden
Vorbereitungszeit: 30 Minuten
Garzeit: 1½ Stunden

Die weißen Bohnen über Nacht von Wasser bedeckt stehen lassen. • Am Zubereitungstag die Bohnen abtropfen lassen und mit frischem Wasser bedeckt aufkochen lassen. Die Bohnen im geschlossenen Topf 45 Minuten kochen. • Das Fleisch waschen, trockentupfen und in dickere Scheiben schneiden. Die Zwiebel schälen und reiben. • Die Butter in einem Topf erhitzen, das Fleisch darin anbraten und die Zwiebel mit anbraten. Das Tomatenmark mit 1½ Tassen Wasser verrühren und über das Fleisch gießen. Mit Salz und Pfeffer würzen. Alles einmal aufkochen lassen und das Fleisch zugedeckt bei schwacher Hitze 1 Stunde garen. • Die Bohnen zum Fleisch geben und mit der Petersilie bestreuen. Alles im geschlossenen Topf nochmals bei schwacher Hitze 30 Minuten lang garen.

Schweinefleisch mit Lauch und Sellerie

Chirinó prassosélino

Der Topf soll bei diesem Gericht, einer Spezialität aus Epirus, besonders dicht geschlossen sein. Dies bewerkstelligen die griechischen Hausfrauen mit einer Teigschicht, die sie auf den Topfrand drücken. Hierauf wird dann der Deckel gepreßt.

1 kg Schweinefleisch (Schulter oder Lende) · 2 Zwiebeln · Mehl nach Bedarf · Salz · Pfeffer · 1 kg Lauch · 1 kg Staudensellerie · 2 Zitronen

Vorbereitungszeit: 20 Minuten
Garzeit: 1½ Stunden

Das Fleisch waschen, trockentupfen und in Portionsstücke teilen. Die Zwiebeln schälen und reiben. Aus Mehl und Wasser so viel Teig bereiten, wie man braucht, um den Topfrand damit zu belegen. • Das Fleisch salzen und pfeffern und mit den Zwiebeln in einen Topf legen. Aus dem Teig eine dünne Rolle formen, diese auf den Topfrand legen und fest andrücken. Das Fleisch mit 2–3 Tassen heißem Salzwasser aufgießen und alles aufkochen lassen. Den Deckel auf den Teigrand drücken und das Fleisch im geschlossenen Topf bei schwacher Hitze 45 Minuten garen lassen. • Inzwischen das Gemüse vorbereiten: Vom Lauch nur das Weiße verwenden. Die Lauchstangen der Länge nach aufschlitzen, auseinanderbiegen und waschen. Den Staudensellerie ebenfalls waschen. Das Gemüse in 5–6 cm lange Stücke schneiden. • Das Gemüse zum Fleisch in den Topf geben, in dem 2–3 Tassen Flüssigkeit sein sollen; bei Bedarf etwas Wasser nachgießen. Den Saft der Zitronen zufügen, nochmals mit Salz und Pfeffer abschmecken und alles weitere 45 Minuten bei schwacher Hitze und im geschlossenen Topf köcheln lassen. Das Gemüse soll zum Schluß zermust sein.

Hackfleischbällchen vom Rost

Keftédes skáras

Die mit Oregano gewürzten kleinen Hackfleischbällchen vom Grill schmekken ausgezeichnet.

2 Zwiebeln · 1 Scheibe entrindetes Weißbrot · 800 g Rinderhackfleisch · Salz · Pfeffer · 4 Eßl. Olivenöl · 1 Eßl. frisch gehackter Oregano · 1 Eßl. frisch gehackte Petersilie · 1 Zitrone

Vorbereitungszeit: 15 Minuten
Ruhezeit: 30 Minuten
Garzeit: 15 Minuten

Die Zwiebeln schälen und sehr fein hacken. Das Weißbrot in Wasser einweichen. Das Fleisch mit den gehackten Zwiebeln, Salz und Pfeffer, 1 Eßlöffel Olivenöl, dem Oregano und der Petersilie vermengen. Das Weißbrot ausdrükken und unter den Fleischteig mischen. Den Fleischteig 30 Minuten im Kühlschrank ruhen lassen. • Aus dem Hackfleischteig walnußgroße Bällchen formen. Die Bällchen mit dem restlichen Öl bestreichen und auf den Rost des vorgeheizten Grills legen. Die Bällchen unter häufigem Wenden von allen Seiten braun grillen. Das dauert etwa 15 Minuten. • Die Hackfleischbällchen mit Zitronenachteln servieren.

Hackfleischbällchen

Keftédes

Diese köstlich schmeckenden Hackfleischbällchen kann man heiß oder kalt servieren. Statt Weißbrot kann man auch 3 Eßlöffel Semmelbrösel verwenden.

2 Scheiben entrindetes Weißbrot · 2 Zwiebeln · 800 g Hackfleisch · 2 Eßl. frisch gehackte Petersilie · 1 Teel. frisch gehackte Minze · 1 Eßl. Zitronensaft oder Ouzo · 2 Eier · 2 Teel. Olivenöl · Salz · Pfeffer · Olivenöl zum Braten · Mehl nach Bedarf

Vorbereitungszeit: 30 Minuten
Ruhezeit: 30 Minuten
Bratzeit: 15 Minuten

Das Weißbrot in Stücke zerpflücken und in Wasser einweichen. Die Zwiebeln schälen und feinhacken. • Das Hackfleisch mit den Zwiebeln, der Petersilie, der Minze, dem Zitronensaft oder dem Ouzo, den Eiern und dem Olivenöl vermengen. • Das Weißbrot ausdrücken und unter den Fleischteig mischen. Mit Salz und Pfeffer würzen. Den Teig 30 Minuten lang im Kühlschrank ruhen lassen. • Das Öl in einer Pfanne erhitzen. Aus dem Teig kleine Hackfleischbällchen formen und diese in Mehl wenden. Die Bällchen von allen Seiten braun braten. Das dauert etwa 15 Minuten.

Die Hackfleischbällchen vom Rost »Keftédes skáras« sehen nicht nur lecker aus – knusprig gegrillt sind sie ein Hochgenuß. ▷

Hackfleischbällchen mit Tomatensauce

Keftédes mé sáltsa

Hackfleischbällchen in Tomatensauce schmecken so köstlich, daß sie mehr sind als ein bloßes Alltagsgericht. Man kann sie heiß oder kalt servieren. Wenn Sie Nudeln dazu reichen wollen, bemessen Sie die Sauce ruhig etwas reichlich. Wenn Sie jedoch nur wenig Sauce wünschen und Ihnen am Ende der Kochzeit etwas viel Flüssigkeit im Topf zu sein scheint, dann heben Sie die Hackfleischbällchen mit dem Schaumlöffel heraus und kochen Sie die Sauce bei starker Hitze auf die gewünschte Menge ein. – Im übrigen lohnt es sich bei diesem Gericht, auch einmal die doppelte Menge zuzubereiten und einen Teil für eine spätere Mahlzeit einzufrieren. Sie haben dann nicht zuletzt für überraschende Gäste stets etwas zur Hand, was Sie rasch auf den Tisch bringen können.

2 Scheiben entrindetes Weißbrot · 3 Zwiebeln · 750 g Hackfleisch · Salz · Pfeffer · 1 Prise Minze · 2 Eßl. frisch gehackte Petersilie · 2 Eier · 1 Eßl. Zitronensaft · Olivenöl nach Bedarf · 1 Tasse herber Weißwein · 2 Eßl. Tomatenmark · 1 Prise Zimt · 1 Teel. Zucker · Mehl nach Bedarf

Vorbereitungszeit: 30 Minuten
Ruhezeit: 30 Minuten
Garzeit: 30 Minuten

Das Weißbrot in Wasser einweichen. Die Zwiebeln schälen und reiben. Das Hackfleisch in eine Schüssel geben und 2 Zwiebeln zufügen. Mit Salz und Pfeffer würzen und die Kräuter einstreuen. Die Eier unterarbeiten und den Zitronensaft sowie 1 Eßlöffel Olivenöl zufügen. Das Weißbrot kräftig ausdrücken und ebenfalls zufügen. Den Fleischteig gut durcharbeiten und für 30 Minuten in den Kühlschrank zum Ruhen stellen. • Inzwischen die Tomatensauce zubereiten: In einem Topf 3 Eßlöffel Olivenöl erhitzen und die restliche Zwiebel darin Farbe nehmen lassen. Mit dem Weißwein aufgießen. Das Tomatenmark mit 1½ Tassen Wasser verrühren und in den Topf gießen. Den Zimt und den Zucker zufügen und das Ganze mit Salz und Pfeffer abschmecken. Die Sauce aufkochen lassen und bei schwacher Hitze im geschlossenen Topf köcheln lassen. • Inzwischen die Hackfleischbällchen anbraten. Dafür aus dem Teig pflaumengroße Bällchen formen. In einer Pfanne Olivenöl erhitzen und die Hackfleischbällchen im Mehl wälzen. Das überschüssige Mehl abklopfen und die Bällchen in der Pfanne von allen Seiten bei mittlerer Hitze anbraten. Dabei immer wieder wenden, bis die Hackfleischbällchen rundum angebraten sind. Das dauert etwa 10 Minuten. • Die Hackfleischbällchen in die Tomatensauce legen und im geschlossenen Topf und bei schwacher Hitze 15 Minuten lang schmoren lassen.

Hackfleischfäßchen mit Eier-Zitronen-Sauce

Juwarlákia mé awgolémono

Für dieses feine Gericht werden die Hackfleischröllchen mit Reis vermischt und in der in der griechischen Küche so beliebten Eier-Zitronen-Sauce serviert.

1 Zwiebel · 600 g Hackfleisch · 1 Ei · ½ Tasse Reis · 1 Eßl. Olivenöl · Salz · Pfeffer · 2 Eßl. frisch gehackte Petersilie · Mehl nach Bedarf · 2 Eßl. Butter · 2 Eigelbe · Saft von ½ Zitrone

Zubereitungszeit: 30 Minuten
Ruhezeit: 1 Stunde
Garzeit: 35 Minuten

Die Zwiebel schälen und reiben. Das Hackfleisch mit dem Ei, dem Reis, dem Olivenöl, dem Salz, Pfeffer, der Zwiebel und der Petersilie verkneten. Den Teig zugedeckt 1 Stunde im Kühlschrank ruhen lassen. • Aus dem Fleisch kleine eigroße Fäßchen formen. Die Fäßchen in Mehl wenden. • Für die Sauce die Butter in der Pfanne zerlassen und die Fäßchen darin leicht anbraten. Mit ½ l kochendem Wasser aufgießen. Das Ganze salzen und 35 Minuten lang garen. • Die Eigelbe verquirlen und nach und nach mit dem Zitronensaft verrühren. Von der Garflüssigkeit 1 Tasse abmessen und diese, wenn sie etwas abgekühlt ist, eßlöffelweise unter die Eigelbe mischen. Die Hackfleischfäßchen vom Herd nehmen und die Eier-Zitronen-Sauce unterrühren. Das Ganze zurück auf den Herd geben und bei schwächster Hitze ein wenig eindicken lassen.

Hackfleischwürstchen Smyrna aus dem Backofen

Sutsukákia stó fúrno

Die Hackfleischwürstchen nach der Art der Küche von Smyrna werden mit Kümmel gewürzt. Man kann sie auf dem Herd zubereiten wie die Hackfleischbällchen mit Tomatensauce oder im Backofen garen wie in diesem Rezept.

2 Scheiben Weißbrot · 2 Knoblauchzehen · 800 g Hackfleisch · 1 Teel. gemahlener Kreuzkümmel oder Kümmel · Salz · Pfeffer · 1 Ei · 5 Eßl. Butter · Mehl nach Bedarf · 1 Zwiebel · 3 Tomaten · 1 Tasse herber Weißwein · ½ Teel. Zucker

Vorbereitungszeit: 30 Minuten
Ruhezeit: 1 Stunde
Garzeit: 30 Minuten

Das Weißbrot entrinden und in Wasser einweichen. Die Knoblauchzehen schälen und kleinschneiden. • Das Hackfleisch mit dem Kümmel, Salz, Pfeffer, dem Ei und dem Knoblauch vermischen. Das Weißbrot ausdrücken und untermengen. Das Hackfleisch 1 Stunde im Kühlschrank ruhen lassen. • Den Backofen auf 200° vorheizen. • Aus dem Fleischteig zigarrengroße Röllchen formen. In einer Pfanne 3 Eßlöffel Butter erhitzen. Die Hackfleischröllchen in Mehl wenden und in der Butter von allen Seiten leicht anbraten. Die Hackfleischröllchen dann in eine gebutterte feuerfeste Form legen. Die Bratbutter durch ein feines Sieb auf die Hackfleischröllchen gießen und diese auf der mittleren Schiene im Backofen 20 Minuten lang garen. • Inzwischen die Tomatensauce zubereiten: Dafür die Zwiebel schälen und feinschneiden. Die Tomaten waschen, kreuzweise einritzen, kurz in kochendes Wasser legen und enthäuten. Die Tomaten am Stielende kappen und die Kerne ausdrücken. Die Tomaten im Mixer pürieren. • Die restliche Butter in einem Topf zerlassen und die Zwiebel darin Farbe nehmen lassen. Die Tomaten zufügen und mit dem Weißwein aufgießen. Mit Salz, Pfeffer und dem Zukker abschmecken. Die Tomatensauce 20 Minuten köcheln lassen. • Die Tomatensauce um die Hackfleischröllchen gießen und das Ganze nochmals 15 Minuten lang garen.

Hackbraten

Roló

Der Hackbraten auf griechische Art wird mit hartgekochten Eiern gefüllt und wie ein Brot geformt. Man kann ihn auf einer Herdplatte oder wie in diesem Rezept im Backofen garen. Häufig wird der Hackbraten auch ohne Tomatensauce zubereitet.

2 Scheiben entrindetes Weißbrot · 2 Zwiebeln · 800 g Hackfleisch vom Rind, Kalb oder auch vom Schwein · 2 Eier · 2 Eßl. frisch gehackte Petersilie · 1 Teel. frisch gehackte Minze · Salz · Pfeffer · 6 Eßl. Butter · 3 hartgekochte Eier · Mehl nach Bedarf · 1 Knoblauchzehe · 2 Tomaten · 1 Tasse trockener Weißwein · 1 Eßl. Tomatenmark · 1 Teel. Zucker

Vorbereitungszeit: 30 Minuten
Garzeit: 1¼ Stunden

Das Weißbrot im Wasser einweichen. Die Zwiebeln schälen und reiben. • Das Hackfleisch in eine Schüssel geben und mit 1 Zwiebel, den Eiern, 1 Eßlöffel Petersilie und der Minze vermischen. Das Weißbrot gut ausdrücken und unter das Fleisch mischen. Mit Salz und Pfeffer würzen. 2 Eßlöffel Butter zerlassen und unter den Fleischteig arbeiten. Die hartgekochten Eier pellen. • Den Backofen auf 200° vorheizen. • Eine Arbeitsfläche mit Mehl ausstreuen und den Fleischteig darauf ausbreiten. Die hartgekochten Eier in die Mitte hintereinander legen und mit bemehlten Händen den Fleischteig um sie legen, so daß eine Brotform entsteht. Den Hackbraten vorsichtig in eine mit Butter ausgestrichene feuerfeste Form geben und mit 2 Eßlöffeln Butterflöckchen belegen. Auf der untersten Schiebeleiste im Backofen 1¼ Stunden lang braten. • Inzwischen separat die Tomatensauce zubereiten: Dafür die Knoblauchzehe schälen und sehr fein schneiden. Die Tomaten waschen, kreuzweise einritzen und kurz in kochendes Wasser legen. Die Tomaten enthäuten und das Grüne am Stielende ausstechen. Die Tomaten achteln und durch ein Sieb streichen. • In einem Topf die restliche Butter erhitzen und die restliche Zwiebel darin Farbe nehmen lassen. Die Knoblauchzehe kurz mit anbraten und die Tomaten zufügen. Mit dem Weißwein aufgießen und alles aufkochen lassen. Das Tomatenmark mit 1 Tasse Wasser vermischen und zufügen. Die Sauce mit Salz, Pfeffer und dem Zucker abschmecken und die restliche Petersilie unterrühren. Die Sauce im geschlossenen Topf und bei schwacher Hitze etwa 10 Minuten köcheln lassen. Die Sauce dann zum Hackbraten gießen und den Braten von Zeit zu Zeit mit der Sauce übergießen. • Den Hackbraten in Scheiben geschnitten servieren.

Gegrillte Kalbsleber

Sikóti moscarísio stí skáras

Gegrillte Kalbsleber wird in Griechenland gern mit einer Zitronen-Öl-Sauce zubereitet.

4 Scheiben Kalbsleber · 6 Eßl. Olivenöl · Saft von 1 Zitrone · 1 Eßl. frisch gehackter Basilikum · Pfeffer · Salz · 1 Eßl. frisch gehackte Petersilie

Vorbereitungszeit: 15 Minuten
Grillzeit: 6 Minuten

Die Kalbsleber waschen und trockentupfen. Die Haut und die Stränge mit dem Messer entfernen. • Das Olivenöl mit der Zitrone schlagen und das Basilikum und Pfeffer unterrühren. Die Leber mit der Sauce bestreichen und auf dem heißen Grill von beiden Seiten je etwa 3 Minuten grillen. Dabei mit der Zitronen-Öl-Sauce bestreichen. • Die Leber salzen und mit der Petersilie bestreuen und mit der restlichen Zitronen-Öl-Sauce servieren. Pilaw oder einen Gemüsesalat dazu reichen.

Marinierte Lammleber

Sikotákia marináta

Die marinierte Lammleber wird heiß oder auch kalt gegessen. Sie hält sich im Kühlschrank einige Tage. Man kann dieses Gericht auch mit Kalbsleber zubereiten.

800 g Lammleber · 4 reife Tomaten · Mehl nach Bedarf · Salz · Pfeffer · 4 Eßl. Olivenöl · 1 Eßl. Rosmarin · 1 Lorbeerblatt · ½ Tasse Weißwein · 3 Eßl. Essig · 2 Knoblauchzehen · 2 Eßl. frisch gehackte Petersilie

Vorbereitungszeit: 10 Minuten
Garzeit: 20 Minuten

Die Leber waschen und trockentupfen. Die Tomaten waschen, kreuzweise einritzen und kurz in kochendes Wasser legen. Die Tomaten häuten und am Stielende das Grüne ausstechen. Die Tomaten achteln und durch ein Sieb pressen. Die Leber in gut 1 cm dicke Scheiben schneiden und im Mehl wenden. Mit Salz und Pfeffer würzen. • In einer Pfanne das Olivenöl erhitzen und die Leber darin auf jeder Seite etwa 4 Minuten lang braten. Die Leber soll dabei nicht zu stark braten, sondern leicht Farbe nehmen. Die Leber auf einer Platte warm stellen. • 1 Eßlöffel Mehl in die Pfanne geben und unter Umrühren bräunen. Mit ½ Tasse Wasser aufgießen und die Tomaten zufügen. Den Rosmarin, das Lorbeerblatt, den Weißwein und den Essig zufügen. • Die Knoblauchzehen schälen und feinschneiden und in die Sauce geben. Die Petersilie zufügen. Die Sauce mit Salz und Pfeffer abschmecken und nochmals 10 Minuten bei schwacher Hitze köcheln lassen. Die Sauce durch ein Sieb über die Leber geben und heiß oder kalt servieren.

Geflügel und Wild werden in der griechischen Küche als Alternative zu Schlachtfleisch sehr geschätzt. Viele der Gerichte gehören der Festtagsküche an wie etwa der Truthahn, der für das Weihnachts- oder Neujahrsessen mit Kastanien, Reis und Hackfleisch aufs feinste gefüllt wird. Geflügel wird gern, vor allem auf dem Lande, über dem Holzkohlengrill mit einer erfrischenden Zitronen-Olivenöl-Sauce zubereitet. Doch wird das Geflügel ebenso wie der Hase oder das Kaninchen auch gerne in Portionsstücke geteilt und im Backofen gebraten oder auf dem Herd geschmort. Hasen-stifado ist eine griechische Spezialität, die weit über Griechenland hinaus Freunde gefunden hat. Aber auch Hase in Walnußsauce ist eine kulinarische Köstlichkeit, von der Kenner aus aller Welt schwärmen.

Hase in Walnußsauce

Lagós mé sáltsa karidión

Dieser in ganz Griechenland beliebte Schmortopf ist ein köstlich duftendes Gericht, das sich gut als Gästeessen eignet. Ob man den Hasen vor oder nach dem Marinieren in Portionsstücke schneidet, bleibt jedem einzelnen überlassen.

1 Hase von 1½ kg · 2 Tassen Essig · 1 Möhre · 1 Stange Staudensellerie · 1 Eßl. gerebelter Oregano · Salz · Pfeffer · 125 g Butter oder Olivenöl · Saft von ½–1 Zitrone · 1 Prise Zimt · 1 Lorbeerblatt · 100 g grobgehackte Walnußkerne · 2 Eßl. Mehl oder Stärkemehl

Marinierzeit: 12 Stunden
Vorbereitungszeit: 30 Minuten
Garzeit: 1½–2 Stunden

◁ Hase in Walnußsauce »Lagós mé sáltsa karidión« gelingt auch dem Ungeübten. Die Marinade, in der man den Hasen – meist über Nacht – ziehen läßt, ist im Nu zubereitet, die Walnußkerne, streut man kurz vor Ende der Garzeit in die Sauce.

Den Hasen waschen und abtrocknen. • Für die Marinade den Essig mit 2 Tassen Wasser vermischen. Die Möhre schaben und kleinschneiden. Den Staudensellerie waschen und kleinschneiden. Die Möhre und den Sellerie zusammen mit dem Oregano in die Marinade aus Essig und Wasser geben. Den Hasen darin über Nacht im Kühlschrank ruhen lassen. • Am Zubereitungstag den Hasen aus der Marinade nehmen und trockentupfen. Den Hasen zerteilen: Keulen, Schultern und Vorderläufe, Rücken und Brust trennen. Den Rücken und die Brust nochmals teilen. Die Portionsstükke salzen und pfeffern. • Die Butter oder das Olivenöl in einem Topf erhitzen und die Hasenteile darin von allen Seiten anbraten. Das dauert etwa 10 Minuten. Den Zitronensaft zufügen, mit 2 Tassen heißem Wasser aufgießen und alles aufkochen lassen. Mit Salz und Pfeffer abschmecken, den Zimt und das Lorbeerblatt zufügen und die Hasenteile bei schwacher Hitze im geschlossenen Topf 1–1½ Stunden köcheln lassen. • Dann die Walnußkerne 10 Minuten vor Ende der Garzeit zu den Hasenstücken geben. • Die Hasenteile aus der Sauce nehmen und warm stellen. Das Mehl oder Stärkemehl mit etwas Wasser verrühren und in die Walnußsauce einrühren. Die Sauce aufkochen und etwas eindicken lassen. • Mit Reispilaw servieren.

Hasenstifado

Lagós stifádo

Stifado wird in der griechischen Küche nicht nur aus Kalb-, Rind- oder Schweinefleisch zubereitet, auch Hasen- oder Kaninchenfleisch bilden die Grundlage für herrliche Stifados. Die griechischen Hausfrauen verwerten die Marinade für das Stifado mit.

1 Hase von 1½ kg · 2 Zwiebeln · 1 Möhre · 1 Stange Staudensellerie · 2 Tassen herber Weißwein · 3 Eßl. Essig · 3 Pfefferkörner · 1 Lorbeerblatt · 1 Teel. gerebelter Rosmarin · 3 Knoblauchzehen · 3 Tomaten · 1 Tasse Olivenöl · Salz · Pfeffer · 1 kg sehr kleine Zwiebeln

Vorbereitungszeit: 50 Minuten
Marinierzeit: 12 Stunden
Garzeit: 1½–2 Stunden

Den Hasen waschen und abtrocknen. Den Hasen in Portionsstücke teilen: Keulen, Schultern und Vorderläufe, Rücken und Brust trennen, Rücken und Brust nochmals teilen. • Eine Marinade zubereiten: Dazu 1 Zwiebel schälen, die Möhre schaben und waschen und den Staudensellerie waschen. Alle drei Zutaten in Scheiben schneiden und mit dem Rotwein und dem Essig und den Pfefferkörnern, dem Lorbeerblatt und dem Rosmarin in eine Schüssel geben. 1 Knoblauchzehe schälen, mit der Knoblauchpresse zermusen und in die Marinade geben. Die Hasenteile in die Marinade legen und darin über Nacht im Kühlschrank ruhen lassen. • Am Zubereitungstag die Hasenteile aus der Marinade nehmen und trockentupfen. • Die Tomaten vorbereiten: Dafür die Tomaten waschen, kreuzweise einritzen und kurz in kochendes Wasser legen. Die Tomaten häuten und am Stielende kappen. Die Kerne mit einem sanften Druck herauspressen. Die Tomaten in Stücke schneiden und im Mixer pürieren. • Die Marinade in einem Topf erhitzen und 10 Minuten kochen lassen; dann durchsieben. • Inzwischen ⅓ des Olivenöls in einer Pfanne erhitzen und die Hasenteile darin anbraten. Dabei salzen und pfeffern. Das Anbraten dauert etwa 10 Minuten. • Währenddessen die 2. Zwiebel und die 2 restlichen Knoblauchzehen schälen und feinschneiden. In einem weiteren Topf 2 Eßlöffel Olivenöl erhitzen und die Zwiebel darin glasig braten. Die Knoblauchzehen kurz mit anbraten und das Tomatenpüree zufügen. Mit der Marinade aufgießen und mit Salz und Pfeffer abschmecken. Die Hasenteile in die Sauce geben. Sie sollen von der Sauce bedeckt sein – wenn nötig noch Wasser zugießen. Alles aufkochen lassen und den Hasen bei geschlossenem Topf und schwacher Hitze 1–1½ Stunden schmoren lassen. • Inzwischen die Zwiebelchen schälen. Das restliche Olivenöl in einer Pfanne erhitzen und die Zwiebeln darin etwa 10 Minuten lang anbraten. Die Zwiebeln zum Hasen geben und im geschlossenen Topf bei schwacher Hitze 20 Minuten mitschmoren.

Kaninchen in Tomatensauce

Kounéli mé sáltsa

Dieses herzhafte Gericht schmeckt auch mit Hasenfleisch sehr gut. Die Zubereitungsart ist in ganz Griechenland verbreitet. Der Hase wird sowohl im Ganzen als auch bereits in Stücke zerteilt in Marinade gelegt.

1 Kaninchen von 1½ kg · 2 Tassen Essig · 2 Knoblauchzehen · 2 Lorbeerblätter · 4 Tomaten · 1 Zwiebel · Salz · Pfeffer · ½ Tasse Olivenöl · 1 Tasse herber Weißwein

Vorbereitungszeit: 30 Minuten
Marinierzeit: 12 Stunden
Garzeit: 1½–2 Stunden

Das Kaninchen waschen und abtrocknen. Das Kaninchen in Portionsstücke teilen: Dafür Keulen, Schultern und Vorderläufe, Rücken und Brust trennen. Rücken und Brust nochmals trennen. • Eine Marinade aus dem Essig und 2 Tassen Wasser mischen. 1 Knoblauchzehe schälen und vierteln. Die Knoblauchzehe und die Lorbeerblätter in die Marinade geben und die Kaninchenteile in der Marinade über Nacht im Kühlschrank ruhen lassen. • Am Zubereitungstag dann die Kaninchenstücke abtrocknen. Die Tomaten waschen, kreuzweise einritzen und kurz in kochendes Wasser legen. Die Tomaten enthäuten und am Stielende kappen. Die Kerne mit einem sanften Druck herauspressen. Die Tomaten achteln und im Mixer pürieren. Die Zwiebel schälen und kleinschneiden. Die zweite Knoblauchzehe schälen und ebenfalls kleinschneiden. Die Kaninchenteile salzen und pfeffern. • Die Hälfte des Olivenöls in einer Pfanne erhitzen und die Kaninchenstücke darin von allen Seiten braun anbraten. Das dauert etwa 10 Minuten. In einem Topf inzwischen die 2. Hälfte des Olivenöls erhitzen. Die Zwiebel darin glasig braten, die Knoblauchzehe kurz anbraten und das Tomatenpüree zufügen. Mit dem Weißwein aufgießen und die Flüssigkeit verdampfen lassen. Mit 2 Tassen Wasser aufgießen und mit Salz und Pfeffer abschmecken. Die Kaninchenteile zugeben, alles aufkochen lassen und die Kaninchenteile im geschlossenen Topf bei schwacher Hitze 1–1½ Stunden schmoren lassen. Wenn zum Schluß noch zu viel Flüssigkeit im Topf ist, die Sauce bei geöffnetem Topf einkochen lassen. • Mit kurzen Bandnudeln oder Reispilaw servieren.

Hase mit Kartoffel-Knoblauch-Püree

Lagós mé skordaliá

Für dieses raffinierte Rezept werden die Hasenteile kurz vor Bratende mit Kartoffel-Knoblauch-Püree bestrichen.

1 Hase von 1½ kg · 1½ Tassen Essig · Salz · Pfeffer · ½ Tasse Olivenöl · Kartoffel-Knoblauch-Püree (Rezept Seite 26)

Vorbereitungszeit: 30 Minuten
Marinierzeit: 2–12 Stunden
Garzeit: 1½–1¾ Stunden

Den Hasen waschen und abtrocknen. 1 Tasse Essig und 2 Tassen Wasser vermischen und den Hasen damit begießen. Den Hasen in dieser Marinade 2 Stunden oder auch über Nacht im Kühlschrank ruhen lassen. • Den Hasen aus der Marinade nehmen und trockentupfen. • Den Backofen auf 180° vorheizen. • Den Hasen in Portionen zerlegen: Keulen, Schultern und Vorderläufe, Rücken und Brust trennen. Rücken und Brust nochmals teilen. Die Hasenteile salzen und pfeffern und in eine Bratform legen. Die Hasenteile mit dem Olivenöl begießen und im Backofen auf der zweiten Schiene von unten 45 Minuten lang braten. Die restliche ½ Tasse Essig mit ½ Tasse heißem Wasser vermischen und zu den Hasenstücken gießen. Den Hasenbraten dann nochmals 45–60 Minuten fertig garen. • Inzwischen das Kartoffel-Knoblauch-Püree zubereiten und 15 Minuten vor Bratende die Hasenstücke damit bestreichen. • Die fertigen Hasenstücke auf einer Platte servieren und Salat aus grünen Bohnen oder rote Bete dazu reichen.

Gefülltes Huhn

Kotópaulo jemistó

Wenn die Griechen ein Huhn unzerteilt zubereiten, dann braten sie es am liebsten mit Füllung.

1 Poularde von etwa 1200 g (mit Innereien) · 1 Zwiebel · 1 Knoblauchzehe · ½ Tasse Reis · 3 Eßl. Sultaninen · 4 Eßl. Butter · Salz · Pfeffer · ½ Tasse trockener Weißwein · 2 Eßl. Pinienkerne · Saft von ½ Zitrone

Vorbereitungszeit: 30 Minuten
Bratzeit: 1¼–1½ Stunden

Die Poularde waschen und außen trockentupfen. Die Zwiebel und die Knoblauchzehe schälen und kleinschneiden. Den Reis waschen. Die Sultaninen mit heißem Wasser waschen und abtrocknen. Leber und Herz der Poularde kleinschneiden. • 2 Eßlöffel Butter in einem Topf zerlassen und die Zwiebel darin anbraten. Die Knoblauchzehe kurz mit anbraten und die Innereien zufügen. Das Ganze salzen und pfeffern, mit Weißwein aufgießen und die Flüssigkeit verdampfen lassen. Den Reis zufügen, kurz anbraten und mit 1 Tasse Wasser aufgießen. Mit Salz und Pfeffer abschmecken, das Ganze aufkochen lassen, die Pinienkerne und die Sultaninen zufügen und alles bei schwacher Hitze zugedeckt 10 Minuten garen lassen. Die Füllung vom Herd nehmen. • Den Backofen auf 200° vorheizen. • Die Poularde innen und außen mit Salz, Pfeffer und Zitronensaft einreiben. Die Füllung in die Poularde geben und die Öffnung mit Küchengarn zunähen. Die Poularde dressieren: Die Flügel auf dem Rücken verschränken und die Beine locker zusammenbinden. Die restliche Butter erhitzen. Die Poularde mit der Brustseite nach unten in eine gebutterte Bratform legen und mit der zerlassenen Butter begießen. Die Poularde auf der zweiten Schiene von unten in den Backofen schieben. Die Hitze auf 180° zurückschalten und die Poularde bei geöffneter Bratform 1¼–1½ Stunden braten. Während des Bratens die Poularde mit heißem Wasser und mit Bratflüssigkeit beschöpfen. Nach der Hälfte der Bratzeit die Poularde wenden.

Gefüllter Truthahn

Galópoulo jemistó

Truthahn ist in Griechenland ein beliebtes Weihnachtsessen. Gerne wird er mit einer Reis-Hackfleisch-Füllung zubereitet, für die es viele Varianten gibt.

Für 8–10 Personen:
500 g Kastanien · 1 Tasse Reis · 1 Zwiebel · 125 g Butter · 250 g Hackfleisch · Salz · Pfeffer · 2 säuerliche Äpfel · 3 Eßl. Pinienkerne oder gehackte Walnüsse · 1 Teel. Zimt · 1 bratfertiger Truthahn von 4 kg (mit Innereien) · Saft von ½–1 Zitrone

Vorbereitungszeit: 40 Minuten
Bratzeit: etwa 3 Stunden

Die Kastanien kreuzweise einritzen und in 1½ l kochendes Wasser legen. 20 Minuten kochen lassen. Wenn die Schalen der Kastanien aufspringen, die Kastanien vom Herd nehmen, jedoch im Wasser lassen. Jeweils einige Kastanien herausnehmen und diese erst von der harten Schale, dann von der feinen Haut befreien. Die Kastanien zerkleinern. • Den Reis gründlich waschen. Die Truthahnleber waschen und zerkleinern. Die Zwiebel schälen und feinschneiden. • 2 Eßlöffel Butter in einer Pfanne zerlassen. Die Zwiebel darin glasig braten. Das Hackfleisch zufügen und graue Farbe annehmen lassen. Die Truthahnleber zufügen und mit anbraten. Mit 1 Tasse heißem Wasser aufgießen, salzen, pfeffern, den Reis zufügen und aufkochen lassen. Bei schwacher Hitze und im geschlossenen Topf 10 Minuten köcheln lassen. Die Äpfel schälen und kleinschneiden. Die Pinienkerne oder Walnüsse und die Kastanien sowie die Äpfel zum Hackfleisch und zum Reis geben. Mit Zimt würzen und alles in zugedeckter Pfanne bei schwacher Hitze 5 Minuten köcheln lassen. Dann vom Herd nehmen. • Den Backofen auf 230° vorheizen. • Den Truthahn innen und außen kalt abwaschen und gut abtrocknen. Den Truthahn innen und außen salzen, pfeffern und mit Zitronensaft einreiben. Den Truthahn mit der Reis-Hackfleisch-Mischung nicht zu prall füllen. Die Öffnung mit Küchengarn zunähen und den Truthahn auf die ausgespülte Fettpfanne legen. Die übrige Butter zerlassen und mit einem Teil davon den Truthahn bestreichen. Den Truthahn in den Backofen schieben und sofort auf 180° herunterschalten. Nach 30 Minuten ¼ l heißes Wasser zugießen. Eine Tuchserviette in die zerlassene Butter tauchen und den Truthahn damit belegen. Immer wieder heißes Wasser in die Fettpfanne gießen und von Zeit zu Zeit das Tuch neu mit zerlassener Butter bepinseln. Den Truthahn etwa 3 Stunden braten. In den letzten 30 Minuten ohne Tuch braten und bräunen lassen.

Tip: Die Füllung läßt sich vielfältig variieren. Mann kann ½ Tasse Korinthen zufügen oder auch 2 in Wasser aufgelöste Eßlöffel Tomatenmark. Das Hackfleisch kann ausschließlich aus Kalbfleisch, aus Lammfleisch oder aber aus einer Mischung von Rinder- und Schweinefleisch bestehen. Die Äpfel kann man weglassen. Die Griechen lieben es, reichlich Füllung zuzubereiten. Sie formen sie zu Bällchen und legen diese 30 Minuten vor Ende der Bratzeit um den Truthahn und garen sie mit. Gelegentlich wird der Truthahn auch 30–45 Minuten in Salzwasser gekocht, bevor er gefüllt und in den Bratofen geschoben wird. Die Bratzeit verringert sich dann entsprechend.

Gefüllte Gans

China jemistí

Die Gans wird häufig wie Truthahn mit einer Reis-Hackfleisch-Füllung versehen. Man füllt sie aber auch mit Äpfeln, Pinienkernen und Kastanien wie in diesem Rezept.

Für 8 Personen:
500 g Kastanien · 2 große säuerliche Äpfel · 1 Eßl. Zucker · 2 Eßl. Pinienkerne · Salz · Pfeffer · 1 Gans von 3 kg · Saft von ½–1 Zitrone

Vorbereitungszeit: 40 Minuten
Bratzeit: 2¼–2½ Stunden

Den Backofen auf 200° vorheizen. • Die Kastanien kreuzweise einritzen und in 1½ l kochendes Wasser legen. Die Kastanien 20 Minuten kochen lassen und wenn die Schalen aufspringen, vom Herd nehmen. Die Kastanien im Wasser lassen und jeweils einige davon herausnehmen und erst von der harten Schale, dann von der feinen Haut befreien. Die Kastanien zerkleinern. • Die Äpfel schälen und in dünne Scheiben schneiden. Die Äpfel mit etwas Wasser aufsetzen und aufkochen lassen. Die Äpfel zukkern und 5 Minuten bei schwacher Hitze und geschlossenem Topf köcheln lassen. Nach 5 Minuten die zerkleinerten Kastanien und die Pinienkerne zufügen. Mit Salz und Pfeffer abschmecken. Die Äpfel weitere 5 Minuten im geschlossenen Topf bei schwacher Hitze garen. • Die Gans innen und außen abwaschen und außen abtrocknen. Die Gans mit Salz und Zitronensaft einreiben. Die Apfel-Kastanien-Füllung in die Gans geben und die Öffnung mit Küchengarn zunähen. Die Beine der Gans zusammenbinden. Die Gans mit der Brust nach unten auf den Rost legen und auf der untersten Schiene des Backofens 2¼–2½ Stunden braten; eine Fettpfanne unterschieben. Nach 10 Minuten Bratzeit die Gans mit 2 Tassen kochendem Wasser übergießen und auf 180° zurückschalten. Die Gans während des Bratens immer wieder mit Bratflüssigkeit beschöpfen. Falls nötig heißes Wasser zugießen. Die Gans nach der Hälfte der Bratzeit wenden.

Huhn mit Okra

Kotópoulo mé bámies

Geschmortes Huhn mit Gemüse kann eine kulinarische Köstlichkeit sein. Versuchen Sie einmal die Kombination von Huhn und Okra, wenn dieses Gemüse frisch auf dem Markt zu haben ist.

1 Poularde von 1200 g · 4 Tomaten · 1 Zwiebel · ½ Tasse Olivenöl · Salz · Pfeffer · 750 g Okra · 1 Eßl. Essig · ½ Tasse herber Weißwein

Vorbereitungszeit: 40 Minuten
Garzeit: etwa 1¼ Stunden

Die Poularde in 4 Teile schneiden, waschen und abtrocknen. Die Tomaten waschen, kreuzweise einritzen und kurz in kochendes Wasser legen. Die Tomaten enthäuten und am Stielende kappen. Die Kerne sanft ausdrücken, die Tomaten in kleine Stückchen schneiden und im Mixer pürieren. Die Zwiebel schälen und kleinschneiden. • In einem genügend breiten Topf das Olivenöl erhitzen und die Poulardenstücke darin rundum goldbraun anbraten. Das dauert etwa 10 Minuten. Die Poulardenstücke warm stellen. • Die Zwiebel in dem Bratfett glasig braten und das Tomatenpüree zufügen. Salzen, pfeffern und den Weißwein zugießen. Die Poulardenstücke zurück in den Topf geben und im geschlossenen Topf bei schwacher Hitze 40 Minuten lang schmoren lassen. • Inzwischen die Okra vorbereiten: Die Okra waschen und die Kappe mit dem Stielansatz abschneiden, ohne das Fruchtfleisch zu verletzen. Es darf kein Saft auslaufen. Die Okra mit Salz bestreuen und mit dem Essig beträufeln. Die Okra 30 Minuten stehen lassen. • Wenn die Poularde 40 Minuten geschmort hat, mit ½ Tasse heißem Wasser aufgießen und nochmals abschmecken. Die Okra zufügen und nicht mehr rühren, damit die Okra nicht verletzt werden. Falls nötig noch etwas Wasser zugießen. Die Okra sollen von der Tomatensauce knapp bedeckt sein. Das Ganze im geschlossenen Topf bei schwacher Hitze nochmals 20 Minuten lang schmoren.

Huhn in Tomatensauce

Kotópoulo kapamá

In Butter oder Olivenöl angebraten und in Tomatensauce geschmort geraten Hühnchenteile saftig und herzhaft.

1 Poularde von 1200 g · 4 Tomaten · 1 Zwiebel · 1 Knoblauchzehe · Salz · Pfeffer · Saft von 1 Zitrone · ½ Tasse Butter oder Olivenöl · 1 Teel. gerebelter Oregano oder ½ Teel. Zimt · ½ Teel. Zucker · 1 Eßl. frisch gehackte Petersilie · ½ Tasse herber Weißwein

Vorbereitungszeit: 20 Minuten
Garzeit: 1–1½ Stunden

Die Poularde in 4 Teile schneiden, waschen und trockentupfen. Die Tomaten waschen, kreuzweise einritzen und kurz in kochendes Wasser legen. Die Tomaten am Stielende kappen und die Kerne sanft ausdrücken. Die Tomaten kleinschneiden und im Mixer pürieren. Die Zwiebel und die Knoblauchzehe schälen und kleinschneiden. Die Poularde mit Salz, Pfeffer und Zitronensaft einreiben. • Die Butter oder das Olivenöl in einer Deckelpfanne erhitzen und die Poulardenstücke darin von allen Seiten goldgelb anbraten. Das dauert etwa 10 Minuten. Die Poulardenstücke warm stellen. • Im Bratfett die Zwiebel glasig braten, und die Knoblauchzehe kurz mit anbraten. Das Tomatenpüree zufügen, salzen, pfeffern und mit dem Oregano oder dem Zimt und dem Zucker würzen. Die Petersilie einstreuen. Mit dem Weißwein aufgießen. Nochmals abschmecken und die Poulardenteile zurück in die Pfanne geben. Sie sollen von Tomatensauce knapp bedeckt sein. Wenn nötig noch etwas Wasser zugießen. Alles aufkochen lassen und die Poulardenteile in der geschlossenen Pfanne und bei schwacher Hitze 40–60 Minuten schmoren. • Mit Reis oder Nudeln servieren.

Huhn mit Nudelquadraten

Kotópoulo mé chilópittes

Huhn mit Nudelquadraten schmeckt köstlich. Das Rezept für selbstgemachte Nudeln finden Sie auf Seite 49. Sie können für dieses Gericht auch breite kurze Nudeln verwenden.

1 Poularde von 1200 g · 1½ kg Tomaten · 2 Zwiebeln · 2 Knoblauchzehen · Salz · Pfeffer · Saft von 1 Zitrone · ½ Tasse Olivenöl · 1 Prise Zimt · ½ Teel. Zucker · 2 Eßl. frisch gehackte Petersilie · 1 Tasse herber Weißwein · 400 g Nudelquadrate (Rezept Seite 49) oder kleine breite Nudeln · 100 g geriebener Kefalotiri-Käse, Kasseri-Käse oder Parmesan-Käse

Vorbereitungszeit: 20 Minuten
Garzeit: 1–1¼ Stunden

Die Poularde in 4 Teile schneiden, waschen und trocknen. Die Tomaten waschen, kreuzweise einritzen, kurz in kochendes Wasser legen und enthäuten. Die Tomaten am Stielende kappen, die Kerne ausdrücken und die Hälfte der Tomaten im Mixer pürieren. Die andere Hälfte kleinschneiden. Die Zwiebeln und die Knoblauchzehen schälen und feinschneiden. Die Poularde mit Salz und Pfeffer und dem Zitronensaft einreiben. • Das Olivenöl in einem breiten Schmortopf erhitzen und die Poulardenteile darin goldgelb anbraten. Das dauert etwa 10 Minuten. Die Poularde warm stellen. • Im Bratfett die Zwiebeln glasig braten, die Knoblauchzehen zufügen und kurz mit anbraten. Die kleingeschnittenen Tomaten zufügen. Das Tomatenpüree zugießen, salzen und pfeffern. Mit dem Zimt und dem Zucker würzen und die Petersilie zufügen. Mit dem Weißwein aufgießen. Die Poulardenteile zurück in die Pfanne geben. Sie sollen von der Tomatensauce bedeckt sein. Wenn nötig Wasser zugießen. Die Poularde im geschlossenen Topf und bei schwacher Hitze 40–60 Minuten schmoren lassen. • Inzwischen die Nudeln vorbereiten: Dazu 4 l Salzwasser zum Kochen bringen. Die Nudeln 8 Minuten lang kochen; sie sollen nicht ganz weich sein. • Die Poulardenteile aus dem Schmortopf nehmen und warm stellen. • Die Nudeln abgießen und in die Sauce geben. Die Nudeln knapp 5 Minuten bei geschlossenem Topf köcheln lassen. • Die Nudeln mit der Sauce auf einer Platte anrichten, mit dem Käse bestreuen und die Poulardenteile darauf in der Mitte anrichten.

Tip: Die Nudeln werden häufig auch separat fertig gegart, in einer Pfanne mit zerlassener Butter geschwenkt und auf einer Platte angerichtet. Sie werden dann mit der Sauce begossen und mit den Hähnchenteilen obenauf serviert. Den Käse separat reichen.

Ein Schlemmergericht ersten Ranges stellt Huhn in Tomatensauce »Kotópoulo kapamá« dar. ▷

Huhn in Zitronensauce
Kotópoulo lemonáto

Je jünger das Geflügel, um so köstlicher schmeckt dieses Gericht. Man kann statt Poularde auch 2 kleine Brathähnchen verwenden.

1 Poularde von 1200 g · 2 Eßl. Butter · 2 Möhren · Saft von 1 Zitrone · ½ Tasse herber Weißwein · Salz · Pfeffer

Vorbereitungszeit: 15 Minuten
Garzeit: 1–1¼ Stunden

Die Poularde in 4 Teile schneiden, waschen und trockentupfen. • In einer Pfanne die Butter erhitzen und die Poulardenteile darin rundum goldgelb anbraten. Die Möhren schaben, waschen und kleinschneiden. Die Möhren in einen Topf geben und darauf die angebratenen Poulardenteile legen. Die Poularde mit dem Zitronensaft und dem Weißwein begießen. ½ Tasse Wasser zugießen und das Ganze mit Salz und Pfeffer abschmecken. Das Bratfett aus der Pfanne durch ein Sieb zu den Poulardenteilen gießen. Das Ganze einmal aufkochen lassen und die Poulardenstücke im geschlossenen Topf bei schwacher Hitze 40–50 Minuten garen. • Die Poulardenteile auf eine Platte legen, mit der Sauce übergießen und heiß mit Reispilaw oder Nudeln servieren.

Gegrillte Hähnchen
Petinaráki stí skáras

Die Hähnchen werden zum Grillen in der griechischen Küche häufig halbiert oder in 4 Teile geteilt und flachgeklopft. Man kann sie vor dem Grillen in zerlassene Butter tauchen und anschließend in Semmelbröseln wenden oder wie in diesem Rezept während des Grillens mit einer Zitronen-Öl-Sauce bestreichen.

2 Brathähnchen oder Poularden von je 1200 g · Salz · Pfeffer · Saft von 1½ Zitronen · 6 Eßl. Olivenöl

Vorbereitungszeit: 10 Minuten
Grillzeit: je Portion 20 Minuten

Die Hähnchen oder Poularden in jeweils 4 Teile teilen, waschen und abtrocknen. Die Hähnchenteile leicht flachklopfen und mit Salz, Pfeffer und etwas Zitronensaft einreiben. • Den restlichen Zitronensaft mit Salz und Pfeffer verrühren und – am besten im Mixer – mit dem Olivenöl verrühren. • Die Hähnchen- oder Poulardenteile auf den vorgeheizten geölten Grill legen und rundum etwa 20 Minuten braten; dabei immer wieder mit der Zitronen-Öl-Sauce bepinseln. • Die Hähnchen oder die Poularden heiß servieren und die restliche Zitronen-Öl-Sauce separat dazu reichen. Gut schmeckt auch ein Kartoffel-Knoblauch-Püree dazu.

Tip: Man kann die Brathähnchen auch unzerteilt grillen. Die Hähnchen werden gewürzt wie im Rezept beschrieben und dressiert: Dafür die Flügel auf dem Rükken verschränken. Rechts und links unten am Bauch des Hähnchens jeweils einen Einschnitt in die Haut vollführen und die Keulenenden hineinstecken. Die Grillhähnchen auf den Grillspieß geben und während des Grillens mit Zitronen-Öl-Sauce bepinseln. Die Grillzeit beträgt 1 Stunde.

Gegrillte Wachteln
Ortíkia stí skára

Wachteln schmecken köstlich und sind so einfach zuzubereiten, daß sie auch dem Ungeübten auf Anhieb gelingen. Vor allem im ländlichen Griechenland werden die Wachteln gerne am Spieß über dem Holzkohlenfeuer gegrillt.

8 Wachteln · Salz · Pfeffer · Saft von 1 Zitrone · 1 Eßl. frisch gehackter Oregano · 6 Eßl. Olivenöl

Vorbereitungszeit: 10 Minuten
Ruhezeit: 30 Minuten
Grillzeit: 15–20 Minuten

Die Wachteln innen und außen waschen und abtrocknen. Den Zitronensaft mit Salz und Pfeffer und Oregano vermischen und im Mixer mit dem Olivenöl verrühren. Die Wachteln mit einem Teil der Zitronen-Öl-Sauce bestreichen und die Tiere 30 Minuten ruhen lassen. • Den Wachteln die Flügel auf dem Rükken verschränken und die Keulen mit Küchengarn so festbinden, daß sie am Körper anliegen. Die Wachteln auf den geölten Grillspieß stecken und 15–20 Minuten goldbraun braten. Dabei immer wieder mit der Zitronen-Öl-Sauce bepinseln. • Mit dem Rest der Zitronen-Öl-Sauce und grünem Salat oder Reispilaw servieren.

Wachteln im Auberginenmantel
Ortíkia mé melitsańes

Um die Wachteln beim Braten im Backofen vor dem Austrocknen zu schützen, bedarf es nicht unbedingt des hierzulande üblichen Speckmantels, wie dieses raffinierte Rezept aus der griechischen Küche zeigt. Wenn Sie dieses Gericht zubereiten wollen, besorgen Sie am besten zunächst die Wachteln und wählen dann die Auberginen für die Umhüllung in der entsprechenden Größe aus.

4 genügend große runde Auberginen · Salz · 3 Tomaten oder 2 Eßl. Tomatenmark · 1 Knoblauchzehe · 4 Eßl. Butter · 1 Eßl. frisch gehackte Petersilie · ½ Tasse herber Weißwein · Pfeffer · 1 Teel. Zucker · 1 Prise Zimt · 4 Wachteln · 6 Eßl. Olivenöl

Vorbereitungszeit: 40 Minuten
Ruhezeit: 30 Minuten
Garzeit: 1¼ Stunden

Die Auberginen waschen und den Blütenansatz sowie das Stielende abschneiden. An der Blütenansatzseite eine kleine Kappe abschneiden, die später als Deckel dienen soll. Die Auberginen mit einem Löffel sorgfältig aushöhlen. Das Fruchtfleisch soll bis auf eine hauchdünne Schicht entfernt werden. Die Auberginenhüllen mit Salz ausstreuen, das Fruchtfleisch mit Salz bestreuen und das Ganze 30 Minuten ruhen lassen. • Für die Tomatensauce die Tomaten waschen, kreuzweise einritzen und kurz in kochendes Wasser legen. Die Tomaten enthäuten und das Grüne am Stielende ausstechen. Die Tomaten achteln und durch ein Sieb streichen. Die Knoblauchzehe schälen und in der Knoblauchpresse zermusen. Die Hälfte der Butter in einem Topf erhitzen. Die Knoblauchzehe kurz darin anbraten und die Petersilie zufügen. Mit dem Weißwein aufgießen und die Tomaten zugeben. Bei der Verwendung von Tomatenmark dieses mit 1 Tasse Wasser verrühren und zufügen. Mit Salz, Pfeffer, dem Zucker und dem Zimt abschmecken. Alles aufkochen lassen und die Sauce im geschlossenen Topf bei schwacher Hitze 10 Minuten köcheln lassen. • Den Backofen auf 180° vorheizen. • Inzwischen die Wachteln waschen und trockentupfen. Die Wachteln innen und außen mit Salz und Pfeffer einreiben. In einer Pfanne die restliche Butter erhitzen und die Wachteln darin von allen Seiten goldgelb anbraten. • Das Olivenöl in einer Pfanne erhitzen. Die Auberginenhüllen und das Fruchtfleisch mit Wasser abbrausen und trockentupfen. Die Auberginenhüllen mehrmals mit einer Gabel einstechen und samt Deckeln in dem Olivenöl von allen Seiten anbraten. Dabei immer wieder mit einem Löffel Olivenöl in das Innere der Auberginen schöpfen. Das Auberginenfruchtfleisch kleinschneiden und ebenfalls im Anschluß an die Auberginenhüllen in dem Olivenöl anbraten. Die Auberginenhüllen mit den Wachteln füllen und jeweils einige Löffel Tomatensauce zugießen. Die Auberginen mit den Kappen verschließen und die ganzen Pakete jeweils mit Küchengarn zubinden. Die gefüllten Auberginen in eine feuerfeste Form setzen und das Fruchtfleisch rund um verteilen. Das Fruchtfleisch mit der Tomatensauce begießen. Die Wachteln im Auberginenmantel auf der mittleren Schiene in den Backofen schieben und 40 Minuten lang in der geschlossenen Form garen – gegebenenfalls mit Alufolie bedecken. • Dann die Auberginen wenden und 20 Minuten lang in der offenen Form backen. • Die Wachteln im Auberginenmantel mit Pilaw servieren.

Tip: Man kann für dieses Gericht auch die hierzulande weit häufiger angebotenen länglichen Auberginen verwenden. Man wählt dann 2 recht lange Früchte, in denen jeweils 2 Wachteln Platz finden können. Die Auberginen werden in der Mitte quer durchteilt – nicht längs. Von jeder Hälfte schneidet man 1 fingerdicke Scheibe ab, die später als Verschlußkappe dienen soll. Die Auberginenhälften werden sorgfältig ausgehöhlt. Auf diese Weise erhält man für jede der 4 Wachteln eine passende Umhüllung. – Man soll übrigens die Auberginen gut anbraten, da sie sonst nicht richtig weich werden und nicht gut schmecken.

Tauben mit Wein

Pitsoúnia krassáta

Einfach und schnell lassen sich die Tauben in Weißwein zubereiten. Häufig werden auch 500 g Tomatenstückchen mitgeschmort.

2 Tauben zu je 600 g oder 4 junge Tauben · Salz · Pfeffer · 3 Eßl. Butter · 1 Tasse trockener Weißwein · 1 Zitrone nach Belieben

Vorbereitungszeit: 10 Minuten
Garzeit: 50 Minuten

Die Tauben vierteln, waschen und abtrocknen. Die Taubenstücke mit Salz und Pfeffer einreiben. • Die Butter in einer Pfanne erhitzen und die Taubenstükke darin von allen Seiten goldgelb anbraten. Das dauert etwa 10 Minuten. Mit dem Weißwein und nach Belieben dem Zitronensaft aufgießen. Alles einmal aufkochen lassen und die Tauben in der geschlossenen Pfanne bei schwacher Hitze 40 Minuten schmoren. • Mit Nudeln oder Kartoffelpüree servieren.

Variante: Rebhuhn mit Wein · Pérdikes krassátes
Auf dieselbe Weise wie Tauben kann man auch 2 Rebhühner in Wein schmoren. Statt Weißwein wird für dieses Rezept häufig Rotwein vorgezogen.

Rebhuhn mit Oliven und Sellerie

Pérdikes mé eliés ké sélino

Rebhühner wiegen zwischen 400 und 500 g. Sie werden zwischen dem 25. 8. und dem 30. 11. frisch auf dem Markt angeboten, wenn Jagdsaison ist. Beim Kauf muß man darauf achten, daß man wirklich junge Tiere bekommt.

2 junge kleine Rebhühner · Salz · Pfeffer · 80 g entkernte Oliven · 1 Sellerieknolle · 3 reife Tomaten · ½ Tasse Butter oder Olivenöl

Vorbereitungszeit: 20 Minuten
Garzeit: 30 Minuten

Die Rebhühner innen und außen waschen und trockentupfen. Die Hühner mit Salz und Pfeffer einreiben. Die Oliven in ihrem eigenen Saft 10 Minuten lang köcheln lassen. Die Sellerieknolle waschen, schälen und in kleine Stückchen schneiden. Die Tomaten waschen, kurz in kochendes Wasser legen und enthäuten. Die Tomaten am Stielende kappen und die Kerne mit einem sanften Druck herauspressen. Die Tomaten in kleine Stückchen schneiden. • Die Butter oder das Olivenöl in einem Topf erhitzen und die Rebhühner darin von allen Seiten anbraten. Die Rebhühner aus dem Topf nehmen und warm stellen. Die Oliven und die Selleriewürfel in das Bratfett geben und kurz durchbraten. Die Tomatenstückchen zufügen und mit 1 Tasse Wasser aufgießen. Das Ganze mit Salz und Pfeffer abschmecken. Die Rebhühner in den Topf geben; sie sollen gerade von der Sauce bedeckt sein. Das Ganze einmal aufkochen lassen und im geschlossenen Topf bei schwacher Hitze 30 Minuten lang schmoren lassen. • Die Rebhühner halbieren, mit der Sauce übergießen und heiß servieren.

Süßspeisen und Gebäck haben einen festen Platz in der griechischen Eßkultur; sie sind Mittelpunkt manch schönen Brauchtums des Familienlebens, und manch traditionsreiche Geste der Gastfreundschaft ist mit ihnen verknüpft. Die mit Liebe zubereiteten Naschwerke sind oft süß wie Konfekt; doch wenn man sie in kleinen Portionen zum Ausklang einer Mahlzeit mit griechischem Kaffee genießt, kommt man auch als Nichtgrieche rasch auf den Geschmack. Besondere Köstlichkeiten gibt es unter dem Weihnachtsgebäck: Die Rezepte für Kräusel, Mandelgebäck und Weihnachts-Konfekt finden Sie in diesem Kapitel. Das Osterbrot aus Hefeteig wird gern mit den in Griechenland üblichen leuchtend roten Ostereiern verziert und in allen möglichen Formen wie Zopf, Kringel oder Kranz hergestellt. Viele Gebäckstücke werden mit Zuckersirup getränkt. Die großen Zuckermengen, die dazu benötigt werden, brauchen einen allerdings nicht zu schrecken; denn der Sirup wird nicht ganz und gar mitgegessen. Vom Wohlgeschmack dieser mit Sirup verfeinerten Gebäcke zeugen die Walnußrollen (»Floyéres«) oder auch die Nußschnitten, die als »Baklavás« bezeichnet werden und unter diesem Namen in aller Welt bekannt sind.
Eine Spezialität besonderer Art sind die Löffelsüßigkeiten »Gliko«. Es handelt sich um in Sirup eingelegte ganze Früchte. Quitten, Kirschen, kleine bittere Orangen, ja sogar junge grüne Tomaten und junge Auberginen werden mit viel Sorgfalt entkernt oder entsteint und dann in Sirup gegart. Diese Früchte, die in Griechenland dem Gast als Willkommensgruß mit einem Glas frischem Wasser auf einem Löffelchen gereicht werden, sind süß wie kandierte Früchte, haben aber einen feinen Fruchtgeschmack. Ansonsten wird Obst gerne frisch als Nachspeise serviert. Es werden Feigen, Erdbeeren, Melonen oder Trauben gereicht – je nach Geschmack auch mit einer Spirituose parfümiert. Gern serviert wird auch die Grieß-Halva, die mit wenigen Zutaten rasch zubereitet ist. Und der in ganz Griechenland beliebte Milchreis hat vor allem im Winter, wenn es an frischem Obst mangelt, Saison.

◁ In der griechischen Küche werden Früchte in fein aromatisiertem Zuckersirup konserviert. Wie hier bei Birnen in Sirup »Achládi glikó« entkernt oder entsteint man die Früchte, ohne sie zu zerteilen.

Birnen in Sirup

Achládi glikó

Mit den Früchten in Sirup hat es in Griechenland eine besondere Bewandtnis. Birnen, Äpfel, Sauerkirschen, Quitten, Aprikosen, aber auch kleine junge Auberginen oder grüne Tomaten werden in aromatisiertem Zuckersirup haltbar gemacht. Man reicht sie dem Gast zur Begrüßung als »Löffelsüßigkeit« auf einem Teelöffel, den die Hausfrau auf einem Glastellerchen deponiert hat und gemeinsam mit einem Glas kühlen Wasser auf einem Tablett aufträgt. Nichtgriechen schmecken diese Früchte jedoch besser zum Kaffee nach dem Essen; besonders dekorativ wirkt ein Teller mit mehreren Sirup-Früchten – etwa Birnen, Kumquats und Orangenschalenröllchen; dazu passen gut Scheiben von frischen Orangen.

4 nicht zu reife Birnen · Saft von ½ Zitrone · 250 g Zucker · ½ Vanilleschote

Vorbereitungszeit: 30 Minuten
Garzeit: 1 Stunde
Ruhezeit: 12 Stunden

Die Birnen schälen und vorsichtig von den Kernen befreien, ohne die Frucht zu zerteilen. Dazu mit einem schmalen Messer, oder besser noch einer Stricknadel, am Stielende in die Frucht stechen und die Kerne aus den Früchten herauslösen. Die Früchte in mit etwas Zitronensaft versetztem Wasser waschen. • Den Zucker mit ¼ l Wasser erhitzen. Die Birnen zufügen und 45 Minuten darin schäumend kochen lassen, bis sie gar sind und der Sirup eingedickt ist. • Die Birnen über Nacht im Sirup stehen lassen. • Am nächsten Tag den Sirup mit Zitronensaft würzen und die aufgeschnittene Vanilleschote zufügen. Die Birnen nochmals kochen lassen, bis der Sirup erneut eingedickt ist. • Das Ganze abkühlen lassen. Die Früchte in ein Glas geben und mit dem Sirup bedecken.

Tip: Beim Eindicken des Sirups muß man einige Sorgfalt walten lassen. Der Sirup darf nicht zu stark einkochen, da er sonst beim Erkalten erstarrt. Um festzustellen, ob der Sirup in der rechten Weise eingedickt ist, geben die griechischen Hausfrauen ein wenig davon auf einen Teller. Wenn der Sirup auf dem Teller nicht mehr zerläuft, hat er die richtige Beschaffenheit.

Variante: Weichselkirschen in Sirup · Wissino glikó
1 kg entkernte Kirschen in einem Sirup aus 1 kg Zucker und ½ l Wasser kochen. Den Sirup abschäumen und die Kirschen über Nacht ziehen lassen. • Am nächsten Tag die Kirschen im Sirup mit dem Saft von 1 Zitrone aufkochen und den Sirup wie im Rezept für Birnen in Sirup beschrieben eindicken.

Tip: Aus dem Kirschensirup bereiten die griechischen Hausfrauen ein erfrischendes Sommergetränk zu, indem sie 1–2 Eßlöffel Sirup in ein Glas geben und mit Eiswasser oder Mineralwasser auffüllen. Das Getränk heißt »Wissinada«.

Orangenschalen in Sirup

Portokália glikó

Wenn Sie im Winter für einen Nachtisch mehrere Orangen verwenden, heben Sie die Schale auf und fertigen Sie daraus die besonders schön aussehenden Orangenschalen in Sirup. Ähnlich wie die Zubereitung von Kumquats verlangt auch die Herstellung von Orangenschalen einige Zeit.

6 dickschalige ungespritzte Orangen · 500 g Zucker · ½ Vanilleschote · Saft von ½ Zitrone

Vorbereitungszeit: 2 Stunden
Zeit zum Wässern: 24 Stunden
Garzeit: 1 Stunde

Die Orangen mit lauwarmem Wasser gründlich waschen und abtrocknen. Um die Bitterstoffe zu entfernen, die Schalen vorsichtig abreiben, bis die äußere orangenfarbene Schicht verschwunden ist.

Bei jeder Orange mit einem scharfen Messer die Schale senkrecht vom Stielansatz zum Blütenansatz hin so einschneiden, daß man 6–7 Streifen erhält. Die weiße innere Schicht der Schalenstreifen ebenfalls wegen der Bitterstoffe mit dem Messer entfernen. Die Schalenstreifen zusammenrollen und auf 2 Fäden Küchengarn aufziehen. • Die Girlanden in einem Topf mit viel Wasser zum Kochen bringen und 5 Minuten kochen lassen. Dann auf ein Sieb gießen und in kaltem Wasser 24 Stunden wässern; das Wasser dabei tagsüber am besten dreimal erneuern. • Am Tag der Zubereitung die Girlanden abtropfen lassen. Den Zucker mit ½ l Wasser zum Kochen bringen und die aufgeschnittene Vanilleschote zufügen. Den Zuckersirup 5 Minuten lang kochen lassen. Die Orangenschalen hineinwerfen und im geöffneten Topf bei mittlerer Hitze etwa 40–60 Minuten kochen lassen. In den letzten 10 Minuten den Zitronensaft zufügen. • Wenn der Sirup eingedickt ist, die Schalen vom Herd nehmen, etwas abkühlen lassen, von den Fäden befreien und im Sirup in heiß ausgespülten Marmeladengläsern aufheben.

Tip: Auf dieselbe Weise können Sie auch Grapefruitschalen zubereiten. – Durch das Wässern werden den Schalen nicht nur die Bitterstoffe entzogen, sie geraten dadurch auch weicher. Sollten Ihnen die Schalen zum Schluß nicht weich genug erscheinen, so können Sie die Röllchen noch einmal eine Nacht über im Sirup ziehen lassen und dann am nächsten Tag erneut für 5 Minuten aufkochen.

Kumquats in Sirup

Nerantsáki glikó

In Griechenland verwendet man für dieses Rezept nußgroße, junge, noch grüne und bittere Orangen. Hierzulande ist es so gut wie unmöglich, solch junge Orangen zu bekommen. Doch kann man das Rezept auch mit den kleinen bitteren Zwergorangen, den Kumquats, ausprobieren, die auf dem Markt angeboten werden. Die Zwergorangen durchlaufen mehrere Phasen der Zubereitung, bis sie am Ende eben jenen feinen, herb-süßen Geschmack erlangt haben, der sie auszeichnet. Sie müssen über Nacht gewässert werden und mehrmals auch über Nacht in Sirup ziehen. Wenn man jedoch erst einmal die Prozedur des Entkernens hinter sich gebracht hat, ist der anfallende Arbeitsaufwand geringer, als man annimmt.

300 g Kumquats (kleine bittere Zwergorangen) · 300 g Zucker · Saft von ½ Zitrone

Vorbereitungszeit: 1 Stunde
Zeit zum Wässern: 50 Stunden
Zeit zum Ziehen: 12 Stunden
Garzeit: 50 Minuten

Die Kumquats waschen und jede Frucht an der unteren Seite direkt beim Stielansatz zweimal anbohren und mit einer Stricknadel die Kerne entfernen. Die Früchte über Nacht in kaltem Wasser stehen lassen. • Die Früchte am nächsten Tag abgießen und von Wasser bedeckt kochen, bis sie weich sind. Das dauert etwa 40 Minuten. • Die Früchte abtropfen lassen und erneut für 48 Stunden in Wasser ruhen lassen, damit der bittere Geschmack verschwindet. Dabei am Tage dreimal das Wasser erneuern. • Am Zubereitungstag den Zucker in 2 Tassen Wasser 5 Minuten kochen lassen. Die Früchte abtropfen lassen, 5 Minuten im Sirup mitkochen und anschließend über Nacht im Sirup ziehen lassen. • Dann die Früchte aus dem Sirup nehmen. Den Sirup mit dem Zitronensaft aufkochen und in etwa 10 Minuten eindicken lassen. Der Sirup darf sich nicht ausbreiten, wenn ein Tropfen davon auf einen Teller gegossen wird. Die Früchte zufügen. Alles erkalten lassen und in ein Glas füllen.

Tip: Wenn man den Sirup, mit dem die Früchte übergossen werden, zum Schluß eindicken will, sollte man ihn flott kochen lassen, ihn aber dabei genau im Auge behalten. Denn der Zeitpunkt, an dem der Sirup zu zähflüssig wird, ist ganz plötzlich erreicht. Man sollte sich daher immer wieder durch eine Probe auf einem Tellerchen Gewißheit über die Konsistenz des Sirups verschaffen.

Mandarinenschalen und Mandeln

Mandaríni ké amígdalo

Für dieses Rezept benötigen Sie unbehandelte Mandarinen. Die Mandarinenschalen werden außen abgerieben, und auch innen wird das Weiße entfernt. Sammeln Sie so viele Mandarinenschalen, daß Sie gut 1 Tasse damit füllen können.

1 Tasse Mandarinenschalen · Zucker nach Bedarf (etwa 1 Tasse) · 1 Tasse Mandeln · 1 Tasse grober Zucker

Zeit zum Weichen: 12 Stunden
Vorbereitungszeit: 40 Minuten
Garzeit: 40–50 Minuten

Die Mandarinen mit lauwarmem Wasser gründlich waschen und abtrocknen. Um die Bitterstoffe zu entfernen, mit einer feinen Reibe die Schale vorsichtig abreiben, bis die orangefarbene Schicht verschwindet. Die Mandarinen schälen und innen die weiße Schicht entfernen. • Die Mandarinenschalen in Wasser einweichen und über Nacht stehen lassen. • Am anderen Morgen die Mandarinenschalen in frischem Wasser aufsetzen und 15 Minuten kochen lassen. Dann das Wasser wechseln, erneut aufkochen lassen und die Mandarinenschalen nochmals kochen lassen, bis sie weich sind. Das dauert etwa 30 Minuten. Die Mandarinenschalen vom Herd nehmen und auf einem Sieb abtropfen lassen. Unter fließendem Wasser abwaschen. Die Mandarinenschalen mit der Hand gut auspressen und zweimal durch einen Fleischwolf drehen. • Die Mandeln in Wasser aufkochen lassen, auf einem Sieb abtropfen lassen und die Haut entfernen. Die noch nassen Mandeln ebenfalls zweimal durch den Fleischwolf drehen. • Die Mandarinenmasse abmessen und mit der gleichen Menge Zucker in einen Topf geben. Das Ganze bei schwacher Hitze unter ständigem Rühren so lange kochen, bis fast die ganze Flüssigkeit verdampft ist. Die Mandarinenmasse vom Herd nehmen und die gemahlenen Mandeln sofort zufügen. Das Ganze rühren, bis die Masse lauwarm ist. • Aus der Mandarinen-Mandel-Masse Kugeln oder Zylinder formen und diese in dem

Zucker wälzen. Die Figürchen nicht zu dicht nebeneinander auf eine Platte legen und 6–7 Stunden erkalten lassen. Die Kugeln oder Zylinder in eine Glasschüssel mit Deckel geben, damit sie nicht austrocknen.

Grieß-Halva

Halvás

Relativ rasch zubereitet ist die Grieß-Halva. Einfach wie die Zutaten ist auch die Verzierung: Die auf einen Teller gestürzte Halva wird mit Zimt und Puderzucker bestreut.

abgeriebene Schale von ½ Zitrone · 2 Gewürznelken · ½ Zimtstange · 250 g Zucker · 125 g Butter · 250 g grober Grieß · 60 g gehackte Mandeln · 1 Teel. Zimt · 1 Teel. Puderzucker

Vorbereitungszeit: 30 Minuten
Garzeit: etwa 25 Minuten
Ruhezeit: 1 Stunde

½ l Wasser mit der Zitronenschale, den Nelken, der Zimtstange und dem Zucker zum Kochen bringen und 5 Minuten kochen lassen. • Inzwischen die Butter im Topf zerlassen. Den Grieß einrieseln lassen und bei schwacher Hitze unter ständigem Rühren Farbe nehmen lassen. Die Mandeln zufügen und das Ganze unter fortwährendem Rühren leicht goldgelb bräunen. Den Sirup durch ein Sieb gießen und langsam unter ständigem Rühren zum Grieß geben. Das Ganze bei geöffnetem Topf und bei schwacher Hitze so lange kochen lassen, bis die Flüssigkeit aufgebraucht oder verdampft ist; das dauert etwa 15–20 Minuten. • Die Halva in eine Schüssel geben und 1 Stunde ruhen lassen. Vor dem Servieren auf einen Teller stürzen und mit dem Zimt und dem Puderzucker bestreuen.

Tip: Das Küchengeheimnis bei der Zubereitung von Halva lautet: langsam kochen und viel rühren. Das Ganze soll nur leicht Farbe nehmen, und man kann, damit es nicht so sehr spritzt, den Sirup auch abseits vom Herd zum Grieß geben.

Kompott aus Trockenfrüchten

Kompósta mé xerá froúta

Diese Süßspeise aus Mazedonien läßt sich rasch herstellen. Die Zutaten dazu kann man stets im Hause haben.

500 g verschiedene Trockenfrüchte (Pflaumen, Aprikosen, Feigen) · 4 Eßl. Rosinen · je 1 Eßl. geriebene Zitronen- und Orangenschale · 2 Eßl. Zucker · 1 Tasse Orangensaft

Vorbereitungszeit: 5 Minuten
Zeit zum Weichen: 2 Stunden
Garzeit: etwa 30 Minuten

Die Früchte waschen und 2 Stunden in Wasser einweichen lassen. Die Rosinen in heißem Wasser waschen und abtropfen lassen. • Die Früchte im Einweichwasser 15–20 Minuten lang kochen. Die Rosinen, die Zitronen- und Orangenschalen und den Zucker zufügen und alles nochmals 10 Minuten kochen lassen. Kurz vor Ende der Kochzeit den Orangensaft zufügen.

Griechischer Milchreis

Risógalo

Griechischer Milchreis wird stets gut gekühlt gegessen. Er wird in Portionsschüsselchen serviert.

80 g Milchreis · 1 l Milch · 1 Vanilleschote · abgeriebene Schale von ½ Zitrone · 1 Prise Salz · 1 gehäufter Eßl. Stärkemehl · 100 g Zucker · 2 Eigelbe · Zimt nach Bedarf

Vorbereitungszeit: 5 Minuten
Garzeit: 40 Minuten

Den Reis gründlich waschen, bis das Wasser klar ist, und in ⅛ l kochendes Wasser geben. 15 Minuten bei schwacher Hitze vorgaren. • Inzwischen die Milch bis auf 4 Eßlöffel mit der aufgeschnittenen Vanilleschote und der abgeriebenen Zitronenschale zum Kochen bringen. Das Salz zufügen und den Reis hineingeben. Den Reis 10 Minuten köcheln lassen; dabei einige Male umrühren. Das Stärkemehl in etwas Wasser verrühren und zum Reis geben. Den Zucker zufügen und alles 15 weitere Minuten köcheln lassen. • Die Eigelbe mit 4 Eßlöffeln Milch verrühren und den Reis vom Herd nehmen. Die Eigelbe unterrühren. Den Reis zurück auf den Herd geben und bei schwächster Hitze 2 Minuten unter Rühren garen. • Den Reis in Portionsschüsselchen geben, abkühlen und im Eisschrank durchkühlen lassen. Mit viel Zimt bestreut servieren.

Orangenküchlein

Tiganítes portokalioú

Diese verführerische Süßspeise aus Mittelgriechenland ist so leicht zuzubereiten, daß sie auch dem Ungeübten gelingt.

4 Orangen · 3 Eßl. Zucker · 1 Tasse Rotwein · 3 Eßl. Sherry · ½ Tasse Mehl · 1 Prise Salz · Fritieröl · 2 Eier · Puderzucker nach Bedarf

Vorbereitungszeit: 20 Minuten
Ruhezeit: 30 Minuten
Fritierzeit je Portion: etwa 4 Minuten

Die Orangen schälen, die Spalten voneinander trennen, alles Weiße und die Kerne entfernen. Die Orangenscheiben in eine Schüssel legen und mit 2 Eßlöffeln Zucker bestreuen. Den Wein und 2 Eßlöffel Sherry darübergießen und die Orangenscheiben 30 Minuten ruhen lassen. • Inzwischen in einer Schüssel das Mehl mit ½ Tasse Wasser zu einem cremigen Teig verrühren. Den restlichen Zucker und das Salz zufügen. 1 Eßlöffel Olivenöl unterrühren. Die Eier trennen und die Eigelbe und 1 Eßlöffel Sherry zufügen und den Teig gut verrühren. Die Eiweiße zu steifem Schnee schlagen und löffelweise unter den Teig mischen. • Das Fritieröl auf 175° erhitzen. • Die Orangenscheiben einzeln aus der Schüssel nehmen, abtropfen lassen und in den Teig tauchen. Die Orangenscheiben dann portionsweise von allen Seiten goldgelb fritieren und auf Küchenkrepp abtropfen lassen. Die Orangenscheiben auf eine Platte legen, mit Puderzucker bestreuen und warm servieren.

Mandelrolle
Kormós amígdalou

Dieser Mandelkuchen wird in Griechenland mit Filloteig zubereitet. Wenn Sie im griechischen Spezialgeschäft fertige Filloteigblätter bekommen können, verwenden Sie die doppelte Menge der in diesem Rezept angegebenen Teiglagen. Nur für sehr Geübte ist es empfehlenswert, den Filloteig für dieses Rezept selbst herzustellen, wie dies im Rezept auf Seite 45 beschrieben ist; denn es bedarf schon einiger Fingerfertigkeit und Übung, den Teig so zu bearbeiten, daß man 4 wirklich hauchdünne Platten daraus gewinnen kann. Geraten aber die Teigplatten zu dick, schmeckt der Kuchen nicht so gut.

4 Platten tiefgefrorener Blätterteig · 250 g grobgehackte Mandeln · 1 Eßl. Semmelbrösel/Paniermehl · 2 Eier · 6 Eßl. Zucker · 1 Teel. Zimt · 5 Eßl. zerlassene Butter · 1 Eigelb
Für den Sirup: 250 g Zucker · 1 Stück Zimt · Saft von ½ Zitrone

Vorbereitungszeit: 1 Stunde
Backzeit: 30 Minuten

Den Blätterteig auftauen lassen. • Inzwischen die Mandelfüllung zubereiten: Dafür die Mandeln bis auf 2 Eßlöffel mit den Semmelbröseln mischen. Die Eier mit dem Zucker verquirlen und mit den Mandeln und den Semmelbröseln verrühren. Den Zimt untermischen. • Den Backofen auf 180° vorheizen. • Die Blätterteigplatten auf einer bemehlten Arbeitsfläche abwechselnd längs und quer möglichst dünn ausrollen. Die Teigblätter mit Butter bepinseln und übereinanderlegen. Die Teigblätter mit der Füllung bestreichen und einrollen. Die Teigrolle auf ein mit Wasser ausgespültes Blech legen, mit Eigelb bestreichen und mit Wasser besprenkeln. • Den Kuchen im Backofen auf der zweiten Schiene von unten etwa 30 Minuten lang bakken. • Inzwischen den Sirup zubereiten: Dafür den Zucker mit ½ l Wasser zum Kochen bringen und den Zimt zufügen. Den Sirup 5–10 Minuten kochen lassen und den Zitronensaft zugießen. • Die Mandelrolle aus dem Backofen nehmen, einige Male mit einer Gabel einstechen und den heißen Sirup über den Kuchen gießen. Den Kuchen mit den restlichen gehackten Mandeln bestreuen.

Tip: Selbstverständlich kann man diesen Kuchen auch mit dem hierzulande häufig angebotenen fertigen Strudelteig zubereiten. Man verwendet dafür 2 Strudelteigblätter, die man jeweils in der Mitte durchschneidet.

Apfelkuchen
Milópitta

Dieser Apfelkuchen, für den der Kuchenboden zunächst ohne Füllung vorgebacken wird, gelingt leicht.

100 g Butter · 120 g Zucker · 1 Eigelb · 180 g Mehl · ½ Teel. Backpulver · 1 Prise Salz · 1 kg säuerliche Äpfel · Saft von ½ Zitrone · ½ Teel. Zimt · 1 Tasse Korinthen · 2 Eiweiße · 2 Eßl. Butterflöckchen

Vorbereitungszeit: 45 Minuten
Backzeit: 35–40 Minuten

Den Backofen auf 180° vorheizen. Die Butter mit 60 g Zucker schaumig rühren. Das Eigelb zufügen. Das Mehl mit dem Backpulver durchsieben und mit dem Salz unter den Teig mengen. Das Ganze zu einem festen Teig kneten. Den Teig ausrollen und eine gebutterte Springform von etwa 26 cm Durchmesser damit auslegen. Den Boden mit der Gabel mehrmals einstechen. • Den Kuchenboden im Backofen auf der mittleren Schiene in 15 Minuten hellgelb bakken. • In der Zwischenzeit die Äpfel waschen und schälen. Die Äpfel vierteln und das Kerngehäuse ausschneiden. Die Äpfel in Scheiben schneiden und mit dem restlichen Zucker, dem Zitronensaft und dem Zimt vermischen. Die Korinthen waschen und unterheben. Die Eiweiße zu steifem Schnee schlagen und unter die Äpfel mischen. • Die Apfelfüllung auf den Tortenboden geben. Den Kuchen mit den Butterflöckchen belegen und alles im Backofen auf der mittleren Schiene 20–30 Minuten backen.

Nußkuchen
Karidópitta

Für diesen Kuchen, der als Nachspeise beliebt ist, sollten bei der Zubereitung alle Zutaten zimmerwarm sein.

8 Eier · 125 g Butter · 180 g Zucker · 2 Päckchen Vanillinzucker · 250 g Mehl · ½ Päckchen Backpulver · abgeriebene Schale von ½ Zitrone · 1 Teel. Zimt · 1 Schnapsglas Cognac (2 cl) · 1 Prise Salz · 300 g gemahlene Walnüsse · Semmelbrösel/Paniermehl nach Bedarf
Für den Sirup: 250 g Zucker · 1 Stückchen Zimtstange · Saft von ½ Zitrone

Vorbereitungszeit: 40 Minuten
Backzeit: 1 Stunde

Den Backofen auf 180° vorheizen. Die Eier trennen. • Die Butter mit dem Zukker und dem Vanillinzucker schaumig rühren. Die Eigelbe nach und nach unterrühren. Das Mehl mit dem Backpulver durchsieben und unter den Teig rühren. • Die Zitronenschale, den Zimt und den Cognac zufügen. Die Eiweiße mit dem Salz zu steifem Schnee schlagen und ebenfalls unter den Teig rühren. Die Walnüsse zufügen. • Den Teig in eine gebutterte und mit Semmelbrösel ausgestreute runde Form von etwa 26 cm Durchmesser füllen. Den Kuchen auf die mittlere Schiene des Backofens schieben und 50–60 Minuten backen. Er ist fertig, wenn an einer Stricknadel, mit der man in den Kuchen sticht, kein Teig mehr haften bleibt. • Den Kuchen in der Form erkalten lassen. • Für den Sirup 2 Tassen Wasser mit dem Zucker und der Zimtstange zum Kochen bringen und 5–10 Minuten kochen lassen. Den Zitronensaft zufügen und den Sirup heiß über den Kuchen gießen.

Tip: Manchmal rühren die griechischen Hausfrauen in den Teig 1 Tasse Joghurt. Der Kuchen wird dann weicher.

Die Mandelrolle »Kormós amígdalou« sieht hübsch aus, wenn man sie wie in diesem Rezept mit grobgehackten Mandeln bestreut. ▷

Nußschnitten

Baklavás

Dieses Gebäck wird um so edler im Geschmack, je dünner die Teigplatten sind. In der griechischen Küche wird für dieses Gebäck natürlich der hauchdünne Filloteig verwendet. Wenn Sie solch einen Teig bei Ihrem griechischen Spezialgeschäft erhalten können, verwenden Sie jeweils doppelt so viele Teigblätter wie in diesem Rezept angegeben. Denn in diesem Rezept wird von den dickeren fertigen Strudelteigblättern ausgegangen, die es hierzulande immer häufiger zu kaufen gibt, und von dem tiefgefrorenen Blätterteig (siehe Tip zu diesem Rezept), den man selbst nicht so dünn wie den Filloteig ausrollen kann. Im übrigen sollte sich nur, wer über viel Backerfahrung verfügt, angesichts der vielen für dieses Rezept erforderlichen Teigblätter die Arbeit zumuten und den Filloteig nach dem Rezept auf Seite 45 selbst herstellen.

500 g gehackte Walnüsse oder Mandeln · 4 Eßl. Zucker · 1 Teel. Zimt · 4 Eßl. Semmelbrösel · 250 g Butter · 400 g fertiger Strudelteig (4 Teigblätter oder tiefgefrorener Blätterteig, siehe Tip zu diesem Rezept)
Für den Sirup: 250 g Zucker · 200 g Honig · 2 Gewürznelken · 1 Stückchen Zimt · Saft von 1 Zitrone

Vorbereitungszeit: 30 Minuten
Backzeit: 50–60 Minuten

Die Walnüsse oder Mandeln mit dem Zucker, dem Zimt und den Semmelbröseln vermischen. Die Butter zerlassen. • Den Backofen auf 180° vorheizen. • Eine rechteckige Form (etwa 20 × 40 cm) mit Butter ausstreichen. • Die je etwa 43 × 40 cm großen Teigblätter nacheinander ausbreiten, in 2 Teile schneiden und wie folgt in die Form legen: Das erste Blatt mit zerlassener Butter bestreichen und hineinlegen. Das zweite Blatt mit Butter bestreichen und darauf legen. Dieses Blatt mit etwas Nußfüllung belegen. Das dritte Blatt mit Butter bestreichen, in die Form geben und mit Nußfüllung belegen. Ebenso mit dem vierten, dem fünften und dem sechsten Blatt verfahren. Die Füllung soll nun verbraucht sein. Das siebente Blatt nun mit Butter bestreichen und in die Form legen. Mit dem achten Blatt abdecken und dieses Blatt ebenfalls mit Butter bestreichen. Die Ränder zurechtschneiden. Die Deckplatte rautenförmig einschneiden und das Ganze mit Wasser besprenkeln. Das Gebäck im Backofen auf der mittleren Schiene in 30–40 Minuten goldbraun backen. • Für den Sirup den Zukker in ½ l Wasser 5 Minuten kochen. Den Honig zufügen und die Gewürznelken und den Zimt mitkochen. Den Sirup nochmals 5 Minuten kochen lassen. Dann die Nelken und den Zimt entfernen und den Saft der Zitrone zufügen. Den Sirup einmal aufkochen lassen und kalt stellen. Das Gebäck aus dem Ofen nehmen und mit dem Sirup begießen. Das Gebäck erkalten lassen und in Rechtecke geschnitten servieren.

Tip: Wenn Sie dieses Gebäck mit Blätterteig anfertigen wollen, verwenden Sie 300 g Blätterteig. Tauen Sie die Teigplatten auf, halbieren Sie sie und rollen Sie sie zu 10 Rechtecken von 22 × 23 cm aus. Wählen Sie eine Backform dieser Größe und verfahren Sie mit dem Blätterteig wie im Rezept für Strudelteig beschrieben. – Bei diesem Rezept muß entweder das Gebäck warm und der Sirup kalt sein oder umgekehrt, damit das Gebäck nicht zu weich wird.

Kräusel

Díples

Dieses nicht nur bei den griechischen Kindern beliebte Kräuselgebäck macht auch bei der Zubereitung Spaß.

4 Eigelbe · 4 Eßl. Zucker · 2 Eßl. Olivenöl · 1 Prise Salz · abgeriebene Schale von ½ Zitrone · 2 Eßl. Oúso oder Orangensaft · 160 g Mehl · 1 Teel. Backpulver · Öl zum Fritieren
Für den Sirup: 1½ Tassen Honig · 1 Stückchen Zimt · Saft von ½ Zitrone ·
Zum Bestreuen: gehackte Walnüsse

Vorbereitungszeit: 1½ Stunden
Ruhezeit: 1 Stunde
Garzeit je Einlage: 3–5 Minuten

Die Eigelbe mit dem Zucker gut schaumig schlagen. Das Olivenöl unterrühren. Das Salz und die abgeriebene Zitronenschale und den Ouzo oder den Orangensaft untermischen. Das Mehl sieben und mit dem Backpulver zusammen unter die Eimischung rühren. Das Ganze zu einem glatten, festen Teig kneten. Nach Bedarf etwas Wasser zufügen. Den Teig 1 Stunde lang ruhen lassen. • Den Teig auf einer bemehlten Arbeitsfläche dünn ausrollen und in 2 cm breite und 15 cm lange Streifen schneiden. Diese Streifen nach Belieben zu Knoten oder Schleifen formen. • Das Öl in einer Friteuse zwischen 150° und 175° erhitzen und die Teigstücke darin portionsweise in etwa 3–5 Minuten goldbraun backen. Nur so viele Gebäckstücke auf einmal nehmen, daß sie frei schwimmend backen können. Die Gebäckstücke auf Küchenkrepp abtropfen lassen. • Für den Sirup den Honig mit 1½ Tassen Wasser zum Kochen bringen. Die Zimtstange zufügen und den Sirup im offenen Topf 5 Minuten kochen lassen. Den Zitronensaft zufügen und den Sirup nochmals aufkochen lassen. • Eine Lage Kräusel auf eine Platte geben. Mit Honigsirup begießen und mit Walnüssen bestreuen. Darauf wieder eine Lage Kräusel geben und mit Honigsirup begießen und mit Walnüssen bestreuen. So fortfahren, bis alle Gebäckstücke verbraucht sind.

Walnußrollen

Floyéres

Das in Griechenland sehr beliebte Naschwerk kann auch mit Mandeln statt mit Walnüssen zubereitet werden.

Zutaten für 12 Stück:
200 g Walnußkerne · 1 Eßl. Semmelbrösel/Paniermehl · 2 Eier · 6 Eßl. Zucker · 1 Prise Zimt · abgeriebene Schale von ½ unbehandelten Zitrone · 200 g Strudelteig (2 Teigblätter von je etwa 43 × 40 cm; selbstgemachter Filloteig siehe Rezept Seite 45) · 4 Eßl. zerlassene Butter
Für den Sirup: 250 g Zucker · ¼ Zimtstange · Saft von ½ Zitrone
Zum Bestreuen: 50 g Walnußkerne

Vorbereitungszeit: 1 Stunde
Backzeit: 20–30 Minuten

Die Walnüsse durch die Mandelmühle drehen oder feinhacken und mit den Semmelbröseln mischen. Die Eier mit dem Zucker gut verquirlen, den Zimt und die Zitronenschale hinzufügen und die Walnüsse mit der Eiermischung vermengen. • Den Backofen auf 180° vorheizen. • Die beiden Teigblätter vorsichtig auf der Arbeitsfläche ausbreiten und mit 2 Eßlöffeln zerlassener Butter bestreichen. Jede Teigplatte auf der Schmalseite in 2, auf der Längsseite in 4 gleiche Teile schneiden. Auf jeden Teigstreifen unten an der Schmalseite ein Häufchen Nußfüllung setzen, die Ecken darüberklappen und die Streifen aufrollen. • Die Röllchen mit der Nahtseite nach unten nebeneinander auf das Blech legen, mit der restlichen Butter bestreichen, mit etwas Wasser besprenkeln und in 20–30 Minuten auf der mittleren Schiene des Ofens goldbraun backen. • Die Walnüsse zum Garnieren grobhakken. • ½ l Wasser zum Kochen bringen. Den Zucker und die Zimtstange hineingeben. Den Sirup 10 Minuten kochen lassen. Den Zitronensaft hinzufügen. • Die heißen Walnußröllchen mit einer Gabel 2–3mal einstechen und nacheinander mit dem Schaumlöffel in den leise köchelnden Sirup tauchen und sich vollsaugen lassen. Das Gebäck aus dem Sirup heben, auf eine Platte legen und kalt werden lassen. Den Sirup im offenen Topf honigdick einkochen lassen. Das Gebäck mit den Walnüssen bestreuen und mit dem Sirup begießen.

Milch-Torte

Galaktoboúriko

Diese mit Creme gefüllte und mit Sirup getränkte Torte wird in Griechenland als Nachspeise serviert.

300 g tiefgefrorener Blätterteig · 1 l Milch · 150 g feiner Grieß oder Reismehl · 4 Eßl. Butter · 5 Eier · 2 Päckchen Vanillinzucker · 200 g Zucker · 1 Prise Salz · 4 Eßl. zerlassene Butter · 250 g Zucker · abgeriebene Zitronenschale · Saft von 1 Zitrone

Auftauzeit: 20 Minuten
Vorbereitungszeit: 35 Minuten
Backzeit: 35–45 Minuten

Den Blätterteig auftauen lassen. • Für die Füllung die Milch in einem Topf erhitzen. Den Grieß langsam einrieseln lassen. Den Grießbrei aufkochen lassen und in 10–15 Minuten einen dicken Grießbrei daraus kochen. Abkühlen lassen. • Die Butter einarbeiten. Die Eier trennen. Die Eigelbe mit dem Vanillezucker und dem Zucker schaumig rühren. Die Eiweiße mit dem Salz zu steifem Schnee schlagen. Erst die Eigelbe, dann die Eiweiße unter den Grießbrei rühren. • Den Backofen auf 180° vorheizen. • Den Blätterteig auf einer bemehlten Arbeitsfläche abwechselnd längs und quer ausrollen und in 6 jeweils 25 × 30 cm große Rechtecke schneiden und mit zerlassener Butter bepinseln. Die Hälfte des kalt ausgespülten Backblechs mit 3 Teigplatten auslegen und dabei die Teigränder über das Backblech ragen lassen. Die Füllung auf dem Teig verteilen und die Teigränder über die Füllung nach innen schlagen. Die Torte mit den restlichen Teigplatten abdecken. Mit einem scharfen Messer die Oberfläche nach Art eines Rautenmusters einschneiden. Die Oberfläche mit zerlassener Butter bestreichen und die Torte im Backofen in 50–60 Minuten auf der mittleren Schiene goldbraun backen. • Inzwischen den Sirup bereiten: ½ l Wasser mit dem Zucker und der abgeriebenen Zitronenschale zum Kochen bringen und 5–10 Minuten bei mittlerer Hitze und geöffnetem Topf kochen lassen. Den Zitronensaft zufügen, alles noch einmal aufkochen lassen und erkalten lassen. • Den Sirup über die heiße Torte gießen. Die Torte in Stücke schneiden und kalt servieren.

Tip: Sie können diese Milchtorte auch mit selbstgemachtem griechischem Filloteig (Rezept siehe Seite 45) bereiten oder mit fertigem Filloteig, den Sie im griechischen Spezialgeschäft erwerben können. Ebenso können Sie die Milch-Torte mit fertigem Strudelteig herstellen. – Man kann auch den heißen Sirup über die kalte Torte gießen.

Honig-Kugeln

Loukoumádes

Diese griechische Leckerei, die es in Griechenland in Spezialläden frisch zubereitet zu kaufen gibt, schmeckt mit griechischem Kaffee besonders gut.

250 g Mehl · 15 g Hefe · 150 ccm Wasser · 2 Messersp. Salz · Fritieröl nach Bedarf
Für den Sirup: 200 g Honig · ¼ l Wasser · 1 Stückchen Zimt · Saft von 1 Zitrone

Vorbereitungszeit: 30 Minuten
Ruhezeit: 6–7 Stunden
Garzeit: 6 Minuten

Die Zutaten für den Hefeteig müssen zimmerwarm sein. Das Mehl in eine Schüssel sieben und in die Mitte eine Vertiefung drücken. Hier hinein die Hefe bröckeln und mit der Hälfte des lauwarmen Wassers und etwas Mehl zu einem Vorteig verrühren. Die Schüssel mit einem Tuch bedecken und den Hefevorteig etwa 1 Stunde an einem warmen Ort gehen lassen. • Das restliche Wasser unter den Teig mengen und das Salz untermischen. Den Teig mit einem Löffel schlagen, bis er geschmeidig wird. Das dauert etwa 10 Minuten. Den Hefeteig nochmals zugedeckt 5–6 Stunden an einem warmen Ort gehen lassen, bis er seinen Umfang verdoppelt hat. • Das Öl in einem Topf auf 175° erhitzen. • Einen Eßlöffel in Wasser tauchen und mit ihm aus dem Teig die Menge von 1 gestrichenen Eßlöffel voll herausnehmen. Diese Portion mit einem zweiten angefeuchteten Löffel in das Fritieröl geben. Die Teigkugel unter ständigem Wenden im Öl von allen Seiten goldbraun fritieren. Die Kugeln auf Küchenkrepp abtropfen lassen. • Für den Honigsirup 2 Tassen Wasser mit 200 g Honig zum Kochen bringen und ein Stück Zimt zufügen. Den Honigsirup 5 Minuten kochen lassen und den Zitronensaft zufügen. Den Honigsirup nochmals aufkochen lassen. • Die Hefekugeln noch warm in den Sirup tauchen. Die Kugeln nach Belieben mit Zucker und Zimt bestreut servieren.

Tip: Bei der im Rezept beschriebenen Methode, den Hefeteig mit Löffeln abzustechen, gelingen die Kugeln nicht be-

sonders gleichmäßig. Die griechischen Loukoumádes-Bäcker haben daher eine andere Methode entwickelt, die freilich erst nach einiger Übung gelingt: Man gibt die mit dem Eßlöffel abgenommene Portion Teig in eine Hand, schließt diese zur Faust und drückt den Teig nach oben. Dann nimmt man diese Kugel mit einem kleinen angefeuchteten Löffel ab und gibt sie ins heiße Öl.

Grießkuchen
Revaní

Dieser Kuchen schmeckt auch ohne den Zuckersirup sehr gut.

125 g Mehl · 3 Teel. Backpulver · 140 g Grieß · 1 Prise Salz · 6 Eier · 125 g Zucker · 200 g Butter · 2 Päckchen Vanillinzucker · 50 g Mandelstifte · abgeriebene Orangenschale · 1 Tasse Orangensaft
Für den Sirup: 250 g Zucker · ½ Tasse Cognac oder Saft von ½–1 Zitrone

Vorbereitungszeit: 45 Minuten
Backzeit: etwa 1 Stunde

Den Backofen auf 175° vorheizen. • Das Mehl mit dem Backpulver sieben und mit dem Grieß und dem Salz vermischen. Die Eier trennen. Die Eiweiße mit der Hälfte des Zuckers zu steifem Schnee schlagen. Die Butter mit dem restlichen Zucker, dem Vanillinzucker und den Eigelben in einer Schüssel schaumig schlagen und abwechselnd die Mehl-Grieß-Mischung und den Eischnee unterrühren. Die Mandelstifte, die Orangenschale und den Orangensaft unterrühren. • Den Teig in eine große, flache, rechteckige, gebutterte Backform geben und den Kuchen im Backofen auf der mittleren Schiene in 45–60 Minuten goldbraun backen. • Inzwischen den Sirup zubereiten: Dafür den Zucker mit 3 Tassen Wasser zum Kochen bringen. Den Sirup 5–10 Minuten kochen lassen und dann den Cognac oder den Zitronensaft zufügen. • Den Kuchen in der Form erkalten lassen und den Sirup heiß darüber gießen. • Den Kuchen in Quadrate schneiden.

◁ Für diesen beliebten Grießkuchen »Revaní« hat die griechische Hausfrau die Zutaten in ihrer Küche stets zur Hand. Er gelingt leicht und schmeckt Kindern wie Erwachsenen gleichermaßen.

Mandelgebäck
Kourabiédes

Dieses beliebte Weihnachtsgebäck schmeckt nicht nur sehr gut – die kleinen, in Puderzucker gerollten Bällchen sehen auch ausgesprochen dekorativ und festlich aus. In Dosen halten sie sich bis zu 3 Wochen.

200 g Butter · 200 g Zucker · 1 Päckchen Vanillinzucker · 2 Eigelbe · 1 Prise Salz · 1 Eßl. Oúso · 375 g Mehl · 125 g geschälte, geriebene Mandeln · Rosenwasser · Puderzucker

Vorbereitungszeit: 2 Stunden
Kühlzeit: 15 Minuten
Backzeit: 18–20 Minuten

Die Butter mit dem Zucker und dem Vanillinzucker schlagen. Nach und nach die Eigelbe unterrühren und das Salz sowie den Oúso zufügen. Das Mehl sieben und zusammen mit den Mandeln unterrühren. Den Teig dann auf einer Arbeitsfläche durchkneten. Bei Bedarf noch etwas Mehl zufügen, doch soll der Teig weich sein. Den Teig 15 Minuten im Kühlschrank ruhen lassen. • Den Backofen auf 180° vorheizen. • Aus dem Teig etwa pflaumengroße Bällchen formen. Die Bällchen auf ein Backblech legen und im Backofen auf der mittleren Schiene in 18–20 Minuten hellgelb, aber nicht braun backen. Die noch warmen Bällchen mit Rosenwasser besprenkeln. Eine Platte mit Puderzucker bestreuen und die Bällchen daraufsetzen. Die Bällchen dick mit Puderzucker bestreuen. Über Nacht stehen lassen.

Tip: Bevor die Bällchen in den Backofen kommen, kann man auch in jedes eine Gewürznelke stecken. Man übt diesen Brauch in Griechenland, um an die Drei Könige und ihre Geschenke zu erinnern.

Weihnachts-Konfekt
Melomakárona

Dieses köstliche Konfekt, das zu Weihnachten und Neujahr überall in Griechenland angeboten wird, hat eine lange Tradition. Es gelingt leicht.

500 g Mehl · 1 Teel. Backpulver · 1 Teel. doppelkohlensaures Natron · 1⅓ Tassen Olivenöl · 100 g Zucker · 5 Eßl. Orangensaft · 2 Eßl. Cognac · ½ Teel. Nelkenpulver
Für den Sirup: 200 g Honig · 100 g Zucker · Saft von 1 Zitrone
Zum Bestreuen: gehackte Walnüsse und Zimt

Vorbereitungszeit: 1 Stunde
Backzeit: 25 Minuten

Das Mehl mit dem Backpulver und dem doppelkohlensauren Natron durch das Mehlsieb geben. Das Olivenöl mit dem Zucker, dem Orangensaft, dem Cognac und den Gewürzen lange und kräftig schlagen, bis das Ganze gut cremig geworden ist. • Den Backofen auf 180° vorheizen. • Die Mehlmischung in die Crememasse rühren. Der Teig soll nicht klebrig, aber auch nicht zu fest werden. Je nach Bedarf noch etwas Mehl zufügen. • Mit einem Eßlöffel Teig abstechen und Teigeier formen. • Das Gebäck auf ein ungebuttertes Backblech legen und im Backofen in 25–30 Minuten braun backen. • Inzwischen für den Sirup den Honig und den Zucker in 2 Tassen Wasser 5 Minuten kochen lassen. Den Zitronensaft zufügen und den Sirup nochmals aufkochen lassen. Die fertigen Plätzchen noch lauwarm in den Sirup tauchen und darin 5 Minuten ziehen lassen. • Das Konfekt auf einer Platte anrichten und mit gehackten Walnüssen und Zimt bestreuen.

Tip: Nach Belieben können Sie dieses Konfekt auch mit gehackten Walnüssen füllen.

Osterbrot
Tsourékia

Dieses beliebte Hefegebäck wird in verschiedensten Formen zubereitet – zu einem großen Osterzopf wie hier in diesem Rezept, zu Schnecken oder Kringeln oder zu kleinen Zopfkränzen. In diese Hefegebäckformen werden die leuchtendrot gefärbten Ostereier gedrückt und mitgebacken. Für dieses Rezept braucht man etwas Muße; aber es gelingt leicht.

Für die Ostereier: 5 Eier · rote Osterfarbe · Olivenöl
Für den Hefezopf: 500 g Mehl · 30 g Hefe · 6 Eßl. lauwarmes Wasser · 100 g Zucker · 1 Prise Salz · abgeriebene Schale von 1 Zitrone oder Orange · 1 Teel. Anispulver oder 1 Prise Mastix · 100 g weiche Butter · 3 Eier · 6 Eßl. lauwarme Milch · 1 Eigelb · Sesamsamen

Vorbereitungszeit: 1 Stunde
Ruhezeit: 5 Stunden
Backzeit: 35–40 Minuten

Die Eier in kochendem Wasser 8–10 Minuten hartkochen und nach Anweisung färben. Mit Olivenöl bepinseln und glänzend reiben. • Für den Hefezopf alle Zutaten zimmerwarm verwenden. Das Mehl in eine Schüssel sieben, in die Mitte eine Mulde drücken und dort hinein die Hefe bröckeln. Das Wasser und 1 Teelöffel Zucker zur Hefe in die Mulde geben und alles mit etwas Mehl zu einem Vorteig verrühren. Ein wenig Mehl darüberstreuen. Den Hefevorteig zugedeckt an einem warmen ruhigen Ort etwa 30 Minuten gehen lassen, bis der Teig Risse bekommt. • Das Salz, die Zitronen- oder Orangenschale und das Anispulver oder Mastix und den restlichen Zucker auf den Mehlrand geben. Die Butter in kleine Flöckchen teilen und ebenfalls samt den Eiern auf dem Mehlrand verteilen. Die Milch zum Hefevorteig gießen und alles miteinander verrühren. Dann kneten, bis der Teig lokker und glänzend ist. Den Teig zugedeckt in der Schüssel 3–4 Stunden gehen lassen, bis er seinen Umfang verdoppelt hat. • Aus dem Teig 4 Kugeln formen, wobei 3 Kugeln gleich dick sein sollen und 1 Kugel etwas dicker geraten soll. Aus den 3 gleich dicken Kugeln 3 gleich lange Zopfstränge formen und daraus auf einem gut gebutterten Backblech einen Zopf flechten. Nun die 4. Kugel zu einer dickeren Rolle formen, diese auf den Zopf setzen und etwas andrücken. In diese Rolle die 5 roten Ostereier in kurzen Abständen hintereinander so eindrücken, daß sie eine Reihe bilden. • Den Backofen auf 200° vorheizen. • Ein Tuch über den Zopf legen und den Teig nochmals an einem warmen Ort 15–20 Minuten gehen lassen. Den Zopf mit dem Eigelb bestreichen und mit Sesamsamen bestreuen. • Den Zopf im Backofen auf der zweiten Schiene von unten in 35–40 Minuten goldgelb bakken. Den Zopf aus dem Ofen nehmen und auf dem Kuchengitter abkühlen lassen.

Tip: Die griechischen Hausfrauen rühren den Hefeteig gern mit Wasser statt wie bei uns üblich mit Milch an. Wie Sie sich auch entscheiden, bereiten Sie den Teig stets aus zimmerwarmen Zutaten zu – das heißt Wasser oder Milch dürfen nicht zu heiß, die Butter nicht zu kalt sein, wenn der Teig richtig gehen soll. Aus demselben Grund soll man auch die Zutaten auf dem Mehlrand verteilen und nicht auf den Hefevorteig geben.

Variante: Neujahrskuchen · Vasilópitta
Den Hefeteig mit 2 statt mit 3 Eiern bereiten und in einer runden Springform von etwa 30 cm Durchmesser bereiten. Den Kuchen mit Eigelb bestreichen und mit Mandeln ein Kreuz darauf legen. Mit Sesamsamen bestreuen. • Den Kuchen nach dem Backen erkalten lassen und auf der unteren Seite einen Einschnitt durchführen. Dort hinein eine Glücksmünze schieben. Wer in der Silvesternacht um Mitternacht das Geldstück in seinem Kuchenstück findet, gilt als derjenige, der das ganze Jahr hindurch Glück haben wird.

Fladenbrot
Pítta

Dank seines neutralen Geschmacks paßt das Fladenbrot zu Vorspeisen, Suppen, Gemüsegerichten und Fleischgerichten vortrefflich.

Für etwa 8 Fladenbrote:
400 g Mehl · 20 g Hefe · 1½ Tassen lauwarmes Wasser · 2 Teel. Zucker · 2 Teel. Salz · 1 Eßl. Olivenöl

Vorbereitungszeit: 1 Stunde
Ruhezeit: 50 Minuten
Backzeit: 8 Minuten

Das Mehl in eine große Schüssel sieben und in die Mitte eine Vertiefung drükken; die Hefe hineinbröckeln und mit der Hälfte des Wassers, dem Zucker und etwas Mehl in der Mulde zu einem Hefevorteig verrühren. Den Vorteig mit etwas Mehl bestreuen. Die Schüssel mit einem Tuch bedecken und den Vorteig bei Raumtemperatur 15–20 Minuten gehen lassen. • Den Hefevorteig dann mit dem übrigen Wasser und dem Mehl und dem Salz vermischen. Dazu einen Holzlöffel verwenden. Dann den Teig mit den Händen auf einer Arbeitsfläche kneten, bis er glänzt und locker ist. Das dauert etwa 10 Minuten. Jetzt das Öl unterkneten, bis es ganz und gar mit dem Teig verarbeitet ist. Den gut gekneteten Teig zu 8 pflaumengroßen Kugeln formen, diese kreuzweise einritzen und erneut zugedeckt in einer Schüssel bei Raumtemperatur gehen lassen. Nach etwa 20–30 Minuten haben die Kugeln ihren Umfang verdoppelt. • Den Backofen auf 180° vorheizen. • Vor dem Weiterverarbeiten jede Teigkugel noch einmal gut durchkneten und auf einer bemehlten Arbeitsfläche zu etwa ½ cm dicken Fladen ausrollen. Die Fladen auf ein geöltes Backblech legen und auf der zweiten Schiebeleiste von unten 4 Minuten backen, dann wenden und nochmals 4 Minuten backen. Die Fladen sollen weiß und weich sein. • Nach dem Abkühlen die Fladen in Folie aufbewahren, damit sie nicht hart und trocken werden. • Vor dem Servieren die Fladen in einer geölten Pfanne von beiden Seiten aufbacken und warm zu Vorspeisen, Salaten, Fleisch- und Gemüsegerichten oder Suppen reichen.

Menüzusammenstellungen

Die griechische Küche steckt voller Überraschungen und verfügt über viele köstliche Gerichte. Es macht Freude, all die Spezialitäten auszuprobieren. Auf dieser Seite finden Sie Vorschläge, wie Sie die verschiedenen Speisen zu Menüs kombinieren und auf den Tisch bringen können. Wenn Sie also einmal in Ihrem Familienkreis etwas Griechisches servieren oder gar eine »griechische Woche« veranstalten möchten, lassen Sie sich von den nachfolgenden Beispielen anregen.

Auch für kleine und große Gästeessen, für Buffets, Grillpartys oder Picknicks bietet die griechische Küche zahlreiche Möglichkeiten – lieben doch die Griechen die gesellige Tafelrunde. Man beginnt die Mahlzeit mit Vorspeisen, zu denen als Aperitif Oúso gereicht wird. Aber auch Suppen sind zu Beginn des Essens sehr beliebt. Es folgen – begleitet von Wein – Fisch- oder Fleischspeisen mit Gemüse und Salat. Den Abschluß bilden Obst, Süßspeisen und Gebäck.

Die Menübeispiele sind so zusammengestellt, daß sie dem hiesigen Geschmack entgegenkommen und ohne Küchenstreß zu bewältigen sind; es wurde also darauf geachtet, daß nicht zu viele arbeitsintensive Gerichte zusammentreffen. Im übrigen kann man für eine Einladung häufig Vorspeisen, die kalt serviert werden, bereits am Vortag herstellen. Dies gilt auch für das Nachspeisengebäck – insbesondere die mit Sirup übergossenen Kuchen schmecken sehr gut, wenn sie durchgezogen sind. Aber auch bei manchem Hauptgericht lassen sich Arbeitsgänge vorbereiten: so etwa Saucen, die zum Aufgießen dienen oder auch ganze Fleischragouts. Das Gemüse, das bei solchen Fleischtöpfen meist zum Schluß mitgegart wird, gibt man erst am eigentlichen Zubereitungstag zum Ragout.

»Kleine Schuhe« aus Auberginen · Melitsánes papoutsákia (61)
Huhn in Tomatensauce · Kotópoulo kapamá (98) mit Spinatreis · Spanakóriso (65)
Obst

Auberginenpüree · Melitsanosaláta (26) und Grüner Salat mit Frühlingszwiebeln · Marúli saláta (35)
Lamm mit Nudeln aus dem Juwetschtopf · Arní mé kritharáki giouvétsi (81)
Orangenküchlein · Tiganítes portokalioú (105)

Muscheln im Ausbackteig · Mídia tiganitá (29)
Sommergemüse-Topf · Briámi (68) mit FetaKäse
Obst

Linsensuppe · Fakés (43)
Rinderlende Sofrito · Sofríto (85) und Kartoffelbällchen · Patatokeftédes (70)
Griechischer Milchreis · Risógalo (105)

Zucchinisoufflé · Kolokithákia soufflé (60)
Garnelenpilaw · Garídes piláfi (52)
Obst

Käse-Pitta · Tirópitta (46)
Schmorfleisch mit grünen Bohnen · Kréas mé fasólia (82) und Kartoffeln mit Zitrone · Patátes lemonátes (70)
Obst

Gebratene Auberginenscheiben · Melitsánes tiganités (70) und Kartoffel-Knoblauch-Püree · Skordaliá (26)
Kalbfleisch auf ländliche Art · Moscári exochikó (86)
Nußkuchen · Karidópitta (106)

Zucchini-Frikadellen · Kolokithokeftédes (70)
Meerbrasse à la Spetsä · Sinagrída a la spetsióta (73) und Kartoffeln mit Zitrone · Patátes lemonátes (70)
Obst

Weiße-Bohnen-Salat · Fassólia saláta (25) mit Frühlingszwiebeln, Oliven und Feta-Käse
Hackfleischbällchen vom Rost · Keftédes skáras (90) und Rote-Bete-Salat · Patzária saláta (37)
Obst

Gefüllte Tomaten und Paprikaschoten mit Reis · Domátes ké piperiés jemistés mé rísi (63)
Lammspießchen · Suvlákia arniú (79) mit Tomatensalat nach Bauernart · Domatosaláta choriátiki (35), Zucchinisalat · Kolokithákia saláta (37) und Grünem Salat mit Frühlingszwiebeln · Marúli saláta (35)
Apfelkuchen · Milópitta (106)

Gefüllte Weinblätter mit Reis · Dolmadákia laderá (25) mit Oliven, Fischrogensalat · Taramosaláta (28) und Garnelensalat · Garidosaláta (28)
Musaka mit Auberginen · Mussakás mé melitsánes (57) und Kartoffeln mit Zitrone · Patátes lemonátes (70)
Obst

»Den Imam hat's umgehauen« · Imám bayildí (61)
Hase in Walnußsauce · Lagós mé sáltsa karidión (95) und Reispilaw · Rísi piláfi (51)
Grieß-Halva · Halvás (105) mit Kompott aus Trockenfrüchten · Kompósta mé xerá froúta (105)

Tintenfisch mit Wein · Supiá krassáti (29)
Gegrillte Lammkoteletts · Kotelétes arnioú skáras (79) und Bauernsalat · Choriátiki saláta (35)
Geeiste Melonenstückchen mit Joghurt

Röllchen mit Hackfleischfüllung · Bourekákia mé kimá (30) sowie Spinattaschen aus Kreta · Spanakoskaltsúnia Krítis (30) und Pikante Käseecken · Tiropitákia (32)
Gegrillte Rotbarben · Barboúnia stí skára (73) und Gurken-Tomaten-Salat · Angourodomatosaláta (36)
Obst

Zucchini im Ausbackteig · Kolokithákia tiganitá (33) und Joghurt mit Gurke · Tzatzíki (26)
Gefülltes Huhn · Kotópoulo jemistó (96) und Erbsen in Tomaten-Öl-Sauce · Arakás laderós (66)
Walnußrollen · Floyéres (108)

Zitronensuppe · Kotósupa awgolémono (39)
Nudelauflauf · Pastítsio (58)
Gebratene Lammkeule · Arní stó fúrno (81) und Weiße Bohnen in Tomaten-Öl-Sauce · Fasoláda jachní (66)
Nußschnitten · Baklavás (108)

Gebratene Zucchinischeiben · Kolokithákia tiganitá (70) und Kartoffel-Knoblauch-Püree · Skordaliá (26)
Nudelquadrate mit Hackfleischsauce · Chilópittes mé kimá sáltsa (49) und Bauernsalat · Choriátiki saláta (35)
Grießkuchen · Revaní (111)

Besonderheiten der griechischen Küche

Wenn man griechisch kochen möchte, hat man hierzulande beim Einkauf der Zutaten so gut wie keine Probleme. Das, was man für die verschiedenen Gerichte benötigt, ist zumeist in den größeren Geschäften erhältlich. Nur bei wenigen Speisen stößt man auf etwas, das einen Gang in einen Naturkostladen oder ein griechisches Spezialgeschäft unumgänglich macht. Ansonsten werden in der griechischen Küche bei uns bekannte und gebräuchliche Zutaten auf andere Weise, das heißt spezifisch griechisch kombiniert und zubereitet. Und nicht zuletzt hierin liegt für den Hobbykoch der eigentliche Reiz beim Ausprobieren all der köstlichen Spezialitäten.

Zutaten von A bis Z

Die folgende Aufstellung gibt eine Übersicht über die hierzulande weniger gebräuchlichen Zutaten und Produkte.

Aubergine: Die griechische Küche kennt verschiedene Methoden, um der Aubergine die Bitterstoffe zu entziehen. Man bestreut die aufgeschnittene Frucht mit Salz, läßt sie ½ oder auch 1 Stunde ziehen, braust die Frucht dann ab und tupft sie trocken. Man kann die Aubergine auch, um denselben Effekt zu erzielen, in Salzwasser legen. Bei der Zubereitung von Auberginen ist es sehr wichtig, daß man die Früchte in genügend Öl anbrät; sonst werden sie nicht weich.

Filloteig: Dieser papierdünne Teig, der dem hiesigen Strudelteig sehr ähnlich ist, wird im griechischen Spezialgeschäft angeboten. Man kann ihn aber auch gut durch tiefgefrorenen Blätterteig oder fertigen Strudelteig ersetzen. Mit einigem Zeitaufwand läßt er sich auch in der eigenen Küche herstellen (Rezept Seite 45).

Giros: Auf diesen Grillspieß, der sich senkrecht vor dem Grill dreht, haben sich besondere Restaurants spezialisiert, da man für das gute Gelingen viel Übung braucht. Schweinefleisch (nicht Hammelfleisch wie beim türkischen »Döner Kebap«) wird in hauchdünne Scheiben geschnitten und über Nacht mariniert: etwa in Olivenöl, geriebener Zwiebel, Oregano und Pfeffer. Der Hobbykoch kann sich mit einem jetzt auf dem Markt angebotenen Spezialgerät nach Gebrauchsanweisung Giros selbst grillen.

Joghurt: Griechischer Joghurt hat eine etwas andere Beschaffenheit als hierzulande angebotener Joghurt. Er wird in griechischen Spezialgeschäften angeboten. Für die häufig als Beilage servierte berühmte Speise »Tzatziki« (Rezept Seite 26) kann man ersatzweise auch herkömmlichen Joghurt und Sahnequark gemischt verwenden.

Kichererbsen: In großen Kaufhäusern, Naturkostläden oder griechischen Spezialgeschäften sind Kichererbsen auch bei uns erhältlich.

Kreuzkümmel: Dieses auch Kumin genannte Gewürz mit einer bitteren Schärfe wird in der griechischen Küche nur gelegentlich für ganz bestimmte Spezialitäten verwendet (beispielsweise Hackfleischwürstchen Smyrna, Rezept Seite 92).

Mastix: Das Harz des Mastixbaumes wird in der griechischen Küche in Pulverform als Würzmittel von Gebäck verwendet. So wird beispielsweise das Osterbrot (Rezept Seite 112) mit Mastix oder auch mit Anis gewürzt.

Minze: In Griechenland benutzt man Minze gerne zum Würzen von Hackfleischgerichten. Minze verleiht den Gerichten eine angenehme Schärfe.

Okra: Man nennt sie hierzulande auch Ladyfinger, Gumbo oder Bamia, diese fingerlangen grünen Früchte, die immer häufiger auf dem Markt angeboten werden. Die Früchte enthalten in ihrem Inneren eine schleimartige Flüssigkeit, die beim Kochen nicht austreten soll. Aus diesem Grunde dürfen die Früchte bei der Vorbereitung nicht verletzt werden, Stielansatz und Spitze müssen vorsichtig abgeschnitten werden. Außerdem stellen die griechischen Hausfrauen die Okra nach dem Waschen und Putzen noch in die Sonne. Sie besprenkeln sie mit Essig und bestreuen sie mit Salz. Wenn die Früchte so ½–1 Stunde in der Sonne gestanden haben, sind sie beim Garen widerstandsfähiger. Sie halten den Saft besser und springen nicht so leicht auf.

Olivenöl: Mit Olivenöl geht die griechische Hausfrau gerne verschwenderisch um. Manche Gerichte wie etwa die Suppen mit Hülsenfrüchten (Rezepte Seite 43), die in der griechischen Küche gern vegetarisch zubereitet werden, erhalten erst durch das Olivenöl ihren guten Geschmack. Sollte Ihnen bei diesem oder jenem fertigen Gericht zuviel Öl vorhanden sein, dann können Sie es leicht mit Küchenkrepp abtupfen. Der großzügige Umgang mit dem Olivenöl hat auch noch einen ganz praktischen Sinn. Die Griechen lieben es, im Sommer die Speisen lauwarm bis kalt zu essen. Das Öl wirkt hier konservierend und wird beim Erkalten – anders als etwa Butter – nicht starr.

Oregano: Dieses aromatische Gewürz, das im Mittelmeerraum wild wächst, aber auch angepflanzt wird, gehört zu den beliebtesten Gewürzen der griechischen Küche. Es gibt nahezu allen Grillgerichten die spezifische Note.

Pinienkerne: Reisfüllungen werden in der griechischen Küche gerne mit Pinienkernen und oft auch Korinthen angereichert. Pinienkerne sind im Naturkostladen erhältlich.

Schmorfleisch: Wenn Sie in einem griechischen Restaurant eine wohlportionierte, rundum herrlich durchgeschmorte Fleischscheibe serviert bekommen, so haben Sie meist kein Stück von einem Braten vor sich. In der griechischen Küche wird Fleisch vielmehr oft vor dem Braten bereits in größere Scheiben oder Stücke geschnitten. Diese Scheiben werden dann sorgfältig angebraten, mit einer Sauce aufgegossen (etwa einer Zitronensauce wie bei Huhn in Zitronensauce, Rezept Seite 100, oder einer Tomatensauce wie bei Schmorfleisch mit grünen Bohnen, Rezept Seite 82) und bei schwacher Hitze langsam gegart. Nach Belieben gibt man häufig gegen Ende der Garzeit ein Gemüse der Saison zu und gart es mit.

Tahin: Diese Paste aus Sesam kann man im griechischen Spezialgeschäft, in Naturkostläden und Reformhäusern erwerben. Die Sesampaste hat eine bindende Wirkung. In Griechenland dient sie als Grundlage für eine Fastensuppe (Rezept Seite 40).

Besonderheiten der griechischen Küche

Taramas: Es handelt sich hierbei um Fischrogen – bevorzugt vom Karpfen. Er bildet die Grundlage für das in Griechenland beliebte Vorspeisengericht »Taramosaláta« (Rezept Seite 28). »Taramas« ist im griechischen Spezialgeschäft erhältlich.

Weinblätter: Sie werden in der griechischen Küche mit Reis gefüllt und kalt als Vorspeise gereicht oder mit Hackfleisch gefüllt und in einer Eier-Zitronen-Sauce als Hauptgericht serviert. Verwenden kann man für diese Gerichte frische Weinblätter, die hierzulande im Frühling und Sommer gelegentlich auf dem Markt erhältlich sind, oder eingelegte Weinblätter, die im griechischen Spezialgeschäft oder im Delikatessengeschäft zu kaufen sind.

Zimt: Dieses Gewürz wird in der griechischen Küche nicht nur für Süßspeisen verwendet, man benutzt es auch, um Tomatensaucen würzig abzuschmecken.

Zitrone: Die griechischen Hausfrauen verstehen es, viele Gerichte durch die Zugabe von Zitrone zu verfeinern. Mit einer Eier-Zitronen-Sauce verfeinern sie Suppen wie die Zitronensuppe (Rezept Seite 39), Gemüse wie gefüllte Zucchini mit Eier-Zitronen-Sauce (Rezept Seite 64) oder Fleischgerichte wie Lammfrikassee (Rezept Seite 80) und manches Nachspeisen-Gebäck erhält durch mit Zitronensaft abgeschmeckten Sirup seine Note.

Käse

Käse spielt in der griechischen Küche eine große Rolle. Glücklicherweise ist die wichtigste Käsesorte, der Schafkäse (Feta-Käse) hierzulande allerorten ohne Schwierigkeit zu bekommen.

Feta-Käse: Dieser gesalzene Weichkäse aus Schaf- oder Ziegenmilch (neuerdings auch aus Kuhmilch) ist allgegenwärtig in der griechischen Küche. Er ist zusammen mit Oliven selbstverständlicher Bestandteil einer Vorspeisentafel oder auch Beilage zu manchem vegetarischen Hauptgericht wie Sommergemüse-Topf (Rezept Seite 68). Auch ist er vielverwendete Zutat bei unterschiedlichen Gerichten. Man verarbeitet ihn zu köstlichen Käsefüllungen für herzhaftes Gebäck wie Käseecken (Rezept Seite 32) oder Käse-Pitta (Rezept Seite 46), man bröckelt ihn über Salate, verwendet ihn für Aufläufe (Rezept Seite 57) und verfeinert damit Gerichte wie Garnelen mit Feta-Käse und Tomaten (Seite 77).

Myzithra-Käse: Dieser quarkähnliche ungesalzene Frischkäse mit einem unverwechselbaren Geschmack ist hierzulande leider nur selten zu bekommen. Er wird für herzhaftes wie für süßes Gebäck verwendet. Manche Gerichte wie die Spinattaschen aus Kreta (Rezept Seite 30) kann man statt mit Myzithra-Käse auch mit Feta-Käse herstellen, wenn man den letzteren über Nacht wässert und ihm so das Salz entzieht und ihm einen milden Geschmack verleiht.

Kefalotiri-Käse: Dieser gesalzene Hartkäse wird in der griechischen Küche gerieben für viele Gerichte verwendet. Man gibt ihn gern unter die Béchamelsauce, die vielen Aufläufen und überbackenen Gemüsegerichten den kulinarischen Pfiff verleiht (zum Beispiel Musaka, Rezept Seite 57 und »Kleine Schuhe«, Rezept Seite 61). Auch gehört er – ähnlich wie der Parmesan-Käse in der italienischen Küche – als Beigabe zu vielen Nudelgerichten. Der Kefalotiri-Käse läßt sich gut durch Parmesan-Käse und Greyerzer-Käse (Gruyère) ersetzen.

Kasseri-Käse: Dieser in der Konsistenz etwas weiche Hartkäse wird in Griechenland gern in Scheibchen geschnitten und in der Pfanne gebraten (Rezept Seite 28).

Wein

Neben eisgekühltem Wasser kommt in Griechenland zu den Mahlzeiten Wein auf den Tisch. Und auch in der Küche wird Wein gern zur geschmacklichen Veredlung von Gerichten verwendet (zum Beispiel Tintenfisch mit Wein, Rezept Seite 29, Kalbfleisch mit Tomaten und Wein, Rezept Seite 84, und Tauben mit Wein, Rezept Seite 101).
Griechenland verfügt über gute Weinsorten. Besonders bekannt ist der geharzte Weißwein Retsina. Das Pendant, der geharzte Rotwein, heißt Kokkineli. Der Griechenlandreisende hält sich gern an die vielen lokalen Weine, unter denen es manch guten Tropfen zu entdecken gibt. Weiße und rote Weine von ausgezeichneter Qualität bietet die große Weinkellerei Achaia-Clauss aus dem Peloponnes (Patras). Im folgenden seien zum Einstieg in den griechischen Wein noch einige bemerkenswerte Rot- und Weißweine genannt.

Rotwein: Geschätzt werden die guten vollen Rotweine aus Kreta (Peza), die trockenen Rotweine aus Makedonien (Náoussa) und Epirus (Katói aus Métsovo) sowie der rote Dessertwein aus dem Peloponnes (Mavrodaphne aus Patras).

Weißwein: Interessant sind die Weißweine aus Rhodos (Cair), die süßen und auch trockenen Santorini-Weine, der trockene Hymettos (Athen) und der spritzige weiße Schaumwein aus Epirus (Zítsa).

Weitere Informationen finden Sie zu Beginn dieses Buches in der Einführung in die Grundlagen und den Geist der griechischen Küche von Doris Frohne-Christidis.

Kaffee

Griechischer Kaffee ist zu feinem Pulver gemahlen. Man gibt für die Zubereitung pro Mokkatasse 1–1½ Teelöffel Kaffeepulver in einen Spezialtiegel aus Kupfer und gibt je nach Geschmack ½–1 Teelöffel Zucker je Mokkatasse zu. Hierauf gießt man kaltes Wasser und gibt den Tiegel auf die heiße Herdplatte. Während sich der Kaffee erhitzt, rührt man ihn am besten einmal gut um. Wenn der Kaffee aufkocht und Schaum bildet, hebt man den Tiegel rasch hoch, um ein Überkochen zu verhindern und rührt nochmals um, damit der Schaum sich setzt. Dann läßt man den Kaffee erneut aufkochen und serviert ihn anschließend. Der Kaffee wird ähnlich wie hierzulande zum Abschluß einer Mahlzeit gereicht, aber auch sonst – etwa am Nachmittag – getrunken.

Rezept- und Sachregister

Die *kursiv* gesetzten Seitenzahlen verweisen auf Farbbilder.

Rezept- und Sachregister

Rezept- und Sachregister

Rezept- und Sachregister

Mengenangaben

Produkte	1 Eßlöffel	1 Tasse
Butter	10 g	–
Grieß	12 g	100 g
Käse, gerieben	10 g	80 g
Mehl	10 g	80 g
Öl	9 g	75 g
Reis	15 g	120 g
Semmelbrösel/-Paniermehl	10 g	80 g
Speisestärke	15 g	–
Wasser, Brühe, Milch	15 g	125 g
Zucker	15 g	120 g

1 Tasse entspricht ⅛ l
1 Schnapsglas entspricht 2 cl
2 Eßlöffel frisch gehackte Kräuter entsprechen etwa 1 Bund

Die Farbfotos auf der Einband-Vorderseite zeigen links von oben nach unten: Gefüllte Weinblätter mit Reis (Rezept Seite 25), Osterbrot (Rezept Seite 112); Mitte: Lammspießchen (Rezept Seite 79); rechts von oben nach unten: Windmühle auf Ios, Bauernsalat (Rezept Seite 35), Fleisch-Pitta auf Hausfrauenart (Rezept Seite 45), Olympia.
Das Farbfoto auf Seite 2 zeigt eine Spinat-Pitta (Rezept Seite 46).

Farbfotos
Gigler: Einband-Vorderseite rechts oben, Seite 13, Einband-Rückseite
Klammet: Seite 8, 10, 19
Rademacker: Einband-Vorderseite rechts unten, Seite 11, 14, 16, 23
Silvestris: Seite 18, 22
Worm: Seite 9, 12, 15, 20, 21
Alle übrigen Fotos gestaltete das Teubner-Studio, Füssen.

CIP-Kurztitelaufnahme der Deutschen Bibliothek

Döpp, Elisabeth:
Griechisch kochen: 200 köstl. Spezialitäten aus Griechenland = Elliniki kousina / ges. von Elisabeth Döpp. Mit e. Einf. in d. Grundlagen u. d. Geist d. griech. Küche von Doris Frohne-Christidis. - München: Gräfe und Unzer, 1985.

ISBN 3-7742-1412-3

1. Auflage 1985

Redaktion: Elisabeth Döpp unter Mitarbeit von Konstantina Kotta
Einbandgestaltung Heinz Kraxenberger
Satz und Druck: Appl, Wemding
Reproduktion: Brockmann GmbH
Bindung: Conzella Verlagsbuchbinderei Urban Meister

ISBN 3-7742-1412-3

Doris Frohne-Christidis,
in Athen geboren und aufgewachsen, verließ die dortige Universität als Archäologin. Über Paris kam sie nach Deutschland. Hier war sie zwei Jahrzehnte im Griechenland-Tourismus tätig. Mit der Einstellung der Reisenden zu allem, was griechisch ist, gut vertraut, leitete sie von 1975–1982 die Griechische Zentrale für Fremdenverkehr in der Bundesrepublik und war dabei verantwortlich für die Publikumsinformation durch Ausstellungen, Seminare und Sonderveranstaltungen. Der Reisemarkt München verlieh ihr das »Goldene Edelweiß«, die Insel Rhodos die »Goldene Medaille«, und sie erhielt das Bundesverdienstkreuz am Bande der Bundesrepublik Deutschland. Neben verschiedenen Publikationen verfaßte sie ein erfolgreiches Kochbuch »Aus griechischen Küchen« und in ihrer Muttersprache ein literarisches Reisebuch »Der Wanderpfad« über Impressionen in ihrer Heimat. Heute lebt sie an den Ufern von Ägäis und Main.

Elisabeth Döpp,
die ihr Studium der Germanistik mit einem Magister abschloß, entdeckte, nicht zuletzt auf ihren Reisen ins europäische Ausland, ihre Freude am Bereich des Kulinarischen. Als Lektorin eines großen Verlages befaßte sie sich auch beruflich mit der Kunst des Kochens. Nachdem sie zahlreiche Kochbücher redaktionell betreut und an dem Grundkochbuch von Annette Wolter KOCHEN HEUTE mitgearbeitet hat, ist sie hier für die Rezeptsammlung verantwortlich. Bei der Entstehung des Rezeptteils ließ sie sich fachlich von Konstantina Kotta, einer in Deutschland lebenden Griechin, beraten, die eine Zeitlang die Küche einer griechischen Taverne geführt hat.

Weihnachten 86